保健市场综合治理思路研究

邓勇 等◎著

Research on Comprehensive
Management of Health Care Market

中国政法大学出版社

2022·北京

图书在版编目（ＣＩＰ）数据

保健市场综合治理思路研究/邓勇等著. —北京:中国政法大学出版社,2022.8
ISBN 978-7-5764-0393-0

Ⅰ.①保…　Ⅱ.①邓…　Ⅲ.①保健—医药产品—市场管理—研究—中国　Ⅳ.①F426.7

中国版本图书馆CIP数据核字(2022)第158842号

出　版　者　中国政法大学出版社

地　　　址　北京市海淀区西土城路 25 号

邮寄地址　北京 100088 信箱 8034 分箱　邮编 100088

网　　　址　http://www.cuplpress.com (网络实名：中国政法大学出版社)

电　　　话　010-58908441(编辑室) 58908334(邮购部)

承　　　印　北京九州迅驰传媒文化有限公司

开　　　本　720mm×960mm　1/16

印　　　张　19.25

字　　　数　325 千字

版　　　次　2022 年 8 月第 1 版

印　　　次　2022 年 8 月第 1 次印刷

定　　　价　89.00 元

Contents|目　录

绪　论　

一、研究背景

　　健康是大众的刚性需求，随着人们生活质量的普遍提升以及我国人口老龄化的加剧，人们对健康的诉求不断升级，对健康的消费升级也在不断激励着健康服务市场的兴起。以保健食品市场需求为例，2016 年我国保健食品产量达到 50.64 万吨，2017 年增长至 53.9 万吨。在这样的背景下，保健市场迅速发展起来。据中商产业研究院数据统计显示：2016 年我国保健食品行业市场规模达到 2613.3 亿元，2017 年市场规模为 2938.9 亿元，同比增长 12.46%。根据欧睿信息咨询公司的数据，2017 年中国保健品行业规模全球占比达 16%，成为仅次于美国的全球第二大保健品市场。

　　随着人们保健意识的增强和保健市场的迅速发展，保健市场本身的发展地位也逐渐凸显：一是在护佑人体健康方面成效显著，这是保健市场存在的最大价值，自不待言。二是在促进经济发展方面有不可忽视的作用。随着保健企业的兴起，从生产到销售，从线上到线下，从广告推广到最终的消费，保健行业已经形成一套完整的产业链条。随着经营保健食品、保健产品和保健服务的企业数量的上升，保健市场的交易额不断增长。三是加大了人们对养生防病的关注。相较于治已病，保健市场的产品和服务更加着眼于治未病，这对引导人们形成健康的生活方式意义重大。与此同时，国务院印发《关于实施健康中国行动的意见》等系列文件，为健康中国的发展指出了未来框架，即在实施健康中国行动战略上，从原有的以治病为中心向以健康为中心转变；在策略方面，从注重"治已病"向注重"治未病"过渡；在主体方面，从依靠卫生健康系统向社会整体联动转变；在行动方面，努力从宣传倡导向全民参与、个人行动转变。在人们健康意识提高以及大健康政策红利不断释放的条件下，保健食品产业的发展迎来了温暖的春天。

但是保健市场快速发展的同时也携带着一些不和谐的问题。保健行业乱象丛生，产品质量良莠不齐。一些假冒的保健食品企业扰乱市场秩序，导致一些优质保健食品和保健食品企业难以生存。虚假宣传、违法广告、消费欺诈、制假售假、非法传销、随意效仿、恶性竞争……接连发生。保健市场存在今日之乱象，可谓积久之弊，其背后是多种因素共同作用的结果。从企业自身角度而言，一些企业见利忘义，无视消费者生命健康，肆无忌惮地夸大其词，借用免费讲座、体检等噱头推销劣质产品，违法经营、悖德牟利；从监管主体角度而言，存在监管失之于宽的问题，既有相关法律法规不健全、不完善的原因，如市场准入门槛过低，也有监管部门多头执法、职责不清的因素，同时也存在个别监管部门长期执法不严、消极纵容的问题；从消费主体角度而言，则存在消费者理性消费意识不强，缺乏科学知识、自我保护意识以及受侵害后不肯、不敢、不会维权的问题。

为此，我国保健市场监管部门采取了系列措施进行监管、整顿保健市场。一是有关保健市场的规范陆续出台，使保健市场的监管有据可依；二是保健市场监管的执法行动持续开展，典型的便是功效显著的"百日行动"；三是有关保健市场的司法活动，不仅在民事案件、行政案件中，甚至在行刑衔接的案件中，都对保健市场的违法犯罪现象进行了全面的清洗。

不过，要想重建一个规范、有序、诚信、繁荣的保健市场，并非一朝一夕之事，相关部门不仅要以雷霆之势，坚决斩除市场乱象之草，还要以长远求治之心，修法、建制、铺路、化瘀，除去乱象滋生之根。特别是随着互联网、跨境电商等的发展，一些新型监管问题逐步浮出水面，仅靠单一的行政监管、运动式执法进行治理的弊端日渐凸显。保健市场的外延与内涵究竟是什么？保健市场监管的理论依据有哪些？如何协调保健市场规制与发展的关系？如何转变监管理念和监管模式？如何引导保健企业依法依规经营？如何引导保健市场的消费者理性消费……诸多理论和实践方面的问题使得保健市场的综合治理成为一项重要课题。

二、研究意义

对保健市场综合治理进行研究具有重要的理论意义和实践意义。

（一）理论意义

第一，有利于厘清保健市场综合治理的有关基本概念，如保健品、保健食品、保健产品、保健服务、保健市场等基本概念，为后续有关保健市场综合治理研究划清概念边界。

第二，基于保健市场监管的传统理论，建构出适用于保健市场的综合治理理论，不仅能够丰富保健市场治理的理论基础，更能为后续保健市场监管有关理论的研究奠定理论架构基础。

第三，为保健市场综合治理的实践措施提供合理化的理论路径，将运动式、散点式、随机式的单项治理用综合治理的理论框架统摄，以逐步为保健市场的长效治理提供理性指引。

（二）实践意义

第一，推进落实健康中国战略，造福人民健康。随着健康中国战略的进一步深化，健康观念逐渐转变，人们不仅对医疗条件有了更高的需求，对防病养生保健也有了更高的期待。透过监管治理，促进保健市场的完善与良性发展，必将对健康中国战略的落地产生极大的推动作用。

第二，呼应中国人口老龄化的实际发展需求。随着老龄化时代的到来，老年人成为保健市场的主要消费者，加快推进保健市场综合治理，必将改善老年人的保健条件，让更多老年人安度晚年，充分保障老年人的合法权益，助力其实现人生价值。

第三，为保健市场综合治理提供可以操作的具体监管和治理手段。通过对当前中国保健市场治理的实践措施进行总结和对国外相关国家对保健市场治理的经验借鉴，提炼出更妥实的治理措施和治理手段，以便择优运用于我国未来的保健市场治理实践。

三、研究方法

本书的研究是基于不同研究阶段的问题特征和研究需要，主要采取了三种研究方法：

第一，文献分析法。研究采用的文献分析法包括文献计量法和内容分析法。所谓文献计量法，是指一种基于数学和统计学原理对各种科学文献进行定量分析的方法。本书在对前人研究进行梳理的过程中，运用了 CiteSpace 文献计量分析软件对相关文献进行知识图谱的绘制，并从中获取了目前保健市场监管的主要关注点、近年来研究的发展方向以及该问题的前沿性研究主题等信息。所谓内容分析法，是指在文献计量法的基础之上，对重点文献内容进行分析，总结现有理论研究的主要贡献。通过文献分析法对现有的研究成果进行分析，可以为本书的选题和研究创新方向提供理论前提基础。需要说明的是，本书所指的文献范围并不仅限于理论文献，还包括了国内和国外关于保健市场的各种规范性文件等文本内容。

第二，量化分析法。量化的实证分析方法以较为精确的方式观察某一保健市场现象的现状、问题及其成因和发展轨迹，发现制约保健市场监管实施的具体社会因素以及它们相互之间的关系。通过这样的分析，可以为人们提供有关保健市场动态的、立体的，定量与定性相结合的解释，可以使人们对该问题的认识尽可能客观、全面。本书在对保健市场相关法律文件的立法变迁、保健市场规模的发展等问题的分析上，都力图采用量化分析的方法，直观展现可支撑研究观点的数据、图表等。

第三，个案分析法。实证分析方法不仅包括计量法和统计法，还包括个案分析法。个案分析就是在进行具体分析时，运用部分抽象的或实际的案例并结合刑事司法实践进行分析以增强论证的说服力和结论的可靠性。本书在保健市场监管分析过程中使用数据统计软件对典型样本案例和裁判案例样本数据库进行统计分析，以寻求理论研究与执法、司法实践的契合，如对典型保健市场监管事件、违法案件的分析等。

四、研究进路

本书在具体的研究策略上采取了三重向度并合的研究进路：

第一，从理论到实践的研究进路。本书在研究背景分析的基础上首先架构了理论基础，限定了研究边界，使得研究的后续进展具有了更明确的目标。在建构和限定了理论边界之后，本书在此理论架构的基础上，以此为工具对保健市场治理实践的历史、现状、问题、原因等进行了逐一分析。

第二，从国内到国外的研究进路。本书的观点是保健市场综合治理首先是基于对中国问题的研究，而结果也只能回到中国问题的对策上，因此本书采取了从国内到国外的研究进路，在分析总结国内保健市场综合治理实践的基础上，以中国保健市场治理中确实存在的问题难点为导向，反观国外相关理论与治理实践，从中发现和总结可能的经验，使其契合于中国保健市场治理的真实实践。

第三，从问题到对策的研究进路。本书是以问题为导向的研究，以发现问题为逻辑起点，以分析问题为逻辑进程，以解决问题为逻辑终点，目的在于发现我国保健市场治理中的真实问题，并为这些问题提供真实可行的解决方案。

第一章 保健市场综合治理基础理论研究

第一节 有关概念界定

一、保健品、保健食品、保健产品、保健服务、保健市场

根据《汉语大词典》中的解释，"保健"是指为保持和增进人们的身心健康而采取的有效措施。

（一）保健品、保健食品的概念及特征

目前，我国对"保健品"没有明确的法律定义和学理定义，实践中一般是对人体有保健功效产品的泛称，包括保健食品和保健产品。而诸多媒体报道中涉及的保健品，实为内衣、床垫、理疗仪、饮水机等声称具有保健功能的产品，并非食品或保健食品。因保健产品受《中华人民共和国产品质量法》（以下简称《产品质量法》）监管，而保健食品受《中华人民共和国食品安全法》（以下简称《食品安全法》）监管，若采用上述定义，将保健食品和保健产品一概笼统表述为"保健品"，会造成事实不清、监管错位和信息误导。

故在本书的研究视域下，结合学理研究和有关法律规定，对保健品作如下定义：保健品，是保健食品的通俗说法。根据《中华人民共和国食品安全法释义》《保健食品管理办法》和《食品安全国家标准管理办法》，保健食品是指声称具有保健功能的食品或者以补充维生素、矿物质等营养物质为目的的食品，适宜于特定人群食用，具有调节机体功能，不以治疗疾病为目的，并且不会对人体产生任何急性、亚急性或慢性危害的食品。根据《食品安全法》第 150 条对"食品"的定义，具有保健功能的食品也即具有保健功能的各种供人食用或者饮用的成品和原料以及按照传统既是食品又是中药材的物品，但是不包括以治疗为目的的物品。

保健食品具有如下特征：

第一，保健食品不同于普通食品。保健食品具有食品的一般属性，即无毒无害，符合应当有的营养和卫生要求，可供人食用或饮用，不以治疗为目的，都强调安全性的特征，等等。但相对普通食品而言，保健食品具有特定保健功能，能满足补充维生素、矿物质的目的，能够调节机体的功能。保健食品有适宜的特定人群，并且不同保健食品的适宜人群有所不同。保健食品具有规定的用量，法律对其标识、包装、说明书等方面也进行了明确的规定。保健食品的安全性要求要普遍高于普通食品，这也正是《食品安全法》中确定的要对保健食品实行严格监管的原因所在。

第二，保健食品不同于药品。保健食品与药品具有一定的共性，即都有特定的适合人群、有规定的具体用量、强调对人体具有特定的功能。但相对药品而言，保健食品只是用于调节机体功能，不具有治疗疾病的效用，而药品则主要用于预防、诊断、治疗人的疾病。保健食品需要具有很强的安全性，不得对人体产生任何急性、亚急性或慢性危害，有毒有害的物质不得作为保健食品原料，而药品则有一定的毒副作用。保健食品不需要经过临床试验，而是检验污染物、细菌等卫生指标合格后就可以投入市场，药品则需要经过严格的临床试验、获得国家药品监督管理部门审查批准，才可上市。保健食品批准文号开头为"国食健字"或"卫食健字"，而药品的批准文号开头为"国药准字"。

综上可见，保健食品是不同于普通食品与药品，但兼具两者部分特性的特殊食品[1]。

（二）保健产品的概念及特征

从自然属性来看，"产品"是指被人们使用和消费，能满足人们某种需求的任何东西。根据《产品质量法》第2条，"产品"是指经过加工、制作，用于销售的产品。根据此两项定义，本书将保健产品作如下定义：保健产品是指经过加工、制作，用于销售，被使用和消费的、声称具有保健功效的任何东西（在本书的研究中，不包括保健食品）。

保健产品具有如下特征：

第一，保健产品具有一般产品的特征。即从自然属性来讲，保健产品是

---

[1] 袁雪："保健食品分类监管法律制度研究"，西南大学2015年硕士学位论文。

人类取得的劳动成果；从法律属性来讲，保健产品是经过加工而用于消费和使用的物品。

第二，保健产品是声称具有保健功效的产品。即保健产品能够通过物理作用、化学作用等方式改善人体机能。

值得注意的是，本书所指的"保健产品"，不要求实际一定具有保健功效，只要产品生产者、销售者在销售、宣传中声称其产品具有保健功效，即将其法律拟制为"保健产品"。如此，更符合市场监管、维护人们身体健康的要求。

(三) 保健服务的概念及特征

根据《汉语大词典》的解释，"服务"是指为他人做事，不以实物形式而以提供劳动的形式满足他人某种特殊需要，使他人从中受益的一种有偿或无偿的活动。我国有关法律中没有对"保健服务"作出明确界定。

根据中国保健协会在《中国保健服务产业发展报告 No.1》中对保健服务的定义，保健服务是指在固定场所或者由有合法资质认证的专业人员运用技术、手法、产品、知识等手段，以一定的行为和方式提供以达到改善体质、预防疾病、辅助医疗、促进康复、调整人体机能等目的的一系列服务。

国家中医药管理部门曾对"中医养生保健服务"作如下界定：中医养生保健服务，是运用中医药（民族医药）理念、方法和技术，开展的保养身心、预防疾病、改善体质、增进健康的活动，包括非医疗机构和医疗机构提供的相关服务。

根据上述定义，本书对"保健服务"作如下定义：保健服务是指不以实物形式而以提供劳动的形式满足他人预防疾病、改善体质、增进健康等保健需要的活动。常见的保健服务有非医疗目的的推拿、按摩、刮痧、拔罐等。

保健服务具有如下特征：

第一，无形性。同有形的产品不同，保健服务在很大程度上是无形的且抽象的。

第二，差异性。保健服务不像有形产品那样有固定的质量标准，二者具有较大的差异性。

第三，不可分离性。保健服务的生产过程与消费过程同时进行，消费者只有加入保健服务的生产过程才能最终购买到保健服务。

第四，不可贮存性。由于保健服务的无形性和不可分离性，保健服务不可能像有形产品一样贮存起来以备未来销售。

第五，保健性。保健服务区别于一般服务的最大特点便是保健服务对人体健康具有一定的调节改善作用。值得注意的是，同"保健产品"一样，本书所指的"保健服务"，不要求实际一定具有保健功效，只要服务提供者声称其服务具有保健功效，即将其法律拟制为"保健服务"。

（四）保健市场的范围

《联合整治"保健"市场乱象百日行动方案》中指出：自 2019 年 1 月 8 日起，在全国范围内日集中开展为期 100 天的联合整治"保健"市场乱象百日行动。可见，"保健"市场中的"保健"并非法定术语，而是一种统称，其包含了与人民群众日常消费密切相关的行业和领域：食品（保健食品），宣称具有"保健"功能的器材、用品、用具，日用消费品，净水器、空气净化器等日用家电，玉石器等穿戴用品，声称具有"保健"功效的服务，等等。因此，本书中的保健市场采用广义的外延，包括前文提到的保健食品市场、保健产品市场和保健服务市场。

二、保健市场综合治理的概念

"治理"一词源于拉丁文和古希腊语，指的是在特定范围内行使权力。根据全球治理委员会的界定：治理是或公或私的个人和机构经营管理相同事务的诸多方式的总和。它是一个持续的过程，在这个过程中不同的利益不断冲突、调和，最终达成一致目标采取联合行动以便实施某项计划。它应当包括有权使人们服从的正式机构和规章制度，以及由利益相关各方授予其权力产生的非正式安排[1]。

在我国实践中，"综合治理"最初是党和国家解决社会治安问题的战略方针，是指：在各级党委和政府的统一领导下，以政法机关为骨干，依靠人民群众和社会各方面的力量，分工合作，综合运用法律、政治、经济、行政、教育、文化等各种手段，惩罚犯罪，改造罪犯，教育挽救失足者，预防犯罪，达到维护社会治安，保障人民幸福生活，保障社会主义现代化建设顺利进行的目的。

---

〔1〕　卓佳："多元共治理论下我国保健食品安全监管模式的研究"，云南大学 2015 年硕士学位论文。

具体到保健市场领域，《联合整治"保健"市场乱象百日行动方案》中提到，各地各部门要进一步提高政治站位，切实增强"四个意识"，坚持政府领导、部门联动、行业自律、公众参与、社会监督、综合治理的工作原则，充分认识开展"百日行动"的重大意义，坚决打赢这场攻坚战。要注重综合治理。要发挥机构、部门间合力，统筹发挥职能作用，综合运用多种手段，通过抽查抽检、约谈企业、信息公示、下架召回、警示处罚、信用惩戒、撤销吊销、行刑衔接等，形成"百日行动"的震慑力，达到查处一批案件，规范一个行业的目的。要加强社会共治。鼓励群众对违法行为投诉举报，通过法律武器维护自身权益。各地要建立举报奖励制度，公开举报渠道，落实奖励资金。要充分发挥新闻媒体的作用，对"百日行动"中查处的典型案件进行宣传报道。鼓励行业协会建立健全行业规范和自律机制，引导和督促行业依法生产经营，推动行业诚信建设，科普产品常识。

因此，保健市场综合治理主要是针对当前"保健"市场存在的各种乱象，在坚持各级各地政府领导、国家市场监管、公安、药监等部门联动、行业自律、公众参与、社会监督、综合治理的工作原则下，充分发挥机构与部门间合力，统筹发挥职能作用，综合运用抽查抽检等行政监管手段，通过鼓励群众对违法行为投诉举报等一系列措施，达到整治和规范"保健"市场，引导"保健"市场合法良性发展的目的。

第二节　保健市场综合治理的理论依据

一、传统理论的启示

（一）市场失灵理论

市场失灵理论启示我们，发动政府之手以弥补无形之手之不足。市场失灵是指生产要素或行为的成本和收益在市场价格中无法得到反映，包括不完全竞争、信息失灵、负的外部性和公共产品的协调失败。[1]市场失灵的实质意义不是指市场机制未能解决经济效率降低的问题，而是指盲目迷信

---

〔1〕 贾诗玥、李晓峰："超越市场失灵：产业政策理论前沿与中国启示"，载《南方经济》2018年第5期。

市场机制能创造公平、自由的社会经济秩序的理想价值观的破灭。[1]这就启示我们，若想市场经济健康运行，仅仅依靠市场自身力量是不够的，更需要政府的有形之手，应对市场这只无形之手所不能解决的经济效率降低等问题。

（二）公共利益理论

公共利益理论启示我们，要调动个人力量、借助法律手段治理市场。公共利益是在需求冲突的情况下，国家以牺牲冲突一方的合法权利为代价而予以保障另一方的需求，或者说是在利益冲突的情况下牺牲一方的合法权利维护另一方的利益。[2]公丕祥教授曾经从法律精神层面对"公共利益"与"私人利益"关系进行过解读，他认为："法律精神的价值根据底蕴深广，但它集中地表现为个人与社会之间的关系问题。是个人高于社会，还是社会高于个人，抑或其他？对这个问题回答的差别，构成了不同法律文化系统中法律精神的基本特点。""与传统型法律不同，现代法律调整的基本价值目标，就是要合理地调整个人与社会、个人与国家之间的相互关系，并以此为根据建立富有效率的法律调整机制。个人与社会、个人与国家之间的关系，是现代法律的精神枢纽，二者之间并不存在非此即彼的'二律背反'关系，而是一种内在的有机统一体。"[3]这启示我们，要充分发动广大人民群众的力量，运用法律这一公平、正义之术，积极推进社会共治和法治。

（三）监管俘获理论

监管俘获理论启示我们，市场治理应健全长效监管机制。监管俘获理论主要研究监管机构与被监管的产业利益集团在监管过程中的相互关系。监管俘获理论认为，监管机构并非从一开始就会被"俘获"。新监管机构往往是在社会公众的压力和各利益集团的妥协之下成立的，成立之初会表现出相当的朝气，具有较强的独立性。但随着时间的推移，公众对监管机构的注意力会逐步淡化，监管机构对环境也逐步适应，监管者与被监管者之间的合作开始

---

〔1〕李剑："论市场失灵与经济法的关系——以市场规制法为视角的考察"，载《学习与探索》2012年第1期。

〔2〕刘太刚："公共利益的认定标准及立法思路——以公共利益的概念功能为视角"，载《国家行政学院学报》2012年第1期。

〔3〕公丕祥：《法制现代化的理论逻辑》，中国政法大学出版社1999年版，第222—224页。

多于冲突，被监管者为了获得监管收益，动用种种资源和手段"俘获"监管者。到了成熟期和老化期，监管者与被监管者的相互利用关系会越发明显，监管机构最终会将被监管者的利益置于公共利益之上，监管的设计和实施都将围绕被监管者的利益展开，沦为被监管者谋利的工具，即被"俘获"。[1]这启示我们，要构建一套长效监管机制，避免监管效益的暂时性。

（四）回应性监管理论

回应性监管理论启示我们，治理市场要采取多重手段，重视柔性执法，实现社会共治。回应性监管理论的"金字塔理论"认为，监管中应采取同等回应、劝服优先、惩罚为后的柔性行政执法理念，通过约谈使相关责任人认识到问题的严重性，进而采取强化性自我管制措施。另外，按照回应性监管理论要求，监管理论私权意识回应有两种方式：一是法律制度本身构建中注重私权意识的培育，使民众自愿参与监管行动；二是还权于被监管者，使被监管者最大可能地发挥自我管制作用。回应性监管理论横向关注监管主体管制权分配方案，纵向聚焦监管策略的"金字塔理论"等理论，在某种程度上能够满足政府在"社会共治"定位上的需求，更好地将社会共治制度细化并落地实施。这启示我们，市场监管要重视监管手段的有效性，努力发掘多种监管手段。

（五）经济规制理论

经济规制理论启示我们，要通过政策、法律、经济激励等多种手段，实现企业利益与消费者利益的平衡，最终达到公共利益的最大化。经济规制理论认为，在市场经济体制下，政府或社会公共机构要依据一定的规则对市场微观经济行为（包括经济主体的进入和退出、价格、产量及服务质量等有关行为）进行制约、干预或管理。政府在规制过程中要明白为什么要进行规制、规制代表谁的利益、哪些产业应该受到规制等问题。经济规制理论认为，政府规制是为了纠正市场失灵，以提高资源配置效率、增进社会福利。此外，政府是公众利益的代表，而不是某些特别利益集团的代表，可以专一地追求公共利益这一目标。

---

〔1〕 R. Chatov, *Government Regulation: Process and Substantive Impacts in Research in Corporate Social Performance and Policy*, JAI Press Inc., 1978.

同时，经济规制理论下的激励性规定理论[1]分析了如何向以利润最大化为目标的企业提供适当的激励，从而促使他们做出有利于提高社会福利的行为。在信息不对称条件下，问题的关键是设计出一份激励规制合同，既能充分激励被规制企业，又能有效约束其利用信息优势采取机会主义行为。激励性规定理论的政策性很强，为人们对规制问题的思考提供了一种崭新的思维方式。[2]

经济规制理论带给我们的启示是：我国在保健市场综合治理的过程中，要把最广大人民的生命健康放在首位，构建法律、政策、合同等多种手段并用的治理结构，处理好发展保健市场和维护人民权益的互动关系。

（六）制度主义监管理论

制度主义监管理论启示我们，要将眼光转移到对各种行为主体背后的结构性因素的考察，赋予监管行为之外的宏观制度环境以自变量含义。在新制度主义者看来，作为一种政治行为的政府监管，既不是由单纯的公共利益观推动，也非不同集团之间利益谈判的结果，而是特定制度环境下的必然产物，各个行动主体的偏好都是由一定的制度环境塑造出来的。研究政府监管的起因及过程、正式的制度安排、组织结构以及非正式的文化观念、历史传统等，都是不可或缺的考察因素。例如，学者利·汉彻（Leigh Hancher）和迈克尔·莫兰（Michael Moran）就曾经在一篇关于经济性监管研究的论文中提出，我们不能简单地根据对公共利益以及私人利益的人为区分来研究监管，而应当从一个制度化的视角出发，对各种各样行为主体在制度化的"监管空间"（regulatory space）中的相对位置进行研究。从某种意义上看，包含着制度安排、组织资源、价值观念以及历史传统等要素在内的"监管空间"，是制约着监管行为过程的根本因素。[3]他们指出，"监管空间不仅仅聚焦于那些介入监管活动的行为主体，更看重那些推动利益网络出现和发展以及有助于建立主体间制度性联系的结构性因素"。[4]

---

〔1〕　Michael A. Crew and Paul R. Kleindorfer, "Regulatory Economics: Twenty Years of Progress?", *Journal of Regulatory Economics*, Vol. 21, 2002, pp. 5–22.

〔2〕　朱锦华、寇文煜："规制经济理论研究"，载《黑龙江对外经贸》2006年第4期。

〔3〕　Leigh Hancher and Michael Moran, "Organizing Regulatory Space", in Leigh Hancher and Michael Moran eds., *Capitalism, Culture and Economic Regulation*, Clarendon Press, 1989, pp. 271–299, p. 922.

〔4〕　Leigh Hancher and Michael Moran, "Organizing Regulatory Space", in Leigh Hancher and Michael Moran eds., *Capitalism, Culture and Economic Regulation*, Clarendon Press, 1989, pp. 271–299, p. 922.

制度主义监管理论带给我们的启示是：保健市场综合治理不仅要治理表层的问题，更要考察问题背后的制度安排、组织资源、价值观念以及历史传统等各种环境因素，并对这些环境因素进行正确的干预和引导，以实现治理效果的最优化。

二、从"监管"走向"治理"

（一）"监管思路"逐渐不合时宜

　　传统理论论述的多为"监管"。"监管"意为监视管理，"监管思路"更多体现的是"高权行政"，即行政主体基于国家统治权而从事的行政活动。在这种思路的指导下，更强调行政主体依单方面意志决定并以强制方式执行政策和法律，强调行政的高权性和行政相对人的服从，由此而形成的是监管者与被监管者之间的"上下秩序关系"。随着时代的发展，公民权利意识逐渐觉醒，社会情况越来越复杂，从前的"监管思路"也逐渐不能适应人们的需求，取而代之的是公民的自主、自治，行政主体也逐渐由监管者的身份转变为服务者。在这个背景下，"治理思路"逐渐兴起。

（二）"治理思路"顺应时代要求

　　与"统治""监管"不同，"治理"指的是一种由共同的目标支持的活动，治理的主体未必是政府，也不一定非得依靠国家的强制力来实现。在"治理思路"的指导下，权力运行的向度由单向的自上而下变为双向甚至是多元的协调互动[1]。多元主体合作参与，以互动性更强的方式，形成更为持续、稳定的关系，通过不同主体来共享、动员和聚合分散的资源，协调利益和行动，完成行政任务，最终实现社会共治。党的十八届三中全会明确提出，"完善和发展中国特色社会主义制度、推进国家治理体系和治理能力现代化"是全面深化改革的总目标，即体现了国家从"监管思路"向"治理思路"的转变。

---

　　〔1〕　陈广胜：《走向善治——中国地方政府的模式创新》，浙江大学出版社 2007 年版，第 124—125 页。

三、运用综合治理理论的必要性

（一）传统治理理论的弊端

传统的多中心治理理论、公民治理理论虽然体现了国家行政思路的转变，但其作为西方理论，应用于我国时必然面临水土不服的问题。例如，忽视了中国的基本国情，忽视了社会主义的国家本质。长此以往，不利于中国国家治理理论的科学化、规范化，也不利于树立中国的理论自信[1]。

（二）综合治理理论的优势

综合治理理论是中国在解决社会治安问题的实践中，逐渐提炼出来的一项运用于社会治理领域的理论，与传统的凡谈及理论必言西方不同，综合治理理论融合了中华优秀传统文化中的思想精华，是在中国特色社会主义实践的基础上总结出来的，彰显着中国的道路自信、理论自信、制度自信、文化自信。本书中所说的综合治理理论则是在中国综合治理理论的基础上，吸收西方传统理论优秀内核，总结提炼出来的。综合治理理论蕴含的基本治理思路对保健市场的治理具有一定的指导作用。

四、综合治理理论的主要内容

目前，社会综合治理所形成的经验理论概括起来，即"党委领导、政府负责、社会协同、公众参与、法治保障"[2]。

（一）党委领导是中心

《中华人民共和国宪法》第1条第2款规定："社会主义制度是中华人民共和国的根本制度。中国共产党领导是中国特色社会主义最本质的特征……"这一规定对推进国家治理体系与治理能力现代化具有深远意义，也为综合治理理论在实践中改进治理方式设置了根本的宏观背景。

---

〔1〕 陈跃、李娜："国家治理研究的理论范式、认知误区及发展进路"，载《河南师范大学学报（哲学社会科学版）》2018年第5期。

〔2〕 王丛虎、王晓鹏："社会综合治理：中国治理的话语体系与经验理论"，载《领导科学》2018年第25期。

（二）政府负责是关键

政府在市场治理中始终处于主导和规范性地位。新时代背景下，政府职能的目标就是实施市场治理和提供公共服务。即便是在推进市场治理社会化、公共服务市场化的背景下，政府也不能推卸责任。当然，政府负责并不意味着政府是市场治理和公共服务的唯一主体[1]。

（三）社会协同是依托

社会协同治理模式下，政府在社会治理中发挥主导作用，但出于有效治理之需要，政府同时保护并尊重社会的主体地位以及社会自身的运作机制和规律，通过建立健全各种制度化的沟通渠道和参与平台，推动落实各项相应的制度建设和政策措施，直至将其纳入已有的法律体系，从而充分发挥社会力量在社会治理中的作用[2]。

（四）公众参与是基础

市场治理的根本目的是为公众提供优质放心的产品和服务。在综合治理的理论框架下，公众不仅是消费者、行政相对人，更是治理的重要参与者和受益者。公众参与模式下，公众不仅为市场治理提供了基本的信息反馈，也是各项治理机制和治理手段的最终践行者和受益者。

（五）法治保障是根本

法治是市场治理创新的前提和保障。市场治理创新需要用法律开辟道路。市场治理创新的法律保障，使其具有合法性、权威性、可预期性、可操作性。市场治理创新需要用法律的形式肯定和巩固创新的成果，保证市场治理创新可持续发展。法治是调整综合治理的稳定器，是用法律界定社会主体的权力（利）边界，规范各社会主体的行为，形成综合治理的格局，依法调整社会主体的关系，保障各社会主体循法而为，依法而治[3]。

---

〔1〕 柯尊清："当代中国城市基层社会治理研究——基于政府管理的分析"，云南大学 2016 年博士学位论文。

〔2〕 郁建兴、任泽涛："当代中国社会建设中的协同治理———一个分析框架"，载《学术月刊》2012 年第 8 期。

〔3〕 严励："法治是社会管理创新的根本保障"，载《学术交流》2012 年第 12 期。

五、综合治理理论在保健市场领域的运用

综合治理理论在保健市场领域的运用主要强调四点：一是治理主体的多元性；二是治理手段的多样性；三是治理对象的广泛性；四是治理机制的长效性。

（一）治理主体的多元性

综合治理理论认为，在治理保健市场的过程中，拥有公共权力的政府并非唯一主体，属私人范畴的市场或营利组织、社会组织（包括非政府组织和非营利组织）以及公民个人等主体，均可在一定规则的约束下，从事合作性活动。各主体既相对独立又相互联系，在特定领域内发挥各自的功能优势，共同实现治理目标，其本质是构建政府、市场、社会共同参与的"多元共治模式"[1]。但是，与传统的"多元共治模式"不同，综合治理理论下的多元治理主体并不是单纯的、分散的多元主体，而是统一于党委领导的多元治理主体。多元治理主体中，各主体的作用并不是均等的，政府是关键，公众是基础，社会力量是依托。具体作用如下：

从政府维度来看，政府不再是以"发令者"的姿态治理保健市场的唯一主体，而是多元治理主体的主导者。一方面，政府沿着传统的治理思路，行使其享有的行政职权治理保健市场；另一方面，政府通过民主、法定程序，制定治理规则，划定各主体的行为边界，与市场、社会协调合作，供给公共产品，治理公共事务。

从市场维度来看，市场主体不仅是政府治理的对象，更是参与保健市场治理的主体。其一，政府的行政治理可以与市场主体的自我治理合并使用。市场主体通过对自己采取"内部式"的"自律"行为，从技术和规范层面，提升裁量判断的质量，积极承担社会责任，提供安全健康的保健食品和产品。其二，市场主体能够以更充分的信息为基础，制定出适合自己经营发展、更为细致全面、更能进行迅捷调整的规则，不仅可以降低政府的执法成本，更易于为公众所接受。其三，在充满竞争的市场环境中，市场主体不仅是被治理者，其也可以发挥对同行的监督作用，承担起市场治理的责任。

---

〔1〕 李平原："浅析奥斯特罗姆多中心治理理论的适用性及其局限性——基于政府、市场与社会多元共治的视角"，载《学习论坛》2014年第5期。

从社会维度来看，社会组织（包括非政府组织和非营利组织）是政府和市场之间的调和剂。作为理性"经济人"的政府和市场，在治理过程中都可能会谋求各自利益的最大化，导致资源分配不合理、配置低效率。此时，作为通过契约等方式自主集结起来的社会组织，可以以集体行动的方式捍卫共同利益，有效规避政府失灵和市场失灵困境，实现公共利益的持续发展。另外，引入社会组织治理，有助于减少行政支出，减少政府在预算、经费、人事等方面的约束，还能以更专业的知识，更快捷地制定出更具回应性、可行性的标准。社会组织在产品、服务或问题的生命周期中的较早阶段即行介入，可以使治理更具主动性和前瞻性。

从公民个人维度来看，公民不仅是公共产品的享受者，更是公共产品供给质量和效率的推动者。一方面，公民通过"用脚投票"，推动着市场主体的优胜劣汰；另一方面，公民通过举报投诉等方式，发挥其对市场主体的监督作用。可见，公民个人亦是市场治理的重要主体。

（二）治理手段的多样性

综合治理理论的指导下，保健市场治理需要综合运用法律、行政、经济、教育、文化等各种手段，以达到治理的最佳状态。

1. 法律手段

法律是治国之重器，良法是善治之前提。法律手段是保健市场治理的根本保障。作为公平正义之术，健全完善的法律能够为保健市场主体、多元治理主体提供行为规范，为其设定外在制度约束；强有力的执法和司法能够发挥震慑作用，以他律的方式引导保健市场朝着稳健的方向发展。

2. 行政手段

行政手段是国家凭借行政权力，通过颁布行政命令，制定政策、措施等形式，对市场经济活动进行宏观调控或干预的方式或方法[1]。行政手段具有权威性、强制性、垂直性、具体性、非经济利益性。综合治理理论下，行政指导、行政咨询服务、行政奖励、信息化手段、信用机制等柔性手段和行政检查、行政处罚等刚性手段结合使用尤为重要。

---

[1] 尚金成："节能发电调度的经济补偿机制研究（一）基于行政手段的经济补偿机制设计与分析"，载《电力系统自动化》2009年第2期。

3. 经济手段

经济政策是帮助国家进行市场经济调控的重要手段，能有效调节社会总供给与总需求的结构、社会资源和收入分配，在一定程度上还会影响社会总供给与总需求的总量平衡[1]。灵活的经济手段能够弥补法律手段滞后性的不足，推动保健市场良性发展。

4. 教育手段

当前，我国公民的法治意识、养生保健知识明显不足，通过教育提升公民素养迫在眉睫。在保健市场综合治理的过程中，要教育消费者以理性的态度购买保健产品、保健食品和保健服务。教育保健产品、保健食品的生产者、销售者、第三方平台等主体合法合规生产经营至关重要。

5. 文化手段

在社会转型期多元价值并存的当下，利用文化手段重构市场经济伦理道德关系至关重要。当前社会结构深刻变动、市场利益格局深度调整、各种社会矛盾凸显[2]。就道德领域来说，表现为商业道德滑坡、子女孝道堪忧，种种道德缺失导致保健市场呈现出诸多乱象。因此，亟须利用文化手段重塑保健市场生产者、销售者、消费者等各方主体的价值观，以改变前述主体的认知和行为体系，引导各方主体凭借自觉行动助推保健市场的良性运行。

（三）治理对象的广泛性

对保健市场进行综合治理，意味着治理的对象不限于市场上的终端主体，还包括上游各环节的主体。具体来说，保健食品/产品市场的治理对象包括保健食品/产品原材料的生产、加工主体，保健食品/产品的生产主体、进口主体、销售主体、第三方主体（包括网售平台和物流平台等相关方），保健食品/产品的广告经营者、广告发布者、广告代言人等主体。保健服务市场的治理对象包括保健服务提供单位、保健服务人员、第三方平台、保健服务广告相关方等主体。总之，保健市场综合治理应坚持"有重点，无盲区"的全新治理思路，进行全链条治理。

---

[1] 孙嘉珺："试论经济政策在国民经济行政管理中的作用"，载《知识经济》2017年第1期。

[2] 谢志强："孝文化是重要的社会治理资源和治理手段"，载《人民论坛》2018年第19期。

（四）治理机制的长效性

在综合治理理论的指导下，保健市场的治理不是一时的突击行动，不能一蹴而就。保健市场综合治理关键在"常""长"二字，经常治理、长期治理，实现治理的常态化、制度化。[1]这就要求要严把保健市场各项综合治理手段的执行关。对主要治理主体的表现进行严格考核，针对不同的结果采取激励或惩治等不同措施，确保保健市场治理水平不断提升。另外，建立长效治理机制还要严把总结关。长效治理机制不是一套治理机制的机械重复，而是要在实践中注重对每一次治理工作的深刻总结和反思，从中吸取教训、总结经验，并将其提升到理论高度，为下一步治理工作提供借鉴与指导。通过执行关、总结关循环往复，不断提升，让治理无处不在，实现保健市场综合治理的常态化[2]。

第三节　保健市场综合治理的基本原则

一、坚持保障人民生命健康原则

保障人民生命健康原则是保健市场综合治理的首要基本原则，要求各治理主体以及市场主体的各项行为活动都不得损害人民的生命健康权益，坚持保障人民生命健康原则，树立人民群众生命健康至上的理念，把维护人民群众生命健康权益放在保健市场治理的核心位置。如此，才能真正充分发挥保健市场应有的价值。此原则要求各治理主体和市场主体采取多种手段对人民的生命健康权予以充分、优先的保障，具体如下：

第一，加强保健食品质量安全治理。健全统一权威的保健食品安全治理体系，落实最严谨的标准、最严格的监管、最严厉的处罚、最严肃的问责，实施好国家食品安全相关规划；健全食品安全领域消费维权机制，加强消费维权制度建设，简化消费争议处理程序，推动完善食品消费公益诉讼机制，充分发挥消费者组织作用，提高百姓食品消费维权效率。

---

〔1〕　本书课题组：《马克思主义中国化最新成果实践新维度："四个全面"党员干部学习读本》，中共中央党校出版社 2015 年版，第 153 页。

〔2〕　陈晓雪："全面从严治党下党内监督的重新审视及路径研究"，载《延边党校学报》2017 年第 6 期。

第二，强化保健产品质量和保健服务安全治理。落实产品质量法、消费者权益保护法等法律法规，加强产品、服务质量治理；严厉查处质量低劣、违反强制性标准、存在质量和安全风险的保健产品，坚决遏制质量安全事故；加强质量安全日常监管，加大质量抽检力度，推进线上线下一体化监管；强化全过程质量安全管理与风险监控，对保健食品等关系人民群众生命财产安全的重要产品加强监督管理；建立健全保健产品质量追溯体系，形成来源可查、去向可追、责任可究的信息链条。

第三，打击保健市场的传销，规范直销。强化各级政府责任，加强部门执法联动，开展重点区域专项整治，加大打击传销力度；加强对网络传销的查处，遏制网络传销蔓延势头；加强对新形势下假借"微商""电商""消费投资"等名义开展新型传销的研判；加强风险预警提示和防范，强化案例宣传教育，提高公众识别和防范传销的能力。值得注意的是，在打击保健市场传销这一环节，要特别注重维护老年人的生命健康权益，加大对老年保健食品、保健产品、保健服务等领域虚假宣传、消费欺诈的整治力度，清除消费陷阱。此外，还要加强直销企业监管，促进企业规范经营，依法查处直销违法违规行为。

第四，加强保健市场虚假违法广告治理。在支持广告业创新发展的同时，依法强化广告市场治理，防止因虚假宣传、过度宣传给公民生命健康造成损害；围绕保健食品、保健产品、保健服务等重点商品或服务，加大虚假违法广告整治力度；严格规范互联网广告，依法惩处虚假违法广告行为；坚持广告宣传正确导向，严厉打击违反保健食品广告规定的广告，弘扬正确积极的养生保健文化；创新广告治理方式，加强广告监管平台和互联网广告监测平台建设，健全广告监测制度体系；实施广告信用评价制度，建立违法广告预警机制，完善广告市场主体失信惩戒机制；充分发挥广告行业组织的作用，强化广告经营者、发布者主体责任，引导行业自律，促进行业发展。

二、坚持创新治理原则

（一）用新理念引领保健市场治理

第一，把提高治理效率作为基本要求。提高保健市场运行效率，必须提高市场治理效率。要强化成本意识，增强效能观念，把提高治理效率作为保健市场治理的基本要求，改变传统的无限监管理念，改革传统的人盯人、普遍撒网的烦苛监管方式，推动保健市场治理的改革创新。

第二，强化全球视野，并强调用国际视野审视保健市场治理规则的制定和治理效应。在经济全球化进程中，市场治理理念、治理模式已经成为影响国家竞争力和国际影响力的重要因素。一方面，要放眼于全球的保健市场，形成全方位的保健市场治理网络，消除治理空白地带；另一方面，要与我国经济发展全球化趋势相适应，按照提高我国在全球治理中制度性话语权的要求，用国际视野审视保健市场治理规则的制定和治理效应，不断提升保健市场综合治理的国际化水平。

（二）用新治理方式推进保健市场治理

第一，坚持简约治理。按照简政放权、放管结合、优化服务改革要求，坚持"简"字当头，实行简约高效的治理方式，消除不必要的管制，革除不合时宜的陈规旧制，打破不合理的条条框框，砍掉束缚创业创新的繁文缛节，减轻保健企业负担，减少保健市场运行成本。

第二，坚持审慎治理。适应新技术、新产品、新服务、新模式蓬勃发展的趋势，围绕鼓励创新，探索科学高效的治理机制和方式方法，实行包容式监管，改革传统监管模式，推动保健市场经济的创新和繁荣发展。同时，对潜在风险大的保健食品、保健产品和保健服务，要严格治理，消除风险隐患。

第三，强化联动治理。一方面，坚持部门之间联动治理。适应科技创新、产业融合、跨界发展的大趋势，克服相互分割、多头执法、标准不一等痼疾，推进保健市场治理领域综合执法，建立联动治理体系，发挥各种治理资源的综合效益。加强信息共享，强化部门上下统筹，建立健全跨部门、跨区域执法联动响应和协作机制，降低执法成本。另一方面，依法充分发挥行政主管部门综合治理和行业治理作用，建立综合治理部门和行业治理组织联动的工作机制，形成优势互补、分工协作、沟通顺畅、齐抓共管的治理格局。综合治理部门要强化保健市场秩序、市场环境的综合治理，维护全国统一的保健市场，维护广大消费者合法权益。建立健全行业治理组织和综合治理部门的协调配合机制，推动跨区域协作机制，形成促进保健行业发展和统一保健市场协同发展的格局。

第四，坚持社会共同治理。顺应现代治理趋势，努力构建"企业自治、行业自律、社会监督、政府监管"的社会共治新机制。保健市场综合治理要改变政府大包大揽的传统方式，充分发挥信用体系的约束作用、保健行业组织的自律作用以及消费者组织、社会舆论和公众的监督作用，实现社会共治。其一，明确保健企业的主体责任，推动企业主体自我约束、诚信经营，引导企业履行好质量管理、营销宣传、售后服务、安全生产等方面的义务，成为保健行业秩序、市场环境的监督者和维护者，培育有社会责任的市场主体；其二，结合保健行业协会等有关组织改革，加强行业组织行业自治功能，鼓励参与制定行业标准和行业自律规范，建立行业诚信体系，充分发挥服务企业发展、规范行业主体行为、维护行业秩序的重要作用；其三，加强社会公众、中介机构、新闻媒体等对保健市场秩序的监督，发挥消费者对保健市场的直接监督作用，健全激励和保护消费者制度，构筑全方位保健市场综合治理新格局。

（三）用新科技武装保健市场新领域的治理

第一，坚持智慧治理。为适应新一轮科技革命和产业变革趋势，适应市场主体活跃发展的客观要求，应充分发挥新科技在保健市场综合治理中的作用，运用大数据等推动治理创新，依托互联网、大数据技术，打造市场治理大数据平台，推动"互联网+治理"，提高市场治理智能化水平。

加强大数据在保健市场综合治理中的广泛应用。加强大数据综合分析，整合保健企业工商登记，保健食品和保健产品的质量安全监管、竞争执法、消费维权、企业公示和涉企信息等数据资源，研究构建大数据治理模型，加强对保健市场环境的监测分析、预测预警，提高市场治理的针对性、科学性和时效性。加强对保健产品生产企业等市场主体经营行为和运行规律的分析，防范行业性、系统性、区域性风险。加强保健市场治理数据与宏观经济数据的关联应用，定期形成保健市场环境形势分析报告，为宏观决策提供依据。加强对保健市场治理政策和制度实施效果的跟踪监测，定期评估并根据需要及时调整。

第二，加强线上保健市场的治理，推进线上线下一体化治理。完善网络保健市场规制体系，促进网络保健市场健康发展。加强对网络售假、虚假宣传、虚假促销、刷单炒信等违法行为的治理，净化网络保健市场环境。加强对社交电商、手机应用软件商城等新模式，以及农村电商、跨境电商和服务电商等新业态的治理。强化网络交易平台的责任，规范网络保健产品和服务经营者的行为。

三、坚持规范与发展并重原则

面对保健市场的乱象丛生，综合治理必然要以猛药去疴、重典治乱的决心，以刮骨疗毒、壮士断腕的勇气，坚决把营造风清气正的保健市场的战役进行到底。但是万事过犹不及，综合治理也要注意不能伤了保健市场的"元气"。当下，我国消费者对保健食品、保健产品和保健服务有着极大的需求，将保健市场"一棒子打死"，最终损害的还是人民的利益，不是保健市场综合治理的初心。因此，保健市场综合治理要在规范中发展，在发展中规范，引导各相关主体将企业利益驱动与社会责任承担有机结合，最终还利于民。

首先，要规范保健市场秩序。完善的市场经济是有活力、有秩序的。没有活力，市场经济就失去了生机；没有秩序，市场经济就失去了保障。要把规范保健市场秩序作为保健市场综合治理的重要着力点，坚持放活和管好相结合，做到放而不乱、活而有序，为保健企业优胜劣汰和转型升级提供保障。一方面，加强对保健产品和保健服务价格垄断、价格欺诈行为的治理，严厉打击仿冒、虚假宣传、价格欺诈、商业贿赂、违法有奖销售、经营无合法来源的进口保健产品等不正当竞争行为；另一方面，加大对保健食品和保健产品的打假力度，严惩不符合强制性标准、掺杂掺假、以假充真、以次充好、以不合格产品冒充合格产品等违法行为。强化对利用互联网销售假冒伪劣保健食品和保健产品、传播制假售假违法信息的治理。强化对假冒伪劣源头的治理，建立保健食品和保健产品的生产、流通、销售全链条治理机制，完善重点产品追溯制度，构建清晰可追溯的责任体系。

其次，要激发保健市场活力。市场经济的内在活力是经济持续增长的重要动力，是经济走向繁荣的重要基础。要改变传统"管"的观念，把激发市场活力和创造力作为保健市场综合治理的重要方向，营造有利于保健企业主体良性发展的市场环境。坚持依法依规监管。对各类保健企业一视同仁，依法依规实施公平公正治理，平等保护各类市场主体合法权益。要运用法治思维和法治方式履行保健市场治理职责，全面实施清单管理制度，通过权力清单明确法无授权不可为，通过责任清单明确法定职责必须为，通过负面清单明确法无禁止即可为，没有法律依据不能随意检查，规范有关部门的自由裁量权，推进保健市场综合治理的制度化、规范化、法治化，让法治给予保健市场主体充足的生存空间，激发市场主体活力，促进保健市场健康发展。

第二章

保健市场监管历程梳理分析

第一节 保健食品监管历程梳理分析

一、保健食品监管法律法规及体制的形成和初步建立（1956—2003 年）

早在 1956 年，《国务院关于防止厂、矿企业中矽尘危害的决定》即规定："厂、矿企业应该根据需要发给接触矽尘的工人有效的防尘口罩、防尘工作服和保健食品。"这是在我国规范性法律文件中发现的较早具有"保健食品"字样的记载。

1963 年，《国务院批转国家经济委员会关于从事有毒、有害、高温、井下作业工人的食品供应情况和意见的报告》同意建立实施"保健食品制度"，并规定于 1963 年 4 月 1 日起执行。同年，《关于贯彻国务院批转国家经委报告实行保健食品制度的联合通知》由劳动部等七部委发布，对保健食品制度及其对象、内容、标准、范围和要求作出具体规定，甚至对经费的落实都作出了具体安排。

1963 年后，有关部委围绕保健食品制度的实施发布了《关于进一步贯彻执行周总理对废旧物资工作题词的请示报告》等一系列文件。在计划经济的大背景下，这些文件实际上都是将"保健食品制度"作为一项具有福利性质的劳动保护制度。虽然当时"保健食品"也仅仅是"每人每月肉一斤、食油半斤、糖一斤"，但其发挥的功能和作用，却远远超出了物质的范畴。当年保健食品的定义与今天"保健食品"乃至保健食品产业相比可谓"天壤之别"，却是我国保健食品产业早期"立法实践"的先声，具有浓郁的人文色彩和人性化特征。此后，从 1979 年的《国务院关于提高主要副食品销价后发给职工副食品价格补贴的几项具体规定》，到 1982 年的《矿山安全监察条例》等一批规定和条例，都是在不同行业和不同阶段为落实和完善保健食品制度而发布和实施的颇具计划经济和福利性色彩的行政文件。

（一）成长中的保健食品管理法律法规的演进与分析（1982—1995 年）

在 20 世纪八九十年代的中国，保健食品市场迅速扩展。此时的保健食品主要以滋补品类为主，保健食品在名分上还从属于药品家族，所以此时保健食品多由药品领域的法规和政策来规范。由于保健食品的高额利润和相对较低的政策限制与技术限制，在短期内，市场上迅速涌现出了数千家保健食品生产企业，产品品种达上万种，年产值也达到了百亿元。但这种建立在"广告营销"甚至贿赂医生基础上的保健食品市场是不可能持续繁荣的。

大批企业的盲目加入，致使保健食品市场泥沙俱下，加深了消费者对保健食品的信任危机，进一步导致保健食品市场开始大幅萎缩，加之政府监管的不到位和法律法规的不健全，保健食品产业一度陷入混乱。

针对当时的情况，政府在 20 世纪 80 年代初期开始制定有关保健食品管理的法律法规，并建立相关制度。

1982 年，《中华人民共和国食品卫生法（试行）》（以下简称《食品卫生法（试行）》）由第五届全国人大常委会第二十五次会议通过，废止了 1979 年由国务院颁布的《食品卫生管理条例》。1982 年发布的《食品卫生法（试行）》第 8 条规定："食品不得加入药物。按照传统既是食品又是药品的以及作为调料或者食品强化剂加入的除外。"第 22 条规定："利用新资源生产的食品、食品添加剂的新品种，生产经营企业在投入生产前，必须提出该产品卫生评价和营养评价所需的资料；利用新的原材料生产的食品容器、包装材料和食品用工具、设备的新品种，生产经营企业在投入生产前，必须提出该产品卫生评价所需的资料。上述新品种在投入生产前还需提供样品，并按照规定的食品卫生标准审批程序报请审批。"也就是说，按照传统既是食品又是药品的以及作为调料或者食品强化剂的食品是可以加入药物的，而如果是利用新资源生产的食品和食品添加剂的新品种则要通过食品卫生标准审批。

1984 年，《中华人民共和国药品管理法》（以下简称《药品管理法》）由第六届全国人大常委会第七次会议通过。

1985 年，《中华人民共和国专利法》（以下简称《专利法》）开始施行，其中第 25 条规定，不对食品、饮料和调味品，药品和用化学方法获得的物质授予专利权。这一点很重要，食品和药品等物质在这一阶段不受专利法的保护，虽然这一条款在修改后的专利法中被删除，但是其所造成的影响和后果至今仍然存在。同年，《食品安全性毒理学评价程序（试行）》由卫生部发布，主要是"对于直接和间接用于食品的化学物质进行安全性评价"，是对食品安全性的一项重要检验工作。

1986 年，依据 1982 年发布的《食品卫生法（试行）》的有关条款，卫生部发布《食品营养强化剂卫生管理办法》，其中第 6 条规定："凡经营养强化的食品在包装上必须写明：'营养强化食品'字样……"

1987 年 8 月 18 日，依据 1982 年发布的《食品卫生法（试行）》的有关条款，卫生部发布《食品新资源卫生管理办法》，其中第 2 条规定："本办法所称的'食品新资源'，系指我国传统上不作或很少作食用的和只在个别地区有食用习惯的、拟利用其生产食品（包括食品原料）、食品添加剂的物品以及用于生产食品容器、包装材料、食品用工具、设备的新的原材料。""卫食新准字"制度开始施行。

1987 年 10 月 22 日，卫生部以 1982 年发布的《食品卫生法（试行）》为依据制定发布《禁止食品加药卫生管理办法》，从食品的角度将"保健食品"严格界定在药品领域，在名称上使用的是"保健药品"的叫法。而对利用《既是食品又是药品的品种名单》以外的物品（包括药材）做食品新资源的，要按照先前发布的《食品新资源卫生管理办法》规定的程序报请审批。1987 年《禁止食品加药卫生管理办法》第 10 条规定禁止在包装、标签、说明书或广告上有"疗效食品""保健食品""强壮食品""补品""营养滋补食品"或其他类似词句，并在第 3 条对"特殊营养食品"进行了定义，即通过改变食品中天然营养素的成分含量比例或控制热量以适应某些疾病人群营养需要的食品。

1987 年 10 月 28 日，卫生部以 1984 年发布的《药品管理法》为依据，制定发布了《中药保健药品的管理规定》，授权各省级卫生行政部门可以审批中药保健药品的临床和生产，"卫药健字"制度开始施行。

上述法律法规等的颁布和实施，是我国针对保健食品管制立法的早期实践。1987 年《食品新资源卫生管理办法》《中药保健药品的管理规定》《禁止食品加药卫生管理办法》已构成了行业监管法规的雏形。尤其是 1987 年《食品新资源卫生管理办法》和《中药保健药品的管理规定》的出台，开始了"卫食新准字"和"卫药健字"制度的实施，明确把"中药保健药品"置于药品管理法的监管体系之中。

在这个时期，有几个概念被反复使用：既是食品又是药品、利用新资源生产的食品、营养强化食品、特殊营养食品、营养滋补食品、保健食品、疗效食品、补品、强壮食品、中药保健药品等。别说是普通百姓，就是专业人士也难以分辨这些概念的含义和它们之间的差异。这表现出在当时面对消费安全得不到保证、产业发展无序的大背景下的立法者对立法对象和内容在科学和准确的认识上的局限性。

对事物科学准确的认识理解是一项技能，而使用科学准确的法律语言去定义需要规范说明的对象的能力是另外一项技能。这两项技能对立法者来说缺一不可。

1988年，《中华人民共和国野生动物保护法》（以下简称《野生动物保护法》）由第七届全国人大常委会第四次会议通过。这使得保健食品的一部分原料来源受到限制，但这是人类社会文明进步的表现，是社会发展到一定阶段的必然产物。

1989年，《中华人民共和国国境卫生检疫法实施细则》（以下简称《国境卫生检疫法实施细则》）、《中华人民共和国标准化法》（以下简称《标准化法》）、《中华人民共和国进出口商品检验法》（以下简称《进出口商品检验法》）相继实施。

在随后的1990年，卫生部发布《关于加强对加药食品监督管理的几点意见》，这是以改变当时食药不分的混乱局面、治理整顿加药食品生产销售为目的的一次大规模规范行动。该意见提出："凡不符合现行法律、法规及我部规章的或已获保健药品批准文号的，一律收回食品批准文号，通知生产单位停止按食品生产。"这表明此前主管部门并没有区别对待食品和药品生产企业，而是给企业及其产品同时颁发了食品和药品的批准文号。几乎在同一时间，卫生部发布了《新资源食品卫生管理办法》和《新资源食品审批工作程序》，并废止了此前发布的《食品新资源卫生管理办法》，在新资源食品法规的演进过程中完成了一次阶段性的矫枉，即从"食品新资源"到"新资源食品"，当然"卫食新准字"也顺理成章地改成了"卫新食准字"。

1991年，国务院在《全民所有制企业招用农民合同制工人的规定》中提出，全民所有制企业招用的农民合同制工人将与全民所有制企业城镇合同制工人同样享有"保健食品"制度。

到了 1992 年，《特殊营养食品标签（GB 13432-1992）》《中药品种保护条例》《全国特种营养食品生产管理办法》和《食品添加剂生产管理办法》相继发布。1992 年国家技术监督局发布的《特殊营养食品标签》（国家强制标准）认为：特殊营养食品是指通过改变食品的天然营养素的成分和含量比例，以适应某些特殊人群营养需要的食品。该项国家强制标准适用于销售包装婴幼儿食品、营养强化食品、调整营养素的食品（如低糖食品、低钠食品、低谷蛋白食品）的标签。1992 年轻工业部发布的《全国特种营养食品生产管理办法》中指出，特种营养食品是指在加工过程中，改变食品的营养成分，或改变营养成分的含量，制成能适应不同特殊人群营养需要的食品。其中包括：儿童食品（婴幼儿食品、学龄前、学龄期）、老年人食品、孕产妇食品、病人食品、运动员食品、航天食品以及其他特殊营养工程化食品。该办法第 2 条规定：本办法适用于国内一切特种营养食品的生产、经营单位和外商投资企业。原轻工业部提出"特种营养食品"的定义，将这个"行业"的管理权颁发给了自己。而当时作为技术和标准管理部门的国家技术监督局则使用"特殊营养食品"的定义，同时也有其自己的解释。两部门的"定义群"有交叉、有涵盖，也有不同。

彼时应该说是保健食品从药品法律法规体系向食品法律法规体系"漂移"的前夜，也是保健药品和保健食品"非法同居"的时期。保健药品和保健食品的名称和概念开始同时出现在文件和法规的条文中，当然都有着各自不同的解释和表述。同时企业也不在乎管理者是如何称谓他们的产品的，而是按照自己对市场的理解和消费者对产品的认知，开始搭建出一个令他们心仪的"舞台"——保健品大卖场。在这个"露天的卖场"中，没有完善的规矩和准则，不受约定和约束，甚至演员与观众同台表演。原则和传统在这里消失，公约和信任在这里逃逸，文化和理念在这里匿迹。一部分人被允许先富起来，一部分人也就先保健起来。于是中国保健食品市场的"列车"以前所未有的速度开动了。

1993 年《中药品种保护条例》实施之前，我国专利法是不保护食品和药品等项的。于是《中药品种保护条例》在特定的历史背景下出台，紧急保护国粹（其中有一部分是保健品）免受来自国内的冲击和来自国外的威胁。

1993 年，《产品质量法》《食品添加剂卫生管理办法》《食品广告管理办法》发布，规范保健食品产业的法律法规体系开始构建。由原国家工商行政管理总局发布的《食品广告管理办法》特别指出，禁止发布食品卫生法禁止生产经营的食品、宣传疗效的食品和母乳代用品的食品广告，并规定食品广告中不得出现医疗术语、易与药品混淆的用语以及无法用客观指标评价的用语。而实际上这时"飞龙"已经投入亿元的广告费，"太阳神"和"红桃K"的广告也已经遍布城市和乡村，甚至连鸡舍、猪圈都被那些颇具印象派风格的广告裱糊装饰。1993年，国务院公开发表《九十年代中国食物结构改革与发展纲要》，明确提出："要重点发展'营养、保健、益智、延衰'的妇幼食品、学生食品、老人食品、保健食品，发展系列化的方便食品、快餐食品、调味品和各种果汁、菜汁等天然、营养饮料。"显然，当时政府部门在概念上开始将保健食品"认同"到食品领域，政府也郑重其事地将发展保健食品产业纳入发展目标。

1994年，《中华人民共和国消费者权益保护法》（以下简称《消费者权益保护法》）实施，《中华人民共和国广告法》（以下简称《广告法》）问世。同年，对保健食品行业具有重要意义的《食品企业通用卫生规范》《食品安全性毒理学评价程序》《食品营养强化剂使用卫生标准》和《食品标签通用标准》发布。

1995年发布的《中华人民共和国食品卫生法》（以下简称《食品卫生法》）首次以法律的名义确定了保健食品的地位，即第22条规定："表明具有特定保健功能的食品，其产品及说明书必须报国务院卫生行政部门审查批准，其卫生标准和生产经营管理办法，由国务院卫生行政部门制定。"第23条规定：表明具有特定保健功能的食品，不得有害于人体健康，其产品说明书内容必须真实，该产品的功能和成分必须与说明书相一致，不得有虚假。至此，保健食品终于获得了清晰明确的法律地位。自此，相关部门开始花大力气重点整顿保健食品、婴幼儿食品、各类食品市场和街头食品、虚假广告和标识、食品容器、包装材料的混乱状况，打击各种掺杂使假的违法活动。食品卫生法为保健食品产业的健康发展提供了法律保障和依据。保健食品终于完成了自身发展历史上的蜕变，或者说是法律地位的回归，为保健食品产业的规范成长和与国际市场相适应提供了先决条件。但是相关配套法律法规还尚未完善，当时仅有1995年《查处食品标签违法行为规定》等为数不多的规定。

（二）发展中的保健食品产业法律法规的演进与分析（1996—2003年）

我国保健食品产业在20世纪80年代至90年代中期的超常规发展，并不是依靠做产品、做品牌，而是依靠广告轰炸、非传统的营销模式，加之当时政府的监管不到位、法律法规的不完善和不健全、消费者的盲目从众心理。严峻的现实迫使政府管理部门必须有所作为。

1996年，作为政府主管部门的卫生部，开始发布一系列管理办法、审批程序、检验方法、技术规定、卫生要求、卫生标准等规范性文件和技术要求，力图使保健食品产业走上法治化的轨道。从数量上讲，1996年也是有史以来发布保健食品产业法规最多的一年，共达20余部。首先是《保健食品管理办法》出台，随后，《保健食品功能学检验机构认定与管理办法》《保健食品功能学评价程序和检验方法》《保健食品评审技术规程》《保健食品标识规定》《保健食品通用卫生要求》《食品添加剂使用卫生标准》《全国食用菌菌种暂行管理办法》《保健食品市场整治工作方案》等文件也发布实施。

毫无疑问，《保健食品管理办法》的出台，是对我国保健食品产业发展具有里程碑意义的事件。"卫食健字"登上了保健食品产业的历史舞台。同时一系列的评价程序、检验方法、技术规程、规定要求等规范性文件和技术要求，对保健食品生产和销售到市场整治和检查的各个过程，提出规范，其力度空前。1996年《国务院办公厅关于继续整顿和规范药品生产经营秩序加强药品管理工作的通知》《国家工商行政管理局关于医疗用语或者易与药品混淆的用语认定问题的答复》《国家医药管理局贯彻〈国务院办公厅关于继续整顿和规范药品生产经营秩序加强药品管理工作的通知〉的通知》等都是针对当时保健食品市场出现的问题而采取的及时有力的措施。但是必须指出的是，《保健食品管理办法》是在保健食品市场发育畸形的背景下被动出台的，所以除出台管理办法外，同时仍需政府颁布大量的文件来维持和整治保健食品市场的秩序。

1997年，卫生部发布了《食品卫生行政处罚办法》《食品卫生监督程序》《关于进口保健食品在国内完成罐装及分装的产品如何进行卫生监督管理问题的复函》和《关于发布生产组合式保健食品规定的通知》等。1997年《卫生部关于保健食品管理中若干问题的通知》提出将"营养素补充剂"纳入保健食品管理。

1997 年国家技术监督局发布的强制性国家标准《保健（功能）食品通用标准》的实施，为保健（功能）食品的生产管理制定了标准。"保健（功能）食品"定义和概念的使用，丰富了保健食品"家族"的内涵。

1998 年，《卫生部关于食品旧标签使用问题的通知》《食品广告发布暂行规定》《保健食品良好生产规范（GB 17405-1998）》发布。

显然，随着 1997—1998 年以"技术规范与标准"为主要内容的通知、规定、标准、办法、程序和规范等的发布实施，保健食品开始有了自己的技术规范，保健食品产业开始有了自己的标准体系。对保健食品的监管已经开始更多地使用以可计量和可规范化操作的技术层面的规定来保证保健食品的安全性，科学技术对于安全性监管的作用得到了提升。

1999 年，《卫生部保健食品申报与受理规定》对保健食品的申报与受理工作重新进行规范。此前不久，《卫生部关于印发卫生部健康相关产品评审委员会章程等有关健康相关产品审批工作规章制度的通知》暨《卫生部健康相关产品检验机构认定与管理办法》《卫生部健康相关产品检验机构工作制度》《卫生部健康相关产品审批工作人员守则》《卫生部健康相关产品审批工作程序》，以及后来的《卫生部关于印发卫生部健康相关产品申报与受理规定的通知》《卫生部关于规范健康相关产品审批工作的通知》，将保健食品的管理纳入了一个更大的范围。其中《卫生部健康相关产品审批工作程序》第 2 条规定："健康相关产品是指《中华人民共和国食品卫生法》、《化妆品卫生监督条例》、《保健食品管理办法》、《生活饮用水卫生监督管理办法》、《消毒管理办法》及其它法律、法规、规章规定由卫生部审批的食品、化妆品、涉及饮用水卫生安全产品、消毒药剂和消毒器械等其它与人体健康相关的产品。"1999 年，《国家工商行政管理局关于对各类药品、保健药品、保健食品生产经销企业散发违法印刷品广告进行集中检查的通知》中并列使用了"保健药品""保健食品"的名称和概念。

2000 年，《卫生部关于调整保健食品功能受理和审批范围的通知》首次界定了保健食品的 22 种功能。2000 年《卫生部关于撤销"启阳牌补元酒"保健食品批准证书的通知书》《卫生部关于严肃查处宝丽堂降脂胶囊等 64 种产品的紧急通知》《卫生部法监司关于立即查处凯福牌胎盘胶囊的紧急通知》《健康相关产品国家卫生监督抽检规定》《卫生部关于补钙类保健食品抽检情况的通报》等文件的发布，表明当时保健食品市场问题繁多，政府四面出击，清理市场。

　　同时，主管部门还发布了一系列整顿文件，如 2000 年《国家药品监督管理局关于开展中药保健药品整顿工作的通知》决定撤销中药"健字"文号，统一纳入药品管理。整顿后凡符合要求的，重新颁发批准文号，凡不符合要求的，撤销其批准文号。从 2001 年 1 月 1 日起，相关部门将公告被撤销批准文号的中药保健药品品种目录，被撤销批准文号的品种一经公布后应立即停止生产，2002 年 1 月 1 日起不得在市场上流通。省级药品监督管理部门于 2002 年 12 月 31 日前撤销审批的全部"健字"批准文号，2004 年 1 月 1 日起"健字"药品不得在市场上流通。已经实施多年的"中药健字"制度的撤销，结束了"保健药品"与"保健食品"共同存在的历史局面，为保健食品产业的成长和发展开创了一个相对稳定的环境。《卫生部法监司关于保健食品初审工作有关规定的通知》规定："一、凡是已获得保健药品批准文号的产品，不得申报保健食品。二、省级卫生行政部门除应严格按照'卫生部健康相关产品审批工作程序'的有关规定对保健食品履行正常初审程序外，必须另行出具该产品没有获得保健药品批准文号的证明。" 2000 年《国家工商行政管理局、卫生部关于加强保健食品广告监督管理的通知》要求，保健食品广告中不得使用医疗用语或者易与药品相混淆的用语，禁止宣传疗效，禁止宣传改善和增强性功能的作用。《国家工商行政管理局关于开展集中整治虚假违法医疗、药品、保健食品广告的通知》针对当时医疗、药品、保健食品广告虚假夸大现象突出，违法行为屡禁不止，以及执法不严、监管不到位等情况，展开了《保健食品管理办法》实施以来规模最大的一次整顿。显然，政府再也无法容忍保健食品市场混乱无序的状态。当年，国家工商行政管理局决定，从 6 月下旬开始用三个月的时间，在全系统开展一次集中整治虚假违法医疗、药品、保健食品广告的行动。同时，政府也在确立标准和规范，《标准化工作导则第 1 部分：标准结构和编写规则（GB/T1.1-2000）》作为国家推荐标准也在这一年发布。

　　2001 年，《药品管理法》经修订后颁布。而后，一系列关于保健食品的法规、规范性文件和标准等发布，如《卫生部关于规范保健食品技术转让问题的通知》《卫生部关于 2001 年第一次健康相关产品监督抽检情况的通报》《卫生部关于印发真菌类和益生菌类保健食品评审规定的通知》《国家药品监督管理局关于催办药品试行标准或规程按期转正的通知》《健康相关产品命名规定》《国家工商行政管理总局关于集中检查核酸类保健食品广告违法问题的通知》《国家药品监督管理局关于撤销中药保健药品批准文号的公告》（第2号、第3号）、《卫生部关于限制以野生动植物及其产品为原料生产保健食品的通知》《卫生部关于真菌保健食品评审规定有关问题的补充通知》《卫生部关于限制以甘草、麻黄草、苁蓉和雪莲及其产品为原料生产保健食品的通知》《国家工商行政管理总局关于公布典型违法广告案例的公告》《卫生部关于规范已获批准的以野生动植物及其产品为原料生产的保健食品的原料备案或变更申请的通知》《卫生部关于不再审批以熊胆粉和肌酸为原料生产的保健食品的通告》《卫生部关于进一步加强健康相关产品审批工作的通知》等。这些法规、规范性文件和标准等从技术、评审、原料、市场诸多方面对保健食品实施全方位的整顿，并且分三批撤销了1959种中药保健药品的批准文号。同年，国务院办公厅还发布了《中国食物与营养发展纲要（2001—2010年）》，与1993年国务院发布的《九十年代中国食物结构改革与发展纲要》不同的是，前者并没有过多提及"保健食品"，更多的是使用了"营养"的概念。

2002年，卫生部查处并撤销了8个保健食品的批准证书。同年，《卫生部关于暂不受理以大孔吸附树脂分离纯化工艺生产的保健食品的通知》《卫生部关于印发核酸类保健食品评审规定的通知》《卫生部关于印发以酶制剂等为原料的保健食品评审规定的通知》《关于规范保健食品说明书和标签的公告》《卫生部关于检查〈保健食品良好生产规范〉贯彻执行情况的通知》《卫生部法监司关于征求对规范健康相关产品监督管理有关问题意见的通知》《卫生部关于在保健食品标签上标注卫生许可证文号有关问题的批复》等审查和技术性文件发布。此外，2002年《国家质量监督检验检疫总局关于进一步加强食品质量安全监督管理工作的通知》《国家工商行政管理总局、国家经济贸易委员会、公安部、卫生部、国家税务总局、国家质量监督检验检疫总局、国家药品监督管理局关于进一步做好集贸市场专项整治工作督促检查的通知》《卫生部、国家经贸委、国家工商总局、国家药监局关于进一步做好保健食品专项整治督查工作的通知》《国家药品监督管理局关于开展药品药材集贸市场专项整治工作的通知》《卫生部、国家经贸委、工商总局、药品监管局关于开展保健食品专项整治工作的通知》等的发布，都是在继续2001年对保健食品生产和市场领域的整顿和清理工作。

其中，《卫生部关于进一步规范保健食品原料管理的通知》的三个附件——《既是食品又是药品的物品名单》《可用于保健食品的物品名单》《保健食品禁用物品名单》，分别对 87 种、114 种、59 种物品作为保健食品生产原料的使用规范作了界定。应该说，将有数千年食用习惯且主要是中草药的食品，明确地区分开食品或药品，是一件非常困难的事。

2002 年出台的《食品工业"十五"发展规划》《出口食品生产企业卫生注册登记管理规定》《食品生产企业危害分析与关键控制点（HACCP）管理体系认证管理规定》《食品企业 HACCP 实施指南》《食品添加剂卫生管理办法》《加强食品质量安全监督管理工作实施意见》等规定，表明政府部门开始制定一些规范措施和管理办法，并开始注重引进吸收国外先进经验和管理方法。

2003 年，《卫生部关于进一步规范健康相关产品监督管理有关问题的通知》《卫生部法监司关于公开征求对保健食品毒理学安全性评价规范、功效成分及卫生指标检验规范的通知》《卫生部关于印发〈保健食品检验与评价技术规范〉（2003 年版）的通知》《卫生部关于认定健康相关产品检验机构的通告》《卫生部法监司关于公开征求在保健食品中采用大孔吸附树脂工艺的技术要求（草案）意见的函》《卫生部关于印发保健食品良好生产规范审查方法与评价准则的通知》《卫生部关于规范健康相关产品监督管理实施意见的通知》《关于恢复正常的健康相关产品申报受理和咨询方式的公告》等发布，这些文件几乎都是与健康相关的产品有关，表明主管部门在对与健康相关的产品进行一次全面系统的有重新登记意味的行政规范。

2003 年，卫生部授权停止受理新的保健食品申报，还发文撤销了一批保健食品的批准证书。

2003 年，《国务院办公厅关于印发国家食品药品监督管理局主要职责内设机构和人员编制规定的通知》《国家食品药品监督管理局关于保健食品申报受理审批工作的公告》《国家食品药品监督管理局关于启用新的保健食品各种申请表相关事宜的公告》的发布，标志着国家食品药品监督管理局被授权开始行使卫生部对保健食品的申报审评职能。而在此之前，卫生部承担着对保健食品主要的管理职能，但 2003 年的体制改革仅是将保健食品上市审查审批的权限划归国家食品药品监督管理局，对保健食品生产过程的监管仍保留在卫生部。这种将审批上市与生产监管分离开来的做法，主观上可能是希望使两部门互相约束，或者提高管理的专业化程度。但在具体的实践中，这种做法却使管理的难度增加，出现了职能错位的现象，增加了部门间的协调成本，并未实现分工专业化应得到的效率提升。

2003 年，《中华人民共和国行政许可法》（以下简称《行政许可法》）、《中华人民共和国中医药条例》颁布，《中华人民共和国农业法》（以下简称《农业法》）修订实施，保健食品成长的宏观环境继续得到改善和规范。

2003 年，《卫生部关于开展 2003 年春季食品卫生安全保障集中行动的通知》《卫生部办公厅关于加强食品生产经营企业负责人培训工作的通知》《食品生产加工企业质量安全监督管理办法》《卫生部关于近期食品卫生监督执法情况的通报》《食品生产许可证年度监督审查工作规定》《国家食品药品监督管理局、全国整规办关于元旦春节期间食品药品安全工作的通知》《国务院办公厅关于实施食品药品放心工程的通知》《食品药品放心工程实施方案》《食品安全行动计划》发布，政府整顿食品安全的力度有所加大，决心有所增强，且效果开始凸显，市场秩序明显好转。

（三）现阶段保健食品立法实践的主要特点和问题

保健食品（乃至保健食品产业）不仅是一个生产和消费的问题，保健食品及其有关的科学问题应该属于营养与养生科学的一个新的发展领域。作为一个新的发展领域，营养与养生科学本身也将因吸纳与保健食品有关的因素，在自己的学科建设上得以进一步充实、完善与发展，以至于呈现出一些新的学科面貌。

保健食品的出现绝不只是使食品市场上增加了一个新品种，而是引出了一系列理论、健康观念、技术与方法学问题。保健食品也不会是昙花一现的时代过客，它将凭借深厚的理论基础、强烈的人群需求、显著的社会效益和丰厚的商业经济效益而持续发展下去。这或许会对我们认识和理解保健食品有所帮助。

改革开放以来，不断成长和快速发展的保健食品产业也遇到了瓶颈，市场需求的大起大落和消费者对产品安全性的隐忧，促使对保健食品监管和规制的立法实践空前活跃。据统计，在 1982—2003 年的 20 多年里，我国出台的与保健食品产业相关的法律法规、规范性文件、标准规定等达 260 余部，使保健食品管理的法律法规从无到有、从被动到主动、从单一向系统化发展，为我国保健食品产业的健康成长作出了巨大的贡献。这一期间保健食品立法的特点和不足主要表现在以下几个方面：

第一，在实践和法规上开始将药品和保健食品分离开来，为药品和保健食品的分类监管奠定了基础。为整顿规范医药市场，1996 年发布的《国务院办公厅关于继续整顿和规范药品生产经营秩序加强药品管理工作的通知》中要求暂停保健药品审批，随后卫生部据此发出通知，限定 1996 年 5 月 25 日停止保健药品审批。

1987 年《中药保健药品的管理规定》发布，"卫药健字"制度开始实施，政府给其上了"户口"。据 1998 年不完全统计，全国批准的保健药品有 3387 种，有 1600 多个药厂和 513 个专门的保健药品厂生产保健药品，剂型达 20 多种，临床应用范围极其广泛，涉及治疗的各个学科。

但在这一时期保健药品的发展中，因管理不规范、不统一，监督难度较大、监督成本较高等原因，已审批的中药保健药品中，存在命名不规范、组方不合理、将治疗药品或食品批为保健药品，甚至有的保健药品毒副作用比较大等问题，给消费者的健康造成了危害，社会各界反映强烈。而产生这些问题的主要原因包括以下两个方面：

首先，药品监督管理方面的原因：①健字号药品由于在定义及审评技术指标方面，与一般的治疗性中药没有十分明确、严谨的界定，甚至与保健食品也有交叉，不易区分，有的把药、食均作为保健药品来审批。②保健药品委托各省审批，因受各种因素的影响，各地审批尺度不一，有的品种明显超出规定的界限。③受地方保护主义的影响，审批不规范，导致药品达不到基本的要求，有的认为新药审批程序复杂、技术要求较高、花费时间过长、投资较大，因而避开新药审批程序，抛开新药的技术要求，把微生态制剂、酶制剂、化学药品、戒毒药品以及一些治疗性药品也申报并批为健字号药品。④将国家已批准的新药，改头换面或照搬批为健字号药品。⑤有些地方由于监督不力，任由企业肆意宣传疗效，扩大适应证范围，致使健字号药品五花八门，面目全非。

其次，其他方面的原因：①由于各方面对保健药品的认识不统一，定义掌握不准或难以掌握，有的把保健药品与保健食品、保健饮料、保健器材、乱加药品的日用品等都统称为保健品。②有些企业为追求经济利益，在产品中乱加、乱用药品，利用保健品的名义，乱加宣传。③有些产品利用广告效应，擅自夸大宣传；有些产品除大众媒体、专业期刊外，从城市到乡村，大街小巷，到处张贴极不规范的、未经审批的小广告，误导消费者，出现了不少男女老少不论身体有无不适都乱用保健品的现象，甚至产生了一些不该发生的不良反应。这种做法使保健药品的概念模糊，扰乱了保健药品的市场，浪费了药材资源，不仅给消费者造成了经济损失，更给消费者的健康带来危害，也直接影响和干扰了药品的执法，给药品的审批、监督管理等方面造成了极大的困难，大大增加了治理的成本。

"中药健字"制度被取消，在当时还引发了一场如何与国际接轨和中药保健品去向何处的争论。有篇较具代表性的文章指出："保健"是中国特有的词语，由中华民族传统的"养生"概念扩展延伸而来；保健品是为了健康而研制的能起到保健作用的食品和用品，其功效在于增强人体免疫能力、保持健康，或调整机体固有功能，以不断臻于动态平衡，即修复失健状态，维护健康。西方的"健康食品""功能食品""营养补充剂"之类名目，基本上是现代医学体系的衍生物。它们是将"成分"与人体相对应，缺则补之，多则去之，有害则避之。所谓"功能"，也是就具体成分而言的。根据这样的学说，他们研制的所谓"中草药保健品"，也只是提取某种成分做成某种剂型，总难脱离攻其一点、分而治之的窠臼，实际上阉割了中医药和中国传统保健品的辨证施治、整体调理、扶正祛邪、平衡阴阳的治法治则，因而不能与我们的保健品相提并论。显然对于保健与保健食品的认识和探讨仍在进行中，有待进一步的统一。

现在回过头来看，当时国家对这一问题的认识和处理无疑是正确的。将保健药品分离为药品和保健食品，明确了二者的本质区别，即能否对正在发生的疾病产生直接的作用。这一认识是对药品和保健食品自身特点、发展方向和发展规律的科学把握。更重要的是，这种认识和区分为此后政府采取有针对性的分类管理奠定了基础，为进一步建立和完善保健食品的监管法规体系奠定了基础。

第二，"保健食品"的概念，各唱各调、众口难调，有待统一。在这一阶段，卫生部在1987年发布了《食品新资源卫生管理办法》，在1990年发布的《新资源食品卫生管理办法》中，使用的是"新资源食品"的概念；1992年国家技术监督局发布的《特殊营养食品标签》中，使用的是"特殊营养食品"的概念；1992年轻工业部发布的《全国特种营养食品生产管理办法》中，使用的是"特种营养食品"的概念；1993年国务院发布的《九十年代中国食物结构改革与发展纲要》中，使用的是"保健食品"的概念；1995年发布的《食品卫生法》中，正式使用"保健功能的食品"的概念；在1999年发布的《卫生部健康相关产品审批工作程序》中，开始使用"健康相关产品"（当然这是在更大的范围内的一种说法）的概念；1999年国家工商行政管理局并列使用了"保健药品"和"保健食品"的概念；2002年发布的《营养强化食品证明标识授权使用产品审批办法》中，使用了"营养强化食品"的概念；2003年发布的《财政部、国家发展改革委关于同意调整新资源食品（保健品）申请审评费项目执收部门的复函》中，使用了"新资源食品（保健品）"的概念。目前，对于"保健食品"的概念及其界定仍有争论，还无法预测"保健食品"概念或定义的走向，有待于更广泛和充分的研究讨论。

第三，相关法律法规出台明显滞后于消费需求和产业发展。1982年《食品卫生法（试行）》发布，1984年《中华人民共和国出口食品卫生管理办法（试行）》（以下简称《出口食品卫生管理办法（试行）》）发布，1985年《药品管理法》实施，随后不久《食品安全性毒理学评价程序（试行）》发布，1986年《食品营养强化剂卫生管理办法》发布实施。这些与保健食品生存和发展"相关联""有亲缘"的法律法规先行出台，但是规范保健食品自身发展和市场的法律法规却迟迟没有诞生。到1994年，我国仍没有一部专门且完整规范保健食品的法律法规出台，而此时保健食品的年产值已达到300亿元以上。人们几乎不能想象这样一个拥有如此市场规模的产业竟没有被完整地规范，竟没有整体上专门对此的法律规章可循。尽管滞后性是法规固有的特性之一，但长时间的法律真空，给未来的治理增加了难度和复杂性，也增加了管理的成本。所以后来在保健食品产业发展中发生的一些"千奇百怪"的事情也就不足为奇了。

第四，多头管理导致保健食品相关法律法规之间缺乏协调性和系统性。1995年《食品卫生法》确立了保健食品的法律地位。随后以《保健食品管理办法》为标志和代表，保健食品领域制定了一大批行政法规、规范性文件、技术标准和检测办法。但是这些法规和文件是由多个部门制定和发布的，法规和文件之间缺乏协调和沟通，存在监管盲区，致使法律法规的效能不能充分得到实现，实际上束缚和阻碍了保健食品产业的健康发展。1982—1995年，每年发布的保健食品监管方面的法律法规不超过9部，而1996—2003年发布的法律法规年均达到23部以上。政府为保健食品产业的非正常发展花费了大量的财力、物力、人力，却收不到应有的成效。政府多个部门虽然发布了很多监管方面的法规，并且出台了数量远远超过法律法规数量的整顿查处文件，却被保健食品市场的喧嚣和消费者对保健食品问题的种种不满淹没。

由于多部门立法的存在，在立法和实践中可以看到，多个部门要求企业向自己申报、注册、审查，接受监管、检查，而其为企业提供的指导和服务却相当有限，从国家整体的角度来考虑促进保健食品产业"健康、科学、理性"发展的问题及决策仍显不足。由于管理的多头和分散，保健食品的管理始终缺乏一个拥有足够权威的部门，致使管理的效率和效果都不尽理想。

二、保健食品监管法律法规及体制的逐步健全和完善（2004—2008 年）

（一）保健食品的法律法规进一步丰富完善

2004 年，国家食品药品监督管理局开始发布新一轮的保健食品监管的规章制度和实施办法，包括：《国家食品药品监督管理局关于执行〈保健食品检验与评价技术规范〉（2003 年版）涉及保健食品受理和审批有关事宜的通告》《国家食品药品监督管理局转发〈财政部国家发展改革委关于同意调整新资源食品（保健品）申请审评费项目执收部门的复函〉的通知》《国家食品药品监督管理局药品注册司关于征求〈保健食品注册管理办法〉（征求意见稿）意见的函》《国家食品药品监督管理局药品注册司关于对〈保健食品注册申报资料书写与审查规范〉等征求意见的函》《国家食品药品监督管理局药品注册司关于开展保健食品注册有关情况调查的通知》《食品安全监管信息发布暂行管理办法》《中央机构编制委员会办公室关于进一步明确食品安全监管部门职责分工有关问题的通知》等。卫生部执法监督司《关于公开征求健康相关产品卫生许可程序等意见的通知》《关于公开征求对〈新资源食品管理办法〉（征求意见稿）等 4 个部门规章意见的函》等文件也相继发布。同时还有《国家食品药品监督管理局关于编号为 NO.00001337 号保健食品注册批件作废的公告》《卫生部关于暂停生产销售济世慈航®绿源蜂胶胶囊的紧急通知》等对保健食品生产企业的处罚性文件出台。此外，《2004 年全国食品放心工程实施方案》《关于加快食品安全信用体系建设的若干指导意见》《国家食品药品监督管理局食品安全信用体系建设试点工作方案》《国务院办公厅关于印发食品安全专项整治工作方案的通知》《国务院关于进一步加强食品安全工作的决定》《实施食品放心工程综合评价办法（试行）》《卫生部关于认真贯彻落实〈国务院关于进一步加强食品安全工作的决定〉加强食品卫生工作的通知》《国家标准化管理委员会、国家发展和改革委员会、农业部等关于加强食品安全标准体系建设的意见》相继出台，表明食品安全的宏观环境继续得到规范和改善。

2004年，作为国家强制标准的《预包装特殊膳食用食品标签通则》和《预包装食品标签通则》的发布，使食品标签标示的内容向着无限接近食品真实属性的目标迈出关键的一步。食品的名称必须反映食品的真实属性，这是新标准进一步强化的一项核心内容。这两个标准允许在食品标签上作营养声称；增加了必要的条文，如包装物或包装容器最大表面积的计算法、营养成分含量、营养成分含量比较、营养素作用的标示方法等，对规范和促进市场健康发展发挥了重要作用。

2004年，国家质量监督检验检疫总局依据《产品质量法》《食品卫生法》《工业产品生产许可证试行条例》等有关法律法规和食品质量安全市场准入制度的有关规定，发布了《食品质量安全市场准入审查通则（2004版）》，要求食品企业"必须单独申请食品生产许可证"。

2005年，《国务院办公厅关于印发2005年全国食品药品专项整治工作安排的通知》发布。《预防医学专业高级专业技术资格标准条件（试行）》《2005年卫生工作要点》《卫生部关于2005年开展食品专项整治工作的通知》的发布，对食品卫生行业进行了规范。当年，国家食品药品监督管理局也发布了对保健食品产业的一系列申报登记和规范的具体办法，包括：《保健食品注册管理办法（试行）》《关于印发〈保健食品注册申请表式样〉等三种式样的通告》《营养素补充剂申报与审评规定（试行）》《真菌类保健食品申报与审评规定（试行）》《益生菌类保健食品申报与审评规定（试行）》《核酸类保健食品申报与审评规定（试行）》《野生动植物类保健食品申报与审评规定（试行）》《氨基酸螯合物等保健食品申报与审评规定（试行）》《应用大孔吸附树脂分离纯化工艺生产的保健食品申报与审评规定（试行）》《保健食品申报与审评补充规定（试行）》《保健食品注册申报资料项目要求（试行）》《保健食品广告审查暂行规定》《关于实施〈保健食品注册管理办法（试行）〉有关问题的通知》《关于做好保健食品广告审查工作的通知》《关于加强盐酸克伦特罗管理的通知》《保健食品样品试制和试验现场核查规定

（试行）》《关于保健食品广告审查有关事项的通知》。

2005 年，国务院发布《禁止传销条例》，更为保健食品的市场良性发展制定了规则。除此之外，《卫生部监督司关于公开征求对〈食品卫生许可证管理办法〉（征求意见稿）意见的函》《工商行政管理所食品安全监督管理工作规范》也相继发布。

2006 年，《全国整顿和规范市场经济秩序工作要点》《流通环节食品安全专项整治工作方案》《出入境口岸食品卫生监督管理规定》《第一期违法保健食品广告公告汇总》等部门文件发布。

（二）与保健食品产业相关的法律法规体系框架初步确立

截至 2006 年，我国颁布的与保健食品产业相关的主要法律有：《中华人民共和国国境卫生检疫法》《野生动物保护法》《标准化法》《进出口商品检验法》《产品质量法》《农业法》《消费者权益保护法》《广告法》《中华人民共和国母婴保健法》《食品卫生法》《专利法》《药品管理法》《中华人民共和国刑法》（以下简称《刑法》）、《中华人民共和国行政复议法》《中华人民共和国立法法》《行政许可法》等 10 余部。

颁布的主要行政法规有：《中华人民共和国国境口岸卫生监督办法》《公共场所卫生管理条例》《中华人民共和国尘肺病防治条例》《国境卫生检疫法实施细则》《中药品种保护条例》《中华人民共和国母婴保健法实施办法》《中华人民共和国药品管理法实施条例》《中华人民共和国中医药条例》《矿山安全条例》《工业产品质量责任条例》《中华人民共和国陆生野生动物保护实施条例》《九十年代中国食物结构改革与发展纲要》《广告管理条例》《中华人民共和国自然保护区条例》《中华人民共和国野生植物保护条例》《农业转基因生物安全管理条例》《中国食物与营养发展纲要（2001—2010 年）》《行政法规制定程序条例》《规章制定程序条例》《法规规章备案条例》等 20 余部。

发布的主要部门规章有：《卫生标准管理办法》《出口食品卫生管理办法（试行）》《食品营养强化剂卫生管理办法》《食品新资源卫生管理办法》《禁止食品加药卫生管理办法》《中药保健药品的管理规定》《化妆品卫生监督条例实施细则》《新资源食品卫生管理办法》《新资源食品审批工作程序》《国家标准管理办法》《行业标准管理办法》《药品广告管理办法》《全国特种营

养食品生产管理办法》《食品添加剂生产管理办法》《食品广告管理办法》《临时性广告经营管理办法》《保健食品管理办法》《全国食用菌菌种暂行管理办法》《食品用化工产品生产管理办法》《预防性健康检查管理办法》《保健食品标识规定》《保健食品评审技术规程》《保健食品通用卫生要求》《食品卫生行政处罚办法》《食品卫生监督程序》《卫生行政处罚程序》《食品广告发布暂行规定》《卫生部健康相关产品审批工作程序》《卫生部保健食品申报与受理规定》《转基因食品卫生管理办法》《食品企业 HACCP 实施指南》《广告管理条例施行细则》《保健食品注册管理办法（试行）》《保健食品广告审查暂行规定》等 40 余部。

发布的主要技术规范和标准有：《特殊营养食品标签》《食品企业通用卫生规范（GB 14881-1994）》《保健食品良好生产规范》《标准化工作导则第1部分：标准的结构和编写规则（GB/T1.1-2000）》《预包装特殊膳食用食品标签通则（GB 13432-2004）》《预包装食品标签通则（GB 7718-2004）》《食品标签通用标准（GB 7718-1994）》《食品营养强化剂使用卫生标准（GB 14880-1994）》《保健（功能）食品通用标准（GB 16740-1997）》等。

此外，还有数量远远超过以上总和的由国务院及其他部门颁发的各种文件、通知等。

上百部的法律、行政法规、部门规章、技术规范和技术标准，构成了我国保健食品产业发展和监管的法律法规体系的基本框架。这个框架为保健食品产业提供了一个相对稳定的成长和发展空间，使保健食品生产经营者和保健食品产业能够有一个生存和进一步发展的外部法律环境，当然这个空间和环境仍有待进一步的改善。

（三）这一时期我国保健食品产业相关法律法规的主要特点

首先，这一时期，1995 年《食品卫生法》对保健食品产业最具监管权威。其他相关法律法规大多只是在部分和个别条款中涉及保健食品产业。这部对保健食品产业至关重要的法律在提及保健食品时表述为："表明具有特定保健功能的食品，其产品及说明书必须报国务院卫生行政部门审查批准，其卫生标准和生产经营管理办法，由国务院卫生行政部门制定。"表明具有特定保健功能的食品，不得有害于人体健康，其产品说明书内容必须真实，该产品的功能和成分必须与说明书相一致，不得有虚假。

其次，职能和权责的重新划分，2005 年《保健食品注册管理办法（试行）》将申报审评职能划出《保健食品管理办法》。这种人为的割裂，致使《保健食品管理办法》这部部门规章显然已经不能发挥有效功能。而保健食品申报审评缴费的规定的项目是"新资源食品（保健食品）"，代理收取的部门是国家中药品种保护审评委员会。从这些文字中可以清晰地看到保健食品的"历史轨迹"和保健食品转轨的艰难。

再其次，体制改革、职能调整及重新划分中的问题，使得一些具体行使职权的政府部门难以顺利有效地开展工作。当时实施保健食品注册职能的国家食品药品监督管理局只有接受企业申报和对申报产品进行审评的权力，而卫生部依据《保健食品管理办法》和有关卫生管理办法，不仅对企业的生产有监管权，还有对获得"保健食品批准文号"的产品实施取缔这样的严厉处罚的权力。这种将审批管理与生产监管乃至市场监管等密切连续的环节人为分割开来进行"分段管理"的方式，不利于监管效率的提高，也不利于监管成本的合理分配，更不利于保健食品产业的健康发展和消费者安全保障程度的提高。

最后，这一时期保健食品生产销售企业遇到的是来自多个政府监管部门的规制：有卫生部的《保健食品管理办法》，有国家食品药品监督管理局的《保健食品注册管理办法（试行）》，有国家发展和改革委员会公众营养与发展中心的《营养强化食品证明标识授权使用产品审批办法》，有轻工业部的《全国特种营养食品生产管理办法》。当然，企业还必须面对工商总局、国家质检总局关于经营广告和质量技术等方面的规定。

这一时期，我国有关保健食品安全监管的法律法规体系框架尽管已经初步确立，但仍有进一步完善的空间。一是，长期以来的多头管理体制致使政出多门，且这些部门出台的法规之间缺乏衔接和相互协调，使公众和行政相对人在了解和遵守法规过程中存在一定难度。二是，立法中对科学技术的基础性作用重视不足，主要强调的是行政方法和手段。三是，过分强调以制裁为特征的"强法"，忽视以强调纲领、政策和原则为特征的"软法"。四是，技术性法规中有些内容（如标准、工艺规范等）更新较慢，与科学技术的发展和现实的需求存在显著差距。

三、保健食品监管法律法规和监管体制进一步完善（2009 年至今）

（一）《食品安全法》正式实施

2009 年 6 月 1 日，《食品安全法》正式实施，以前的《食品卫生法》也随之被替代。2009 年《食品安全法》的亮点之一是将保健食品纳入调整范围，其中明确规定，国家对声称具有特定保健功能的食品实行严格监管，第 51 条第 2 款给保健食品设定了必须遵守的"硬杠杠"："声称具有特定保健功能的食品不得对人体产生急性、亚急性或者慢性危害，其标签、说明书不得涉及疾病预防、治疗功能，内容必须真实，应当载明适宜人群、不适宜人群、功效成分或者标志性成分及其含量等；产品的功能和成分必须与标签、说明书相一致。"保健食品再一次获得了法律地位。

2015 年 7 月 28 日，国家食品药品监督管理总局正式发布了《保健食品功能目录原料目录管理办法（征求意见稿）》，主要内容包括：保健功能目录，是指经过系统评价和验证、具有明确的评价方法和判定标准的允许保健食品声称的保健功能信息列表，包括保健功能名称及说明等内容；保健食品原料目录，是指经安全性和功能性评价，可用于保健食品的物质及其对应的相关信息列表，分为补充维生素、矿物质等营养物质的原料目录和其他保健功能的原料目录，主要内容包括原料名称、配伍、用量等。

2015 年 8 月 25 日，国家食品药品监督管理总局发布了《关于进一步规范保健食品命名有关事项的公告》，明确总局不再批准以含有表述产品功能相关文字命名的保健食品，并要求已批准注册的相关产品按照有关规定变更产品名称。

2015 年《食品安全法》修订，强化保健食品监管，明确要求不可将保健品与药品混为一谈、夸大保健品的医疗效果。同年，《食品经营许可审查通则（试行）》实施，将保健品纳入食品经营许可审查范围。《广告法》也在同一年修订，要求保健食品广告不得涉及疾病预防、治疗功能；不得声称或者暗示广告商品为保障健康所必需，并应当显著标明"本品不能代替药物"。

2016 年 2 月 26 日，国家食品药品监督管理总局毕井泉局长签署第 22 号令《保健食品注册与备案管理办法》。该办法规定保健食品产品上市的管理模式由原来的单一注册制调整为注册与备案相结合，规定国家食品药品监督管理总局负责保健食品注册管理以及首次进口的属于补充维生素、矿物质等营养物质的保健食品备案管理。省、自治区、直辖市食品药品监督管理部门负责本行政区域内其他保健食品备案管理。

2018 年 2 月，国家食品药品监督管理总局发布了《关于规范保健食品功能声称标识的公告》，明确了保健食品功能声称标识的有关事项。

2019 年 3 月 28 日，国家市场监督管理总局发出《征求调整保健食品保健功能意见的公告》，拟取消 21 项保健功能，如改善皮肤油分、促进生长发育、抑制肿瘤、预防脂溢性脱发、促进肠蠕动、预防青少年近视、减少皮脂腺分泌、减少皱纹等。

（二）保健食品监管的集中使注册审批和生产监管之间更加顺畅

在 2015 年修订的《食品安全法》中规定，保健食品声称保健功能，应当具有科学依据，保健食品原料目录和允许保健食品声称的保健功能目录，由国务院食品药品监督管理部门会同国务院卫生行政、国家中医药管理部门制定。此外，2009 年国务院法制办公室对《保健食品监督管理条例》公开征求意见，而目前该条例仍在公开征求意见的过程中，尚未正式生效。

这次政府机构改革，明确了国务院食品药品监督管理部门是作为对保健食品实施安全性监管的主要责任部门，并相对集中了管理内容和管理权限：将卫生部对保健食品生产监督的职能转移到国家食品药品监督管理总局，再次使上市审批与生产监管的职能集合在一个部门。这一调整为集中梳理、及时补充、全面修订保健食品安全性监管法律法规，进一步完善保健食品安全性监管的法律法规体系奠定了制度基础。在这一阶段，主管部门开始比较集中地对保健食品注册和生产经营等活动存在的突出问题进行治理和规范，并与有关部门相互协调，分别出台了多部法规，这里不再赘述。

在这期间，政府主管部门对保健食品监管体系进行了较为全面系统的分析，这一体系的基础架构包括三个部分。

1. 实现构建和完善保健食品生产经营全过程的监管

实现构建和完善保健食品生产经营全过程的监管，主要有市场准入的监督管理、生产环节质量控制的监督管理、保健食品经营的监督管理、保健食品市场的监督管理。

市场准入的监督管理包括：①新产品研发试制；②注册申请人的资格；

③现场核查制度；④产品注册标准与企业标准；⑤原辅料管理；⑥科学的评价方法和对功能声称的研究；⑦审评与注册的管理；⑧产品标签与说明书的管理；⑨清理换证与再注册。

生产环节质量控制的监督管理包括：①完善保健食品生产准入制度；②规范生产要素，强化和完善日常管理；③对委托加工生产方式的监管；④质量控制监管。

保健食品经营的监督管理包括：①储运与采购的监管；②对零售行为的监管；③销售人员行为的规范。

保健食品市场的监督管理包括：①建立和完善市场抽检制度；②广告监管；③举报投诉制度；④市场监测；⑤专项整治。

2. 构建和完善保健食品安全要素的监督管理体系

构建和完善保健食品安全要素的监督管理体系，主要包括：①法律法规体系；②安全标准体系；③科技支撑体系；④风险管理与控制体系；⑤应急管理体系；⑥安全监管信息体系；⑦信用管理体系；⑧培训教育与宣传体系；⑨消费者权益保护体系。

对保健食品安全监管体系的梳理和构建，使各相关子系统通过法治来进行约束和规范，使管理、运行机制等成为一个有机的整体，保证了行政监管和厂商行为有法可依，使政府得以依法行政，使厂商得以依法经营，提高了监管的水平和效率。

此外，在新一轮法规体系建设中，应特别强调并逐步解决好以下问题：

第一，既要制定现行食品安全法律体系强调以制裁为特征的"强法"，也应该制定以强调纲领、政策和原则为特征的"软法"。对此，世界卫生组织和世界粮农组织在《确保食品安全和质量：加强国家食品控制体系导则》中作了经典阐述：传统食品法律一般包括不安全食品的法律概念、从市场上消除不安全食品执行手段以及如何惩罚责任人等方面的内容，而没有将预防食品安全问题的职权明确授予食品控制机构，结果导致食品安全计划具有针对性和执行性的特征，而在减少食源性疾病的风险上不具有预防性和全面性的特点。现代食品安全法律应尽可能地包括确保食品安全的法律权力和手段，而且应允许政府食品管理部门在食品安全控制体系中规划预防性措施。

纵观食品安全管理水平较高国家的食品安全法治大都分为两部分：一部分是针对行政相对人设定的以"假定、处理、制裁"为主要表述模式的"强法"，具有事后性、部门惩治性的特点。另一部分是针对立法机构和政府部门设定的，以"纲领、方针、政策"为主要特征而不直接体现罚则的"软法"，具有事先性、综合预防性的特点。制定和完善"软法"已成为现代食品安全法治发展的主要方向。"软法"的内容以贯穿"强法"和食品安全行政管理为主要目的。

第二，法律法规要涵盖全要素和全过程。保健食品安全监管中涉及很多要素，如安全性标准、信息、科技支撑等，同时，保健食品的上市要依次经过研发、审批、生产、销售等多个环节。由于这些要素和环节对安全性有着显而易见的影响，对于这些要素和环节中涉及安全的部分都应制定相关法规予以约束和规范，降低安全性风险。例如，可以通过制定明确的法规规定，未经审批的产品不得按保健食品进行宣传和销售。

第三，既要重视实体法的制定与完善，也同样要重视程序法的制定与完善。"重实体法、轻程序法"是我国立法和执法中存在的一个突出问题，直接影响了我国法治化的质量和进程，也造成在实践中立法和执法的随意性，既损害了行政相对人的合法权益，也损害了政府的公信力，而且程序上过度的自由裁量权也有可能成为腐败的温床。因此，在制定和完善相关实体法的同时，要同样重视程序法的制定和完善，依法行政不仅要依实体法，也要依程序法。行政机关和行政相对人都应树立"程序是神圣不可侵犯"的法治理念，减少或避免由于程序不合法而出现的立法或执法瑕疵。

第四，严格服从上位法。《食品安全法》是目前我国涉及食品安全领域的最具权威的法律，是食品安全法规体系中的母法和上位法。因此，在修订或制定保健食品安全性监管法律法规时不能超越上位法。

第五，做好协调，尽可能避免与同层次法规的冲突，解决好各项法规之间的衔接与协调问题。我国的立法现实，是各个部门大都出台过法规。在食品安全方面，卫生、质检、农业、工商等部门都出台了相关法规。出于种种原因，在我国食品安全法律法规体系中，法规之间交叉重叠，甚至相互冲突的现象并不少见，不仅行政相对人无所适从，还降低了政府的公信力，也对政府依法行政设置了人为的障碍。为此，政府主管部门在完善保健食品安全监管法规体系的过程中，应组织专门力量对法规进行梳理，尽可能避免与其他法规发生冲突，减少与其他部门可能产生的矛盾，力求尽快、妥善、彻底解决法规之间交叉重叠，甚至相互冲突的问题。

上述这些问题解决的过程，就是我国保健食品法规体系逐渐完善和健全的过程。

3. 促进《保健食品监督管理条例》尽快出台

2009 年 7 月 8 日，国务院第 73 次常务会议通过了《中华人民共和国食品安全法实施条例》（以下简称《食品安全法实施条例》）。作为食品安全监管法规体系重要组成部分的《保健食品监督管理条例》也已报送国务院法制办公室，该条例的送审稿已经讨论并修改了多次，正在广泛征求社会意见。

《保健食品监督管理条例》是针对保健食品安全监管的最重要和基础性的法规，是保健食品安全监管法规体系的核心法、基本法，是保健食品安全监管相关法规制定的指导和依据。应当在注重质量的前提下，加快进程，争取该条例早些出台，奠定好我国保健食品安全监管的法律法规基础。同时，为与《保健食品监督管理条例》配套，还需要进一步制定和完善一批相关法规，如《保健食品注册管理办法》《保健食品生产许可管理办法》《保健食品审评专家管理办法》《保健食品功能范围调整方案》《保健食品技术审评要点》《保健食品清理换证工作方案》和《保健食品再注册实施意见》等，使保健食品安全监管法规体系不断完善，质量不断提高，保证消费者的食品安全及合法权益，促进保健食品产业健康、科学、快速地发展。

通过上述对我国涉及保健食品的法律法规以及专门针对保健食品的法律法规演进过程的客观描述和基本梳理，得出以下一些基本认识：

第一，保健食品产业的发展，源自我国经济社会的发展和公众对健康需求的不断提升。改革开放以来，我国经济快速发展，居民收入持续增长，一方面，充足的供给能力为消费提供了多样化的选择；另一方面，居民收入的增加为消费选择提供了支付保障，保健食品产业化过程的动力就源自对消费需求的满足。

第二，对保健食品认识的深化是保护消费者合法权益的客观要求，在这个发展过程当中，科学技术发挥着不可替代的作用。从前文对我国保健食品法律法规的梳理中，可以鲜明而强烈地感受到这一点。随着对保健食品认识的深化，对保健食品生产经营的规制也逐渐深化，而保证这些规制的法律法规也在不断丰富和完善着。

第三，我国已构建了一个比较完整的保健食品法律法规体系。目前，我国保健食品法律法规体系涵盖了保健食品生产经营和市场流通全过程的绝大多数环节，涉及所有保健食品。但由于种种因素，各具体法规之间的衔接和有些具体法规仍有很大的改进空间。此外，一些重要的、基础性的法规亟待出台，以完成好顶层设计。

第四，对保健食品及保健食品产业的有效规制，仅仅依靠行政法规是不够的，还需要大量的技术性法规。一部完整有效的保健食品监管法律法规是由行政法规和技术法规共同构筑而成的，缺一不可，不能偏废。

第二节　保健产品监管历程梳理分析 [1]

一、保健产品监管规范梳理

只有少数地方人大和政府制定了专门针对保健产品监管的规范性文件。笔者以"保健用品"为关键词在北大法宝数据库法律法规子库进行检索，共检索到 7 部监管规范，其中地方性法规 2 部，地方政府规章 4 部，可见大部分都属于效力级别不高的地方规范文件。

在地方性法规中，只有吉林省第十二届人大常委会第三十五次会议于 2017 年 6 月 2 日通过的《吉林省保健用品管理条例》和陕西省第十一届人大常委会第十六次会议修订通过的《陕西省保健用品管理条例》。在地方政府规章中，主要有黑龙江省人民政府 1999 年发布的《黑龙江省保健用品卫生监督管理规定》、吉林省人民政府 2004 年发布的《吉林省保健用品生产管理办法》、陕西省人民政府 1998 年发布的《陕西省保健用品卫生监督管理办法》以及贵州省人民政府 2008 年发布的《贵州省保健用品管理办法》。

二、保健产品监管规范存在的问题

（一）保健产品尚无权威的定义

目前，国内还没有出台保健产品的权威定义。各方学者对保健产品定义的探讨也很多，且目前学术界也没有一个统一的定义，使用比较广泛的有广义和狭义两种。狭义地讲，保健产品是指通过个人直接使用或通过媒体改善

---

〔1〕 为便于本书称谓统一，本部分有关"保健用品"即指代"保健产品"，特此说明。

生活小环境质量等可达到调节机体机能、增进健康的物品。[1]此定义从保健产品的使用对象、使用方式和功能上与医疗器械、保健食品和生活用品作了区分。而就广义而言，但凡不以治疗为目的，用于人体消除疲劳、调节人体机能，改善亚健康状态、增进健康、预防疾病的各种不破坏皮肤而进行理疗的器械、特殊用途化妆品等与健康相关的产品都可称为保健产品。[2]

　　除上述两种定义之外，各地方为了规范本省行政范围内的保健产品市场，出台的相关法规中也给出了保健产品的概念界定。如《陕西省保健用品管理条例》《贵州省保健用品管理办法》等，但不同省份的地方性法规给出的定义也有一定差异。

　　通过对现有法规中的保健用品的定义进行比较，不难发现，保健用品应同时满足以下条件：①作用于人体外部；②无毒；③不以治疗疾病为目的；④增进人体健康。[3]

　　然而，各种法规对保健用品的定义还比较含糊，没有明确地给出保健用品的内涵及外延，并且几部法规中所规定的保健用品的范围也有一定的差异，很难对前述几个定义的权威性、准确性等进行判断。如果保健用品的定义不能确定，那么要对保健用品进行研究、监管，就无法确定研究对象，尤其是研究范围也难以界定。只有明确保健用品的定义，使之与医疗器械、保健食品、生活用品区别开来，才有利于保健用品监督管理工作的顺利开展。

　　（二）保健产品范围界定不统一

　　保健用品一词在国外还未发现有与其对应的词，在国内多部词典中也未发现其分类位置。中国市场上流通的保健用品及与其相类似的物品，在国外分别归类在食品、药品或类药品、化妆品、医疗器械、服装、日用品、体育锻炼用品、婴幼玩具八类。所以，在中国要对保健用品进行分类研究，可供参考的国外经验并不多。

　　中国保健用品没有统一的定义，很难对保健用品进行清晰的范围界定。

〔1〕　金银龙："保健用品的定义和分类方法初探"，载《中国卫生监督杂志》1997年第1期。

〔2〕　参见中国保健协会、中共中央党校课题组发布的《中国保健产业发展战略、体制和政策研究》。

〔3〕　王洋、侯常春、刘洪亮："保健用品卫生管理对策研究"，载《环境卫生学杂志》2011年第2期。

国内常见的保健用品的界定方法就是对保健用品进行分类，通过分类说明每一类中包含哪些产品，最后再对保健用品的范围进行整体的界定。但中国保健用品究竟应该如何分类，目前没有统一标准。常见的分类方法有五种，分别为：按照使用的群体分类、按身体使用部位分类、按其使用的形式分类、按其性质和原理分类、按保健功能分类。虽然这几种分类方法基本上都能将现阶段市面上流通的保健用品包括进去，但是由于分类方法的不同，某些产品（如性保健用品）是否属于保健用品仍然众说纷纭，有待进一步讨论。在中共中央党校课题组、中国保健协会组织撰写的《中国保健产业发展战略体制和政策研究》中，将保健用品分为保健功能纺织品、保健器械、特殊用途化妆品三类，此外还有外用膏剂（具有治疗作用的除外）、漱口液、牙膏等。从中共中央党校课题组、中国保健协会所确定的保健用品的范围来看并不包括性保健用品。但按身体使用部位分类，保健用品应该包括性保健用品。像性保健用品这样非"主流"的产品是不是保健用品、用哪种分类方法能更加全面地界定保健用品的范围，这些问题还没有得到较好的回答。明确而又合理的保健用品范围界定是对保健用品进行各项研究与监管的基础，是实现保健用品产业合理、健康、快速发展的前提。保健用品范围界定的不明确、不统一，在一定程度上造成了中国保健用品产业监管上的困难。

第三节　保健服务监管历程梳理分析

以 2010 年为界，可将保健服务政策规范化为两个阶段。

一、第一阶段（2010 年前）

2010 年之前，随着保健服务的兴起，国家相继出台了一些法律法规对其进行规范或提供支持。例如：2005 年 9 月，为了规范保健服务产业发展，卫生部、国家中医药管理局下发了《关于中医推拿按摩等活动管理中有关问题的通知》；2007—2008 年间国务院、国务院办公厅分别发布了《关于加快发展服务业的若干意见》和《关于加快发展服务业若干政策措施的实施意见》，规定了中央财政和中央预算内投资要安排服务业发展专项资金和服务业发展引导资金，并根据财政状况及服务业发展需要逐步增加，从多个方面支持包括保健服务业在内的服务业发展。同时，为了规范沐浴、足浴两个特殊类型的保健服务行业，商务部还在 2007 年出台了《沐浴业经营技术规范（SB/T 10442-2007）》和《足浴保健经营技术规范（SB/T 10441-2007）》等行业标准，从经营场地、营业设施、卫生要求、经营管理以及技术要求等方面对沐浴业和足浴保健提出了规范性要求。此外，国家标准化管理委员会于 2009 年批准成立了全国保健服务标准化技术委员会，启动了保健服务相关标准的立项。2009 年 11 月 30 日，卫生部又在《2009 年卫生标准制（修）订项目计划》中，正式批准了由中国保健协会休闲保健专业委员会建议的"保健服务行业公共用品消毒卫生标准"的立项，为政府的监管工作和人们的消费安全提供了有利的政策支持。

然而，现阶段我国尚未建成一个以国家标准为基础的、完整的标准体系，现有保健服务标准数量较少，且半数以上是地方标准，所覆盖的只是足疗、按摩、沐浴、SPA 和温泉等部分保健服务项目和企业，还有许多保健服务项目和企业没有被覆盖。

二、第二阶段（2010 年后）

2010 年后，伴随着经济发展战略的转型，保健服务产业政策进入标准化发展阶段，各种政策规范和国家标准逐步出台。2010 年 12 月，北京市质量技术监督局发布《保健按摩操作规范（DB11/T 589-2010）》和《盲人保健按摩服务规范（DB11/T 590-2010）》地方标准。

2014 年 7 月 1 日，由国家质量监督检验检疫总局和国家标准化管理委员会联合发布的《保健服务通用要求（GB/T 30443-2013）》和《保健服务业分类（GB/T 30444-2013）》正式实施，保健服务行业首次有了通行全国的国家标准。除相关术语及定义以外，《保健服务通用要求（GB/T 30443-2013）》和《保健服务业分类（GB/T 30444-2013）》还对保健服务项目设置、从业人员、管理制度、场所设施的基本要求等方面都有了明确的规定，对于弥补保健服务行业方面的标准空白发挥了重要作用。2013 年 9 月 28 日，国务院发布了《关于促进健康服务业发展的若干意见》，提出了促进健康管理与服务水平明显提高，中医医疗保健、健康养老以及健康体检、咨询管理、体质测定、体育健身、医疗保健旅游等多样化健康服务得到较大发展的主要目标。

此外，2016—2017 年间，《保健按摩器具售后服务规范（GB/T 33354-

2016）》《母婴保健服务场所通用要求（GB/T 33855-2017）》和《体重控制保健服务要求（GB/T 34821-2017）》三个国家标准先后发布，分别就保健按摩器具的售后服务、母婴保健场所以及体重控制服务三种保健服务行业作了具体的规范。有关中医保健服务规范发展更为系统完整，除了有《中华人民共和国中医药法》（以下简称《中医药法》）作为上位法支撑，国家中医药管理局还发布了《关于促进中医养生保健服务发展的指导意见》和《中医师在养生保健机构提供保健咨询和调理等服务的暂行规定》等专门针对中医养生保健服务的政策文件。

2018 年 6 月，国家中医药管理局发布了《中医养生保健服务规范（试行）（征求意见稿）》，如果该规范能够顺利发布实施，则意味着"中医保健服务"行业有了全国范围内的行政法律规范。

近年来有关保健服务的政策法律规范发展较快，已经初步形成了以国家标准为核心，行业标准、地方标准为补充的标准体系，但是尚未在全国范围内形成一个完整的保健服务政策及法律规范体系。保健服务标准体系的管理工作分散在不同的行业部门，有商务、质检等部门，政策法规之间难免存在不配套的情况，十分不利于标准的统一管理。同时，各政策法规之间层级结构较为不合理，大多数规范依然存在于行业标准和地方标准中，级别较低，在保健服务质量安全方面缺少专门法律法规，标准执行起来缺乏上位法作为支撑依据。

此外，现存标准的规定也不完善，一些规定可操作性不强，标准涉及内容不够全面，主要集中在技术、经营管理和等级划分等方面，未突出卫生和服务质量安全，且没有充分考虑按照行业有机衔接和整合运作的要求来建立标准体系，造成了保健服务的质量安全缺乏有效的技术指导与依据。各省市的保健服务行业发展水平参差不齐，各地方依据当地实际情况而制定的标准规范相互之间并不兼容，指标也不一致，不利于全国统一保健服务市场的形成，同时也不利于保证消费者的合法权益。

第四节　保健市场行政处罚与刑事处罚衔接规范历程梳理分析

一、保健市场行政处罚与刑事处罚衔接的既有规范指引

我国涉及保健市场行政处罚与刑事处罚的法律规范依据具有较广的散在

性，散见于法律、行政法规、部门规章、地方性法规、地方规章以及司法解释和其他中央与地方规范性文件等。此外，我国还有一些中央颁布的政策性文件中也涉及了行政处罚与刑事处罚的衔接问题。因此，基于规范梳理的全面性和方便性，本书并没有严格按照我国立法效力层级划分规范类型，而是根据规范适用范围将相关规范大致划分为国家政策、全国性立法和规范、地方性立法和规范三类，其中国家政策主要是指中央出台的涉及行政处罚和刑事处罚衔接以及涉及保健市场相关的文件，全国性立法和规范主要是指国务院及其部门制定的效力及于全国范围的相关立法、司法解释与规范性文件，地方性立法和规范主要是指地方制定的各个层级相关立法与规范性文件。

（一）保健市场行政处罚与刑事处罚衔接的相关国家政策

近些年来党和国家非常关注和重视行政处罚与刑事处罚的衔接问题，多次在中央文件中提到完善行政执法和刑事司法衔接机制。2013 年 11 月 12 日，党的十八届三中全会通过的《中共中央关于全面深化改革若干重大问题的决定》在深化行政执法体制改革部分首次明确提到"完善行政执法与刑事司法衔接机制"，使得该问题自此进入全面深化改革若干重大问题的层次。2014 年 10 月 23 日，党的十八届四中全会通过的《中共中央关于全面推进依法治国若干重大问题的决定》中专门单列了一整段明确提出"健全行政执法和刑事司法衔接机制"的具体要求，即"完善案件移送标准和程序，建立行政执法机关、公安机关、检察机关、审判机关信息共享、案情通报、案件移送制度……实现行政处罚和刑事处罚无缝对接。"并指出完善该机制的核心重点在于"克服有案不移、有案难移、以罚代刑现象"，这实际上也是目前行政处罚与刑事处罚衔接的问题所在。2017 年 9 月 5 日，《中共中央、国务院关于开展质量提升行动的指导意见》也针对侵犯知识产权和假冒伪劣商品问题提出"促进行政执法与刑事司法衔接"。2019 年 5 月 9 日，《中共中央、国务院关于深化改革加强食品安全工作的意见》专门针对食品安全领域违法犯罪问题指出"加强行政执法与刑事司法衔接，行政执法机关发现涉嫌犯罪、依法需要追究刑事责任的，依据行刑衔接有关规定及时移送公安机关，同时抄送检察机关；发现涉嫌职务犯罪线索的，及时移送监察机关。"保健市场所包含的保健品即属于此一领域，该意见也成为对保健市场行政处罚与刑事处罚衔接机制完善的重要指导政策。

（二）保健市场行政处罚与刑事处罚衔接的全国性立法和规范

基本立法中已经存在关于行政处罚与刑事处罚衔接的初步性规定。

《刑法》实际上存在关于行政处罚与刑事处罚衔接的原则性规定。例如：《刑法》第 37 条行政责任与刑事责任承担方式的规范中就暗含了二者衔接机制的问题，行政主管部门可以根据案件的不同情况对于犯罪情节轻微不需要判处刑罚而免予刑事处罚的当事人予以行政处罚或行政处分，其中就暗含着衔接问题，如果没有衔接移送，何来行政处罚？《中华人民共和国行政处罚法》（以下简称《行政处罚法》）第 8 条第 2 款规定了行政机关的移送职责：“违法行为构成犯罪，应当依法追究刑事责任的，不得以行政处罚代替刑事处罚。”

国务院及各部委也制定了很多涉及保健市场行政处罚与刑事处罚衔接问题的行政法规、部门规章和其他规范性文件，这些规范可以分为两类：一类是涉及各个行政执法领域行政处罚与刑事处罚衔接问题的规范，但其相关规定对保健市场领域同样适用。2001 年 4 月 27 日发布的《国务院关于整顿和规范市场经济秩序的决定》中明确要求建立“行政执法与刑事执法的衔接”协作机制。2001 年 7 月 9 日国务院发布的行政法规《行政执法机关移送涉嫌犯罪案件的规定》中第一次以行政法规的形式确立了行政执法与刑事司法衔接机制的基本框架。对行政执法机关如何移送违法犯罪案件，公安机关如何审查立案涉嫌犯罪案件线索作出了具体的规定，并规定了行政机关的活动、公安机关的受理和处理活动应当接受人民检察院的依法实施的监督，对违反该规定，不依法移送案件，不依法立案侦查的单位和个人规定了相应的处罚措施。《2011 年虚假违法广告专项整治工作实施意见》指出，各部门要“进一步做好行政执法与刑事司法衔接工作。”《国务院关于进一步做好打击侵犯知识产权和制售假冒伪劣商品工作的意见》指出要加强行政执法与刑事司法有效衔接，建立健全联席会议、案件咨询等制度，及时会商复杂、疑难案件，研究解决衔接工作中的问题，建设打击侵权和假冒伪劣领域行政执法与刑事司法衔接工作信息共享平台，实现行政执法部门与司法机关之间执法、司法信息互联互通。《2012 年整治虚假违法广告专项行动部际联席会议工作要点》指出：“公安机关要加强与工商、互联网信息、通信管理、药品监管等部门的工作联系，共同做好行政执法与刑事司法衔接工作”。2015 年，《国务院办公厅关于加强互联网领域侵权假冒行为治理的意见》指出："加强行政执法与刑事司法衔接，实现行政执法部门与公安、检察、审判机关的信息共享，及时移送涉嫌犯罪案件。"2017年，《国务院关于印发"十三五"市场监管规划的通知》指出加强市场监管领域行政执法与刑事司法衔接的具体措施，即"完善案件移送标准和程序，严格执行执法协作相关规定，解决有案不移、有案难移问题。建立和加强市场监管部门、公安机关、检察机关间案情通报机制。市场监管部门发现违法行为涉嫌犯罪的，要及时依法移送公安机关并抄送同级检察机关，严禁以罚代刑、罚过放行。推进市场监管行政执法与刑事司法信息共享系统建设，实现违法犯罪案件信息互联互通。"2018年，《国务院关于上海市进一步推进"证照分离"改革试点工作方案的批复》指出："积极做好无证生产经营有关行为等行政执法与刑事司法衔接工作。"另一类是涉及保健市场领域的规范，这些规范主要用于规范保健市场领域的衔接问题，如涉及保健食品、保健器材、保健服务、保健广告等。2007年，《国务院办公厅关于印发全国产品质量和食品安全专项整治行动方案的通知》指出："要完善行政执法与刑事司法衔接机制，对涉嫌构成犯罪、依法需要追究刑事责任的，按规定移送公安机关"。同年，《国务院办公厅关于印发2007年全国食品安全专项整治方案的通知》指出："加强行政执法与刑事司法衔接，对涉嫌犯罪的案件，行政执法机关要及时移送司法机关"。2012年，《国务院关于印发国家药品安全"十二五"规划的通知》指出，加快行政执法与刑事司法衔接的信息平台建设。同年，《国务院关于加强食品安全工作的决定》指出，要健全行政执法与刑事司法衔接机制。《国家食品药品监督管理局、公安部关于做好打击制售假劣药品违法犯罪行政执法与刑事司法衔接工作的通知》对药品领域行政执法与刑事司法衔接问题作出了规定，如联席会议、信息沟通与工作协调制度等。2015年，《国家卫生计生委、中央编办、财政部、人力资源社会保障部、国家公务员局、国家中医药管理局关于进一步加强卫生计生综合监督行政执法工作的意见》指出："健全行政执法与刑事司法衔接机制，完善案件移送、协查的标准和程序，做好案件督办、部门之间案件移送以及跨区域案件协查工作。"2016年，《公安机关受理行政执法机关移送涉嫌犯罪案件规定》对公安机关受理案件移送的标准、处理程序、处理结果等作出了规定。2017年，《国务院关于印发"十三五"国家食品安全规划和"十三五"国家药品安全规划的通知》指出，出台食品药品行政执法与刑事司法衔接工作办法，深化行政执法与刑事司法衔接，推动出台药品违法行为处罚到人的法律措施，加大对违法犯罪行为的打击力度。《国家食品药品监督管理总局关于进一步加强食品药品案件查办工作的意见》指出要完善案件行刑衔接机制，明确违法行为的构成要件、移送的基本要求，统一取证标准，建立信息共享平台，等等。2018 年，《食品药品监管总局、公安部印发关于加大食品药品安全执法力度严格落实食品药品违法行为处罚到人的规定的通知》指出："公安机关发现的食品药品安全违法行为，经审查没有犯罪事实，或者立案侦查后认为不需要追究刑事责任，但依法可以行政拘留的，应当及时作出行政拘留的处罚；不属于依法可以行政拘留的情形，但应当追究其他行政法律责任的，应当及时将案件移交同级食品药品监督管理等部门。"

最高人民检察院和最高人民法院也出台了涉及保健市场行政处罚和刑事处罚衔接的司法解释和规范性文件，其中还包括了一些司法机关与行政机关联合制定的文件。2001 年，最高人民检察院发布了《人民检察院办理行政执法机关移送涉嫌犯罪案件的规定》，将行政机关的行政执法活动纳入了检察机关的监督范围。2004 年，最高人民检察院等部门在总结经验的基础上，为推进行政处罚与刑事处罚的衔接，联合发布了《关于加强行政执法机关与公安机关、人民检察院工作联系的意见》。2006 年，最高人民检察院等部门又联合向社会公布了《关于在行政执法中及时移送涉嫌犯罪案件的意见》。2011 年，《关于加强行政执法与刑事司法衔接工作的意见》发布。2012 年，《国家工商行政管理总局、公安部、最高人民检察院关于加强工商行政执法与刑事司法衔接配合工作若干问题的意见》对工商领域行政执法与刑事司法衔接工作配合问题进行了全面规定，包括移送的程序、移送异议的处理、移送的监督、线索通报、协助调查、信息共享、联席会议、业务培训等。2015 年，国家食品药品监督管理总局等部门联合制定了《食品药品行政执法与刑事司法衔接工作办法》，适用于食品（含食品添加剂）、药品、医疗器械、化妆品等领域涉嫌违法犯罪的案件，应当建立健全线索通报、案件移送、信息共享、信息发布等工作机制，人民检察院对移送活动和立案活动依法实施法律监督。

（三）保健市场行政处罚与刑事处罚衔接的地方性立法和规范

地方政府也制定了许多涉及行政执法与刑事司法衔接的地方性立法和规范。笔者以"行政执法与刑事司法衔接"为关键词在北大法宝数据库法律法规子库进行检索，将文件类型设置为"地方性法规规章"，将检索范围设置为"全文"，得到 3467 篇结果。[1]按照北大法宝对地方性法规规章的效力级别分类，[2]其中地方性法规 16 部，地方政府规章 7 部，地方规范性文件 1051 部，地方司法文件 38 部，地方工作文件 2354 部，行政许可批复 1 部。可见大部分属于效力级别不高的地方规范性文件和地方工作文件。

在地方政府规章中，主要有上海市人民政府 2016 年制定的《上海市市场监督管理行政处罚程序规定》，杭州市人民政府 2017 年制定的《杭州市市场监督管理行政处罚程序规定》，西宁市人民政府 2019 年制定的《西宁市食品安全监督管理办法》。《上海市市场监督管理行政处罚程序规定》第 5 条规定："市级主管部门应当会同市公安机关建立健全行政执法与刑事司法衔接机制，明确相关业务领域案件移送的程序和材料。区市场监督管理局发现违法行为涉嫌犯罪的，应当按照国家和本市相关规定，将案件移送司法机关。"2017 年《杭州市市场监督管理行政处罚程序规定》第 5 条规定："市场监督管理部门发现违法行为涉嫌犯罪的，应当依法及时将案件移送司法机关。市市场监督管理部门应当会同同级公安机关、检察机关建立行政执法与刑事司法衔接机制，完善涉嫌犯罪案件移送工作制度。"《西宁市食品安全监督管理办法》第 13 条规定："食品安全、公安、农业农村、卫生健康等部门应当健全行政执法与刑事司法衔接工作机制，加大对食品安全违法犯罪行为的打击和惩治力度。"

而地方性法规中涉及保健市场行政处罚与刑事处罚衔接的规定也较稀少，仅有河北省、珠海市的地方性法规中有所涉及。2015 年《河北省人民代表大会常务委员会关于贯彻实施〈中华人民共和国行政处罚法〉的决定》规定："健全行政执法与刑事司法衔接机制，完善案件移送标准和程序，严格执行执法协作相关规定。"珠海市第八届人大常委会第二十二次会议通过的《珠海经济特区行政执法与刑事司法衔接工作条例》则是地方立法中较少的通过地方性专门法规的方式全面针对行政执法与刑事司法的规定，对案件移送、移送监督、信息共享平台建设、移送工作中的违法犯罪处理等方面作出了较为全面的规定。

（四）保健市场行政处罚与刑事处罚衔接立法规范的问题

诚如前文对我国保健市场行政处罚与刑事处罚衔接立法规范的梳理，该问题在党的十八届三中全会、十八届四中全会的决定中都已经被明确指出，在政策层面上非常重视，但纵观整体上的"两法"衔接立法规范却并不乐观。主要有两点问题：

第一，缺少保健市场行政处罚与刑事处罚衔接机制的专门性立法规范。从前文的梳理可以看到，虽然食品药品领域、广告领域等与保健市场相互交叉的领域已经出台专门的行政处罚与刑事处罚衔接立法规范，但是如前文所述，保健市场领域的违法犯罪行为并不仅限于保健食品，还包括保健产品、保健服务等诸多领域。因此，针对食品药品领域、食品安全领域、药品安全领域的专门立法规范并不能完全涵盖保健市场领域。

第二，现有涉及保健市场行政处罚与刑事处罚衔接机制的立法层级较低。现有涉及保健市场行政处罚与刑事处罚衔接机制的立法规范在全国性层面多限于国务院各部委的规范性文件和司法解释性文件，尚未上升到部门规章或者司法解释的层次，效力层级较低，导致其对不同部门衔接的指导强制力降低，容易成为空头文件。从地方性立法规范来看，多数为效力级别不高的地方规范文件和地方工作文件，这些文件大部分由地方政府组成部门出台，虽然对本部门的实际工作具有较强的指导意义，但行政处罚与刑事处罚衔接本身不是一个部门工作的问题，其具有跨部门、跨领域工作协调的本质。

二、保健市场行政处罚与刑事处罚衔接保障制度实践经验

对于保健市场行政处罚与刑事处罚衔接机制而言，还需要多种保障制度才能促进其实现，实践中行政部门和司法部门之间也尝试通过多种方式构建此类衔接保障制度。有学者对实践中食药领域的此类衔接保障机制进行了总结，按照参与主体和参与方式不同，划分为"食药+公安"的紧密协作模式、"专家委员会"论证模式、"智慧食药监"管理系统模式、"联席会议办公室"模式、"联勤联动"模式五种类型。[1]但笔者认为这种总结无法概括不断更

---

〔1〕　对该五种类型的详细分析参见卫婷、邓勇："食药领域行刑衔接的主要操作模式解读评析及建议"，载《中国药事》2018 年第 6 期。

新的类型周延，因此，本书尝试从"属于综合性还是特殊性"以及"属于常态性还是临时性"两个角度来分析目前的衔接保障制度实践。

（一）综合性机制与特殊性机制

第一个角度，即综合性机制与特殊性机制，其中综合性机制是指从所有违法犯罪行为角度构建整体性的衔接保障机制，而特殊性机制则是指基于某类违法犯罪行为的特殊性构建针对某类违法犯罪行为的衔接保障机制。综合性机制是针对所有领域违法犯罪衔接工作而开展的，最典型的就是全国打击侵犯知识产权和制售假冒伪劣商品工作领导小组办公室牵头成立的行政执法与刑事司法衔接信息共享平台（http://lfxj.ipraction.gov.cn/），不过从该信息平台尚不能看出其作为行政执法与刑事司法衔接信息平台的信息发布与共享作用，从目前来看该系统中并无相关案件的发布与收集，而仅发布官方相关工作动态、法律法规等信息，与真正的衔接信息平台还相去甚远。特殊性机制是从保健市场角度构建特殊类型的衔接保障制度，目前主要是食品药品领域行政执法与刑事司法衔接保障机制。例如，2019 年初，青海省格尔木市食药监管部门和公安部门就构建了较为系统的食品药品行政执法和刑事司法衔接联动机制，包括联席会议机制、线索通报机制、案情通报机制、信息共享机制、案件移送制度、信息发布机制、检验鉴定"绿色通道"机制、涉案物品无害化处理（保存）机制等。[1] 又如广西壮族自治区建立的全区打击侵权假冒领域行政执法与刑事司法衔接信息共享平台（http://lfpt.gxswt.gov.cn/index.shtml）也属于特殊领域的信息共享平台，该平台功能较为完善，已经初步实现行政执法与刑事司法信息的公开、共享。

（二）常态性机制与临时性机制

第二个角度，即常态性机制与临时性机制，其中常态性机制是指该衔接保障机制属于常设性的机构（包括实体机构和虚拟机构），而临时性机制则是指基于某类违法犯罪行为、某个时间节点等进行临时性的沟通衔接，若沟通衔接滞后，该机制即无日常联结。常态性机制较为常见，各地食药监管部门和公检法部门联合成立的各类信息共享机制等都属于常态性机制。如山东省

---

〔1〕 "青海格尔木启动食品药品行政执法和刑事司法衔接联动机制"，载 http://www.sohu.com/a/289632982_ 114731，最后访问日期：2021 年 9 月 17 日。

济宁市通过研发"公安与行政执法部门联勤联动协作平台",搭建舆情研判分析、地理信息系统,启用外地危化车辆适时跟踪、环境监测监控信息管理、打击侵权假冒领域、视频监控等系统,与"打击食品药品与环境犯罪实战应用平台"共同组成食药环信息研判中心的"两大平台,六个系统"。[1]临时性机制常见的形式为专题研讨会、专家委员会等。例如,2019 年北京市东城区市场监督管理局与区公安环食药旅支队、区检察院联合召开食药领域涉刑案件专题研讨会,重点就涉刑案件具体案情进行交流,梳理线索、追根溯源,确定查办方向,拟定调查方案及联合执法时间。同时,对案件查办经验进行总结,进一步明确同类案件完善取证的重点方向。[2]海南省的"食药+公安"的紧密协作模式实际上也属于临时性机制。[3]

(三) 保健市场行政处罚与刑事处罚衔接实践的问题

通过对我国目前保健市场行政处罚与刑事处罚衔接实践的分析可以发现,虽然目前实践中已经针对该类违法与犯罪行为提升了打击力度,也展开了衔接保障实践,但是保健市场行政处罚与刑事处罚衔接仍然存在诸多问题。

第一,衔接效率不高。在归属差异、执法本位、各方利益、所涉及法律法规等方面,行政处罚和刑事处罚两者存在的较大差异导致二者衔接效率不高。[4]目前保健市场领域行政处罚与刑事处罚衔接实践中仍然存在行政机构和司法机构之间工作转接程序烦琐、效率低下,甚至行政机构和司法机构之间相互推脱导致一些案件积压时间较长的问题。例如,2010—2018 年广东省食品药品监督管理局共计查处各类食品、药品违法违规案件 500 多起,涉及货物价值超过 1000 万元,但是最终进入司法程序的案件只有 2 件。[5]

第二,衔接缺乏长效。虽然实践中有很多地方实践或者地方立法中明确

---

〔1〕 参见姬生辉、孟杰:"四级联动机制打击'食药环'犯罪",载《齐鲁晚报》2015 年 8 月 6日, 第 H05 版。

〔2〕 参见 "区市场监管局深入推进'行刑衔接'工作机制有效运行",载 http://www.bjdch.gov. cn/n3952/n3954/n3956/c7728221/content. html, 最后访问日期:2021 年 9 月 17 日。

〔3〕 参见卫婷、邓勇:"食药领域行刑衔接的主要操作模式解读评析及建议",载《中国药事》2018 年第 6 期。

〔4〕 参见张韧:"食品药品两法衔接机制的存在不足与对策分析",载《中国卫生产业》2018 年第 13 期。

〔5〕 参见张韧:"食品药品两法衔接机制的存在不足与对策分析",载《中国卫生产业》2018 年第 13 期。

提出了一些行政执法与刑事司法衔接的机制，但是这些机制往往呈现出"一时热"的现象，在机制成立之初，多方参与案件办理、召开研讨会议等，但是一两年之后就会发现这些机制已经不复存在。其中固然与多方衔接机制过于松散造成的主体意识缺乏有关，但是也与这些衔接机制缺乏长效规划有关。

第三，衔接机构松散。如实践中常见的行政执法与刑事司法衔接方式是以检察院牵头的"两法结合联席会议"，但是在实际操作中缺乏统一上级机构的协调，导致其多以走过场代替。检察院对于行政执法与刑事司法的监督都由于角色定位问题出现主动监督疲软、缺位或者弱化的情况。检察部门的工作人员也认为"实际有益意义不大"[1]。

---

〔1〕 参见张韧："食品药品两法衔接机制的存在不足与对策分析"，载《中国卫生产业》2018 年第 13 期。

保健市场发展现状及存在的主要问题

第三章

第一节　保健食品市场现状及问题

保健食品违法营销、虚假宣传等问题长期存在，一些企业游走在监管边缘。2018 年权健事件的发生使保健食品行业受到重创。随着"百日行动"的开展，医保药店严控保健食品销售，保健食品管理日趋严格，很多大型企业都在"刮骨疗毒"，对存在的问题进行自我"净身"。

正如中国营养保健食品协会副会长刘学聪所言，上述事件和行动虽然让保健食品产业遭遇阵痛期，但是很可能会推动产业高质量发展，甚至革新。20 年来，保健食品产业成绩显著：在被严格监管的情况下，市场上流通的正规产品数量增多，基本满足消费者需求；保健食品生产工厂在不断优化，中国保健食品企业与国际融合交流也在加强。对整个保健食品产业而言，不管外围环境如何变化，并未影响整个产业往前走的目标和节奏。保健食品行业正处在最好的发展时代，2018 年保健食品监督抽检合格率达 98.3%，曾经突出的违法添加、造假等现象基本被遏制，虽然虚假宣传仍是行业顽疾，但随着监管趋严、理念转变，这些行为必将会得到改善。"中国保健食品产业是一个蓝海，产业要发展，就要坚定不移地提升自身的科技创新能力，走高质量发展路线，为消费者提供优质产品和优质服务。"[1]同时我们也要清醒地认识到，保健食品市场方面还存在一些问题。

一、保健食品行业门槛较低

第一，保健食品市场主体准入门槛低。准入门槛低、没有一个严格的质

---

[1]　王卡拉、张兆慧："刘学聪：政策严管之下保健食品产业充满韧性"，载《新京报》2019 年 9 月 26 日。

量控制体系，加之审批较简单，导致大量的非专业化企业涌入保健食品行业，给保健食品市场的监管造成很大困难。这一点是保健食品市场在宏观层面存在的问题，在一定程度上也是造成其他市场乱象的根本原因。目前，多数保健食品生产企业采取委托生产加工的模式，本应投入巨大成本的生产线被委托厂家替代，保健食品证书持有人从而节约了大量成本。许多资金薄弱、规模偏小的中小型企业成了保健食品市场的主要参与者。[1]这导致一方面，不同保健食品生产企业水平参差不齐，产业规范化程度不高；另一方面，行业暴利吸引众多企业加入，加剧了市场混乱，导致保健食品种类鱼龙混杂，[2]产品质量得不到有效的保障。

第二，保健食品功能宣称准入门槛低。随着我国主管部门对保健食品企业监管力度的加大，虽然保健食品企业的管理越来越规范，但是很多企业为了规避监管，用打擦边球的方式销售宣称具有保健功能的食品。监管部门在这方面的监管还比较薄弱，使得很多企业钻了空子。《食品安全法》规定食品广告的内容不得涉及疾病预防、治疗功能，从而大量"打擦边球"的功能性食品在市场上不断涌现，其不仅误导消费者，也形成了食品安全监管的灰色地带。很多产品功能宣称其实利用的是传统中医药文化中的概念，我国有着很长的"药食同源"的传统，长期存在的中国传统文化中的一些食品功能宣称，特别是坊间被热传的各种食品"功能"早已悄无声息地"深入人心"，如去火、清肺、养胃、补脑、壮阳……在超市里，随处可见各种功能宣称的食品。但仔细查验后便可发现，这些夸大营养和功效的食品，并不是保健食品。例如，江中制药推出的猴姑饼干不属于保健食品却打出了"养胃"的旗号，还有一些养胃茶、黑芝麻乳天然草本植物饮料等，均不属于保健食品，却声称能"养胃"等。可以说，由于保健食品功能宣称准入门槛过低，很多食品企业往往通过这种打擦边球的方式进入保健市场，给保健食品市场带来了巨大的混乱。

第三，从业人员准入门槛低。不仅生产企业鱼龙混杂、素质不高，大部分营销从业人员也缺乏必要的专业素养。在很多关于营养保健食品销售欺诈

〔1〕 艾西丁："保健食品市场存在问题及日常监管把握的关键环节"，载《中国食品药品监管》2014 年第 8 期。

〔2〕 邓勇、张静："老年保健食品市场乱象分析及治理对策"，载《中国医药报》2018 年 7 月 26 日，第 4 版。

的案例中，都存在销售人员虚假宣传的情节，以至于业内存在着"不说假话卖不出货"的传言。事实上，一些违法企业的销售人员还真的不是有意说假话，而是他们根本就认为那些不正当的宣传是合理合法的，他们笃信食品能够治疗疾病的荒谬观念，他们执着地认为自己传播的就是科学知识。这种"自己给自己洗了脑"的现象在营销圈里并不少见，而造成这种现象的原因就是，这些营销人员对于产品的生产工艺和消费知识没有也不愿意深入了解，他们没有相关的专业知识，也大多没有经过专业的培训，因而缺乏必要的专业素养。

二、保健食品中非法添加非食用物质

保健食品非法添加的物质一般是化学药。在保健食品中加入化学药是违法行为，其会对服用者造成不同的副作用，如产生药物依赖、抗药性，造成肝功能损害、重度肾功能损害、心动过速等严重问题，甚至死亡。保健食品的非法添加一直是监管的重点。2011 年，《国家食品药品监督管理局关于严厉打击保健食品化妆品非法添加行为的通知》发布；2012 年 3 月，国家食品药品监督管理局发布《保健食品中可能非法添加的物质名单（第一批）》，公布了保健食品可能的非法添加物及其检测方法；2016 年 5 月，《国家食品药品监管总局办公厅关于开展保健食品等三类食品非法添加非法声称问题专项治理工作的通知》发布；2017 年 11 月，国家食品药品监督管理总局发布了《保健食品中 75 种非法添加化学药物的检测》等 3 项食品补充检验方法的公告，其中明确了 75 种非法添加化学物质的检测方法，这些检测方法不仅适用于片剂、口服液、硬胶囊和软胶囊保健食品，还适用于片剂、口服液、硬胶囊、软胶囊类声称具有保健功效的食品；2018 年 3 月，《食品药品监管总局办公厅关于印发食品及保健食品专项抽检监测工作方案的通知》发布，重点抽检保健食品的非法添加；2019 年，《贵州省工商行政管理局关于开展联合整治"保健"市场乱象百日行动的通知》强调了查处保健食品中非法添加非食用物质及宣传治疗作用的行为。

通过一系列的监管措施，保健食品的非法添加行为得到了一定的抑制，但是依然存在。近年来，随着国家对保健食品非法添加打击力度的加大，非法添加现象有所减少，却呈现出了新特点：非法添加多种化学药物，如在减肥类保健食品中发现同时添加有 2 种以上的化学药物，虽然每种药物添加剂量未达到治疗剂量，但多种联用可以达到治疗效果。为了逃避监管，非法添加的保健食品多通过网络进行销售，有时以非正式销售样品出现，如在赠品中添加，或者同批号部分样品添加及胶囊囊壳中添加，内容物中不添加等。[1]根据《南方都市报》统计，南都鉴定评测实验室梳理了国家及省市市场监管部门 2010 年至 2019 年 3 月近 10 年内保健食品的质量抽检信息。在 4 万条原始数据中筛选出 565 批次不合格保健食品名单，通过数据分析发现，增强免疫力类、减肥类、营养元素补充类保健食品是不合格的重灾区，占比达 47.2%。保健食品不合格，非法添加违禁药品、功效/标志性成分虚标、微生物超标、重金属等是主要原因。威海百合生物技术股份有限公司、天津万宁保健品有限公司、南昌市草珊瑚生物技术有限公司、广州万康保健品有限公司旗下保健食品，多次被点名不合格。另外，黄金搭档、脑白金、汤臣倍健、善存、哈药六厂等大品牌生产的保健食品也"中招"。[2]2017 年，《新京报》记者盘点了 2016—2017 年的食品抽检公告，发现尽管保健食品 2016 年合格率总体很高，达 98.3%，但仍有 40 个保健食品非法添加案例，主要集中在减肥、辅助降血糖、免疫调节类产品，其中绝大多数为假冒。添加的物质包括泻药、兴奋剂、伟哥等。[3]

此外，对于保健食品中添加中草药成分的情形，目前法规对于保健食品原料有了相关的种类要求，但是对于中草药类原料还缺乏相应的拉丁文的种属规定、使用部位规定、具体的技术要求规定，企业在实际使用中存在困扰。同时，对于中草药的生产工艺没有具体的限定要求，这为未来埋下了安全隐患，不利于对保健食品原料的管理，建议相关部门可以对此进行研究，细化相关的法规，便于企业依法遵循。

三、虚假宣传普通食品具有保健和治疗功效

虚假宣传，主要表现为正规保健食品的虚假宣传以及假冒和三无产品的

---

〔1〕 "智能生态农业：保健食品中的非法添加剂，你知道多少？"，载 https://www.sohu.com/a/323126033_99961667，最后访问日期：2021 年 9 月 14 日。

〔2〕 杨丽云、陈养凯、龚菊："不合格保健食品 三成非法添加违禁药品——近 10 年 565 批次不合格保健食品数据分析，减肥产品非法添加泻药情况较严重，黄金搭档、脑白金、哈药六厂等上榜"，载《南方都市报》2019 年 4 月 10 日，第 AA14 版。

〔3〕 "保健食品非法添加'三宗罪'（2）"，载《新京报》，http://www.bjnews.com.cn/health/2017/04/11/439461.html，最后访问日期：2021 年 9 月 14 日。

虚假宣传。正规保健食品的虚假宣传大多表现为夸大其词，夸大产品功效、使用绝对化用语、做出不实承诺等都是常见手段，更为严重的则是编造治疗机理，严重诱导和欺骗消费者。假冒和三无产品的虚假宣传则多种多样，最为常见的就是无中生有，名为保健食品实为普通食品，在普通食品宣传中加入所谓的减肥、美容等功效宣传，欺骗消费者。还有针对品牌保健食品的高仿制作，利用相似外观，进行虚假宣传。还有一些则号称是某些大牌的贴牌、代工生产商，欺骗消费者。"三无产品"更是采取非法宣传手段，典型的表现是商标名与产品名不符。另外，借助各种认证、证书欺骗消费者的现象也屡见不鲜。

2018 年 8 月，浙江省宁波市海曙区市场监督管理局在核实某食品商行电子数据时，发现该公司经营场所内设有专门用于拍摄视频的摄影棚，流水线制作产品宣传授课视频。根据不同商品制作不同系列的授课视频和 PPT 课件，在每一个系列中都含有总天数不等、连续多天层层深入的教学视频与 PPT 课件。在这些公司自制视频及 PPT 课件中含有大肆鼓吹公司所经营商品治疗疾病的功能内容，而实际销售的商品均为普通食品及保健食品，没有任何治疗功能。海曙区市场监督管理局依法作出责令停止违法行为、罚款 150 万元的行政处罚。这是一起典型的通过会销形式进行虚假宣传普通食品具有保健和治疗作用的案例。与此类似的还有将固体饮料说成"抗癌神药"保健品会销虚假宣传案。宁波某健康管理有限公司在宁波某酒店开展"预防肿瘤、爱心行动——宁波地区发布会"，经检查，现场有近 200 名 60 岁以上老人。执法人员查获 338 份"防癌专刊"宣传资料，内有"姬松茸独特多糖体对抗肿瘤胜过灵芝""β-葡聚糖竟然可延长癌症患者的寿命""姬松茸对癌症抑制率是99.4%，痊愈率达 90%，高于灵芝的功效 4.5 倍"等内容。发布会后，参会人员交纳 10 元建档费即可成为会员。会员根据工作人员电话通知，在发布会后 3 天内领取资料，参加癌症筛查尿液检测。该公司临时聘请癌症筛查检测人员对会员尿液进行检测，向检测结果不佳、癌症风险较大的会员推荐购买"巴西蘑菇 β-葡聚糖"。而该公司销售的"巴西蘑菇 β-葡聚糖"产品实为固体饮料，属于普通食品，并非保健食品。[1]

---

〔1〕　黄文丽、夏静、徐图："宁波海曙查处特大保健品会销虚假宣传案"，载《中国市场监管报》2018 年 9 月 20 日，第 6 版。

可见，很多不法商家通过把普通食品虚假宣传为具有保健功能和疗效的保健食品，进一步扰乱保健市场的秩序，也给许多消费者造成了损失。为此，中国消费者协会在 2019 年 1 月 18 日特地发布保健品安全消费提示，提示消费者要警惕商家以防治疾病为噱头的夸大、虚假宣传行为。

就目前保健食品声称和功能目录的管理而言，法规对于保健食品声称和保健功能目录有了相应的程序和方法，但随着 2003 年卫生部下发的《保健食品检验与评价技术规范》的失效，很多保健食品的功能学评价方法没有相应的法律法规遵循，对企业相关申请造成了很大的困扰。另外，原卫生部批准的功能声称中很多已经不再适用于当下的保健食品市场，且该部分批件没有有效期，法规应该对此进行更新，统一相关声称。监管部门对于虚假宣传应加大控制力度，落实惩罚措施。

四、伪造、非法盗用保健食品批准文号

批准文号是国家对食品、药品等特殊消费品进行监督管理的一项重要措施。保健食品作为一项特殊食品，自然也应遵守国家有关批准文号的规定。1996 年 3 月 15 日，卫生部出台的《保健食品管理办法》第 5 条明确指出，凡声称具有保健功能的食品必须经卫生部审查确认。研制者应向所在地的省级卫生行政部门提出申请。经初审同意后，报卫生部审批。卫生部对审查合格的保健食品发给《保健食品批准证书》，批准文号为"卫食健字（ ）第 号"。获得《保健食品批准证书》的食品准许使用卫生部规定的保健食品标志。

由于历史遗留问题，保健食品于 2003 年从卫生部移交至国家食品药品监督管理局。因此，在 2003 年 6 月 12 日之前，保健食品批准文号由卫生部批准，其格式为"卫食健字（ ）第 号"，而在 2003 年 6 月 12 日之后，保健食品批准文号由国家食品药品监督管理局负责，其格式改为"国食健字（ ）第 号"，其中国产保健食品的批准文号格式为"国食健字 G（ ）第 号"，进口保健食品的批准文号格式为"国食健字 J（ ）第 号"。

保健食品批准文号是国家监管部门对保健食品生产企业资质的认可，是对其所生产保健食品的质量的肯定。但正如前文所述，保健行业的暴利吸引了众多参与者加入，由此导致保健食品市场鱼龙混杂。其中，部分企业由于资金匮乏、规模偏小及资质不足，无法取得批准文号。另有一部分企业，因

急于追求经济效益，不愿依照法定程序申请许可获得批准文号，为了能尽快分得保健食品市场的"一杯羹"，这些保健食品生产企业不惜铤而走险，违背国家监管部门关于保健食品批准文号的强制性规定，假冒保健食品批准文号，冒充合法的保健食品。

从形式上来看，假冒批准文号的违法行为包括以下两种主要形式：其一，直接冒用其他厂商已经获得原卫生部或原国家食品药品监督管理局审批的或者已经被撤销的保健食品批准文号，生产保健食品；其二，直接伪造原卫生部或原国家食品药品监督管理局的保健食品批准文号，生产保健食品。[1]例如，部分经营者使用"卫食字""卫监健字""卫食试字""卫食特字""卫健用字""卫食证字""健用证字"等来冒充合法的批准文号。对于普通消费者而言，很难辨识出真假。

通过以上行为生产的保健食品，其实质是未经过国家许可、未取得合法资质的产品，从性质上来看，应属于"假冒批准文号的保健食品"。[2]依据原国家食品药品监督管理局 2011 年印发的《关于查处使用假冒保健食品批准文号行为的法律适用问题的通知（急件）》，此种违法行为应依照《国务院关于加强食品等产品安全监督管理的特别规定》第 3 条予以处罚。该条明确规定，销售不符合法定要求产品的，由药品等监督管理部门依据各自职责，没收违法所得、产品，货值金额不足 5000 元的，并处 5 万元罚款……

相关案例有：2012 年，四川省广安市食品药品监督管理局查获了一批名为"气血和胶囊"的保健食品，生产企业分别标识为海南某保健品公司（批准文号为：国食健字 20040552 号）、香港某医药生物有限公司（批准文号为：港食健进字 G20050323、国食健字 G20050323）。经调查，上述的批准文号均为假冒。除盗用批准文号外，保健食品市场还存在其他一些批准文号违法行为，如部分保健食品生产企业"一号多用"，即在多个保健食品上标注同一个保健食品批准文号。[3]

---

〔1〕　吴怀宇："我国保健食品市场与监管存在的问题分析及对策"，载《现代预防医学》2009 年第 8 期。

〔2〕　郭洪锦："法律、法规互补，销售假冒批准文号保健食品者难逃法网"，载《中国食品药品监管》2017 年第 5 期。

〔3〕　王雪云："保健食品的市场现状及加强监管的对策"，载《中国药业》2013 年第 20 期。

五、保健食品标签管理体制和法律制度不健全

（一）标签标准体系不完善

保健食品的标签标识作为消费者在选购产品时了解其产品信息的主要渠道，要求保健食品包装上的内容介绍能够真实地反映保健食品的质量信息，不能以虚假信息欺骗消费者购买。我国保健食品的标签和说明书管理主要依据《保健食品标识规定》（卫监发〔1996〕第 38 号），但制定该规定的主要依据是 1995 年的《食品卫生法》和 1996 年的《保健食品管理办法》，随着《食品安全法》的出台，明确了保健食品作为特殊食品管理的地位和保健食品的定义，《食品卫生法》已然失效，但《保健食品标识规定》仍然沿用至今。

（二）保健食品标签说明书违反现行法规

目前，我国保健食品标签说明书不符合《食品安全法》《保健食品注册与备案管理办法》《保健食品标识规定》等法律法规，在市场的主要表现形式为保健食品标签说明书与实际保健食品不相符，包含虚假内容信息，或与备案、注册内容不符；进口的保健食品无中文标签；假冒或盗用批准文号或未标明批准文号；保健食品标签未标注"本品不能代替药物"，未标注不适宜人群，抑或是保质期的标注不合要求（未标明有效期、超过有效期、标注虚假生产日期）；商标随意贴牌和使用图案暗示功能；等等。

第一，标签包含虚假内容信息。在保健食品注册管理中，标签说明书的内容根据检验机构所出具的试验报告及其相关资料进行严格审批，经过国家审批认证，即为标准。但在实际生产销售中，产品标签说明书存在与经审批合格的说明书内容不符，篡改、故意曲解等现象。其中标签说明书缺乏真实属性情况较为普遍，多数为夸大产品保健功能和宣传疗效，表现形式多为对其保健食品进行具有疗效的非法虚假宣传或使用暗示有治愈、治疗疾病的作用的图案等。例如，一家功能食品有限公司申报和生产的产品功能为免疫调节，却在产品包装上夸大宣传其具有滋补养颜、固肾壮阳、延年益寿、补精养血、养颜润肤等作用，以此误导和欺骗消费者，从中牟利。部分保健食品需求方不成熟的消费心理一定程度上推动了此类虚假宣传的盛行。在 2018 年某次对消费者的调查中发现，我国消费者对保健食品认知度不高，商家存在

侥幸心理，并且违法成本较低，多数企业往往借机在标签说明书中夸大宣传或者在获得批准文号后在广告中擅自更改，以诱惑需求方购买。

第二，食用注意事项信息缺乏。《保健食品标签说明书管理规定（征求意见稿）》第7条第1款规定："保健食品标签和说明书中应当标注产品名称、主要原料、功效成分或者标志性成分及含量、保健功能、适宜人群、不适宜人群、食用方法及食用量、规格、保质期、贮藏方法、注意事项、生产企业名称、地址、生产许可证号、联系方式。"2019年6月，国家市场监督管理总局发布《保健食品标注警示用语指南》，对警示用语、生产日期和保质期、投诉服务电话、消费提示等方面作了规定，要求保健食品标签设置警示用语区及警示用语，警示用语使用黑体字印刷，包括以下内容：保健食品不是药物，不能代替药物治疗疾病。同时保健食品经营者要在经营保健食品的场所、网络平台等显要位置标注"保健食品不是药物，不能代替药物治疗疾病"等消费提示信息，引导消费者理性消费。然而此指南中，并未具体对标注项目的内容提出要求，也没有对食用注意事项等具体信息的规定，如推荐使用条件、储存条件、警告、可能的不良反应等。日常生活中，消费者在选用、购买和食用保健食品过程中只能对产品标签说明书的内容进行自我判断以及自我使用。然而生产者为了使产品更易推销从而获取利益，往往不重视甚至故意忽略注意事项以及不适宜人群的说明。

第三，擅自改动适宜人群和不适宜人群。保健食品定义中明确表述其为适于特定人群食用，不以治疗疾病为目的，具有调节机体功能的作用，并对人体不产生任何急性、亚急性或者慢性危害的食品。保健食品的适宜人群和非适宜人群范围往往由产品本身属性，结合特殊人群包括妊娠及哺乳期妇女、婴儿及儿童、老年人等特点确定。在产品审批时，由国家有关部门进行审核定稿。然而日常生活中，很多厂家为了谋取自身利益往往扩大适宜人群、删减不适宜人群，甚至不在标签中注明适宜及不适宜人群。

第四，商标随意贴牌。《保健食品注册与备案管理办法》中提到，保健食品的名称由商标名、通用名和属性名组成。商标名是指保健食品使用依法注册的商标名称或者符合《中华人民共和国商标法》规定的未注册的商标名称，用以表明其产品是独有的、区别于其他同类产品。然而，针对保健食品，目前并没有规范商标的使用，市场上存在商标随意贴牌的现象，如《国家食品药品监督管理总局办公厅关于打击保健食品"四非"专项行动飞行检查、专项抽检和暗访有关情况的通报》中通报的案例，广东长兴生物科技股份有限公司的同一产品有 8 种不同商标、不同标签的包装盒，涉嫌使用一个保健品批准文号生产多种产品。此外，同一保健食品存在多个名称的现象也普遍存在。例如，某市药品监督管理局查获的一款保健食品，外包装上用显眼的颜色及超大的字体标明产品名称为"中老年人骨保高钙片"，但在该名称下却用一个与包装盒底色相近的非常小的字体标注名称为"采森钙片"，进而误导消费者。"贴牌"生产一直是保健食品行业中公开的"秘密"，这一局面在 2014 年得到控制。"从明年 1 月 1 日起，不得生产、经营和进口贴牌保健食品；一个保健食品的批准文号只能适用于一个产品。"〔1〕

第五，使用图案暗示功能。《预包装食品标签通则》（GB 7718-2011）中明确要求了食品包装上的图案应真实、准确，不得以虚假、夸大、使消费者误解或欺骗性的文字、图形等方式介绍食品；食品包装上的图案不应标注或者暗示具有预防、治疗疾病作用的内容，非保健食品不得明示或者暗示具有保健作用。

六、针对品牌保健食品的制假售假行为猖獗

由于品牌保健食品都是已经经过国家权威机构认证的，国民认可度高，不法分子就利用这种认可度，制假售假，同时降低价格，辅之以代购价格、内部价格、厂家价格等宣传噱头，坑骗消费者。制假售假分为两种层次：一种是产品具有保健食品功效，但为了谋取更大的利益，商家用品牌将其包装起来。另一种则是切切实实的制假，产品不仅没有保健食品的功效，甚至还对身体有害。2012 年广东省茂名市质量技术监督局牵头组织多个部门，从查处的一个涉假仓库，成功揪出一张有 13 个窝点的特大生产销售假冒安利、完美等品牌的保健品网络，查获假冒安利纽崔莱蛋白粉 924 罐、假冒完美和国珍松花粉等多种品牌保健品 2800 多瓶、空瓶（罐）近 6 万个，原材料、制假工具一大批，涉案货值近千万元。经安利（中国）日用品有限公司茂名分公司工作人员鉴定，该批产品均为假冒安利产品。公安部门根据线索循线追查，通过到通信部门、银行、物流企业等单位调查和深入出租屋附近进行调查走

---

〔1〕 "保健品贴牌禁令明年实施"，载人民网，http://finance.peoplce.com.cn/n/2013/1206/c70846-23767706.html，最后访问日期：2021 年 5 月 10 日。

访的方式，根据嫌疑人手机通话记录、物流货单、房屋租约以及汇款凭证掌握了制假售假分子的犯罪证据，深挖细掘，追根溯源，梳理出犯罪嫌疑人的活动踪迹及该团伙的运作情况，于当年 4 月下旬成功抓获 4 名嫌疑人，并在其居住的出租屋及一印刷厂车库内查获涉嫌假冒安利纽崔莱蛋白粉成品 855 罐、完美和国珍松花粉等多种品牌保健品 2800 多瓶以及原材料、包装物一批，同时缴获完美、国珍商标印版一批。2017 年 12 月，苏州市公安局吴中分局在阿里巴巴大数据协助下，一举端掉藏有仿冒美国康宝莱保健品的制假团伙，抓获 21 名犯罪嫌疑人，查获假康宝莱成品、半成品以及原料共近 2 吨。这个制假团伙，没有美国康宝莱的授权许可和生产资质，没有工商营业执照和经营许可等法律凭证，自创配方，并调动资源为其提供生产、包装、销售"一条龙"服务。该团伙的产品从配方、标签到包装全是假的，团伙每天可生产数百罐假康宝莱保健品。这些经康宝莱鉴定为假货，长期服用将对人体产生严重危害的产品，经制假售假团伙发往湖南等全国十余省，仅湛江、广州、山东三地涉案金额已近 2000 万元，全链条案值上亿元。[1] 可见，很多不法商家利用部分知名保健食品品牌的声誉以及消费者对这些品牌的信任，侵犯这些品牌的知识产权并假冒这些品牌的产品进行销售。他们通过对品牌保健食品进行制假售假欺骗消费者，进而扰乱保健品市场秩序，影响了部分保健食品品牌的名誉。

七、网售保健食品监管架构不畅通

目前网售保健食品有以下几种模式：一是企业与企业之间的 B2B 商业模式，这在网售保健食品中所占份额不大；二是企业直接面对个人的 B2C 商业模式，具体又分为综合类网站、保健食品专业网站、网上药店、保健食品企业自建网站几类，属于大众经常采用的模式；三是个人对个人进行销售的 C2C 模式；四是微信购物模式，借助微信这一平台，可以实现上述三种模式的结合，微信小程序、朋友圈等就是典型表现。

传统问题一旦与上述四种销售模式结合起来，就会出现新的变化和监管空隙。以微信朋友圈中的保健食品售卖为例，该模式的售卖就存在多种虚假

---

〔1〕 "'康宝莱保健品'制假售假案告破，制假团伙边生产边试吃，有点感人呐"，载搜狐网，http://www.sohu.com/a/210749477_ 658746，最后访问日期：2021 年 9 月 14 日。

宣传方式。传统保健食品虚假宣传需要各种载体，包括口头宣传、印制发放传单、媒体广告发布等。但是朋友圈售卖保健食品的虚假宣传十分简单，只需拍几张照片，加上几句宣传语，就可以实现对大量用户的覆盖。这种宣传方式的时间成本、人力成本都低到可以忽略不计。更重要的是，脱逃也十分容易，朋友圈删除之后，表面上的证据就此消失。这种行为除非触犯刑法并由公安机关进行侦查，否则仅靠市场监督管理局的调查取证，很难拿到相对人虚假宣传的证据。而且由于朋友圈售卖保健食品的封闭性，不管是侦查还是调查取证都困难重重。有些微商甚至已经学会了打擦边球，让客户通过红包发送价款，而且没有备注加以说明。即使有上下文对话，也都是语义模糊的对话，在很大程度上可以混淆视听。[1]

网售保健食品监管架构不畅通具体表现为：

第一，法律规范与现实不相适应。虽然在 2016 年国家食品药品监督管理总局已经出台了《网络食品安全违法行为查处办法》，但是仍然面临法律规范零散的问题。除此之外，与网售保健食品市场综合监管关系紧密的法律规范有《中华人民共和国刑法修正案（八）》《行政许可法》《行政处罚法》《食品安全法》《中华人民共和国电子商务法》《食品安全法实施条例》等。法律规范的零散分布是其与现实不相适应的第一点表现。法律规范与现实的不相适应还表现在责任的畸轻上：首先是刑事责任。到目前为止，刑法及其修正案中并未对网络保健食品交易第三方平台设定相应的刑事责任，对网络保健食品交易第三方平台缺乏刑事法律的威慑力。其次是行政责任。《食品安全法》中的行政处罚力度与违法者对消费者和公共利益所造成的损害之间并不成正比。

第二，执法关键节点失守。首先需要解决的是市场监督管理体系内部的问题。我们可以将市场监督管理执法区分为六个阶段，分别为：发现线索、确定主体、明确管辖、调查取证、抽样取样和处罚执行。在互联网与保健食品销售结合的背景下，这六个阶段分别产生了特殊的变化，原有的行政执法模式已经出现监管空隙，关键节点失守。[2]具体表现为：其一，在发现线索

〔1〕 "'朋友圈'买保健品：售后难套路多"，载新华网，http://m. xinhuanet. com/food/2018-12/17/c_ 1123862382. htm，最后访问日期：2019 年 5 月 30 日。

〔2〕 胡景山："网售保健食品监管打出'组合拳'"，载《医药经济报》2014 年 10 月 24 日，第 A03 版。

阶段。当互联网与保健食品销售结合之后，尤其是类似于朋友圈购物这种封闭购物形式出现之后，发现线索变得异常困难。公开媒介上再难看到有些保健食品的宣传，取而代之的是口耳相传和封闭营销。除非已经受骗的受害者进行举报，否则市场监督管理部门很难发现相关线索。其二，在确定主体阶段。行政执法过程中最重要的是要找到正确的行政相对人，确定主体起到的就是寻找正确的行政相对人的作用。但是由于目前网络的鱼龙混杂，仅靠市场监督管理部门的调查权限，很难确定出具体的行政相对人。其三，在明确管辖阶段。由于网络的虚拟性和全域性，行政执法非常有可能出现几大地区都拥有管辖权，甚至还可能出现跨国管辖的问题。九龙治水是行政执法中最怕出现的问题。权责不明就会导致消极怠工情况的出现。市场监督管理系统内部的九龙治水，就足以对网售保健食品监管产生相当大的不利影响。当保健食品制造地、销售地、消费者所在地、实体店所在地等同时存在，到底以哪个地点确定属地管辖就成了另一个需要讨论的问题。[1]2016年《网络食品安全违法行为查处办法》抓住了互联网保健食品交易的特点，将行政执法中的管辖地点做出了合理分界，如表1所示：

表1

违法行为	管辖主体	管辖原则
网络食品交易第三方平台提供者的食品安全违法行为	网络食品交易第三方平台提供者所在地县级以上地方食品药品监督管理部门管辖	违法主体住所地
网络食品交易第三方平台提供者分支机构的食品安全违法行为	网络食品交易第三方平台提供者所在地或者分支机构所在地县级以上地方食品药品监督管理部门管辖	违法主体住所地
入网食品生产经营者的食品安全违法行为	入网食品生产经营者所在地或者生产经营场所所在地县级以上地方食品药品监督管理部门管辖	违法主体住所地或者违法行为发生地

---

〔1〕　蔡锟："达晓视点 | 食品药品网络违法行为查处的地域管辖分析"，载 https://mp.weixin.qq.com/s/me4ZGeo6UmwJY3ciYEx64A，最后访问日期：2019年9月14日。

续表

违法行为	管辖主体	管辖原则
应当取得食品生产经营许可而没有取得许可的违法行为	入网食品生产经营者所在地、实际生产经营地县级以上地方食品药品监督管理部门管辖	违法主体住所地或者违法行为发生地
因网络食品交易引发食品安全事故或者其他严重危害后果	可以由网络食品安全违法行为发生地或者违法行为结果地的县级以上地方食品药品监督管理部门管辖	违法主体住所地、违法行为发生地、违法结果发生地
消费者因网络食品安全违法问题进行投诉举报	网络食品交易第三方平台提供者所在地、入网食品生产经营者所在地或者生产经营场所所在地等县级以上地方食品药品监督管理部门处理	违法主体住所地或者违法行为发生地

在现有的条件下,《网络食品安全违法行为查处办法》已经尽量在适应互联网保健食品市场监管过程中的新情况和新问题。但是《网络食品安全违法行为查处办法》还存在着一个致命问题:与上位法《行政处罚法》存在着原则冲突,有违反上位法的嫌疑。其四,在调查取证阶段。调查取证的过程中需要解决的第一个问题就是如何查实店主的真实销售情况。如果要对相对人进行处罚,行政机关需要提供相对完整的证据链条。其中真实销售情况与处罚的轻重之间存在着紧密的因果关系。即使能够确定相对人,相对人也很难说出真实的销售情况,而第三方平台也很可能不配合。即使网站提供有关信息,也还需要消费者的配合,才能进一步证实交易的真实性,以防止店主辩称账户被盗、为提升信用而虚假交易。然而消费者遍布全国,数量庞大,取证非常困难。[1]其五,在抽样取样阶段。抽样取样中面临的问题就是巡查的总量过于庞大,如何设计出符合统计学理论的抽样取样牵扯到了太多的因变量和自变量。想要有效地进行巡查,必须解决抽样的问题。其六,在处罚执行阶段。处罚执行难依附于确定主体难的问题。只要能够确定到相对人,处罚的执行也就相对容易。但是,由于互联网保健食品交易的虚拟性,销售者

---

〔1〕 钱太高、徐崧:"网络平台销售假冒保健食品执法困境及对策",载《中国食品药品监管》2014 年第 9 期。

没有经营地址、固定资产，只能采取强令取缔、教育劝导的方式，无法彻底遏制其违法行为。同时，各部门之间的协同合作不顺畅，也会使违法者有机会逃脱。[1]

八、保健食品跨境电商监管机制欠健全

保健食品跨境电商，广义是指跨境经营保健食品的电子商务平台，狭义则是指跨境经营保健食品零售业务的电子商务平台。公民生活中经常接触到的就是狭义的保健食品跨境电商，亟须监管的也是这类电商平台。

保健食品跨境电商数量近年来快速增长，随之而来的问题也疯狂发酵。

第一，保健食品跨境电商数量上升。北京中研产业研究院发布的《2019—2025 年中国跨境电商行业深度研究与投资战略咨询报告》统计数据显示，2018 年我国跨境电商企业数量已经达到 675 426 家，而 2012 年我国跨境电商企业数量仅有 143 974 家，数量增长十分明显。其中，保健食品跨境电商企业数量上升明显。之前由于《跨境电子商务零售进口商品清单》中要求保健品品类中的维生素、钙产品以及鱼油等货品符合《保健食品注册与备案管理办法》中推行的注册备案双轨制（即对使用原料目录以外的保健品和首次进口的维生素、矿物质除外的保健品，实行注册管理，其余采用备案制），从事保健食品跨境零售业务的电商平台数量有所减少。电子商务法的出台，规范了个人代购，要求其进行工商注册并依法纳税，因而个人代购的成本迅速提高，从事保健食品跨境电商业务的平台数量有所上升。同时，根据网经社旗下社会智库电子商务研究中心发布的《2018 年度中国进口跨境电商发展报告》，截至 2018 年 12 月，公开途径披露的大宗融资的跨境电商平台就有 13 家，其中不乏持有资金数量大、模式新的新晋平台加入进来，譬如"宝妈环球购"和海拍客、海带宝。

第二，保健食品跨境电商平台逐渐形成三级梯队。平台数量上升的同时，内部优胜劣汰的竞争也在进行，部分中小平台在资本竞争中成了牺牲品。目前国内跨境电商平台的三级梯队基本形成，第一梯队居于领头羊的位置，资本聚集的效应逐步显现。网易考拉、海囤全球、天猫国际是典型代表。这类

---

〔1〕 胡景山："网售保健食品监管打出'组合拳'"，载《医药经济报》2014 年 10 月 24 日，第 A03 版。

平台依靠高规模和大量现金流，不断地巩固自己的市场位置。第二梯队则以洋码头、小红书等为代表，资金不是最充足的，靠着在熟悉的领域精耕细作开始崭露头角，但是与第一梯队相比，资金和国内渠道仍然是他们的弱点。第三梯队则是以蜜芽、贝贝等为代表的平台，这类平台以母婴论坛起家，通过大家交流开始逐步出现了海淘需求，平台顺势而动，开始经营保健食品跨境业务，但主要以母婴类为主。

在国外，跨境电商平台同样品类丰富，有第一梯队的传统老牌跨境电商平台，也有最近新建立的位于第二或者第三梯队的平台。随着国内消费者文化素质的提升以及国外平台中文版网站和直邮服务的推出，这类平台也成为消费者的选择之一。尤其是部分小众保健食品在国内平台被采购的概率并不大，这类平台对于小众用户是不可或缺的选择。

第三，保健食品跨境电商交易额不断增长。根据网经社旗下社会智库电子商务研究中心发布的《2018 年度中国进口跨境电商发展报告》，2018 年，中国跨境网购用户最爱购买品类 TOP10 中，保健品占有一席之地。这一趋势一直保持，2016 年、2017 年的前十位中也有保健品的身影。随着总量和占比的提升，保健食品跨境电商交易额不断增长。

保健食品跨境电商监管存在的主要问题表现为：

其一，对海外跨境电商平台监管的忽略。由于网络的虚拟性和全域性，行政执法中可能出现几大地区都拥有管辖权，甚至还会出现跨国管辖的问题。目前非常多的海外跨境电商已经将中文添加到官网的语言选项中，这些网站的服务器位于国外，有的在国内有实体存在，但还有一些几乎没有实体存在，如何进行执法就成了摆在市场监督管理部门面前的另一大难题。国外海淘保健食品已经成为年轻人购物的一大新选择，对这一领域的监管需要市场监督管理部门发挥监管智慧，同时也需要行政法和国际法的专业人才提供支持。

其二，对国内外产品的不同等监管。这一问题则更多地体现在针对国内的保健品牌的广告监管和国外不同等上。同等原则是国际法和民事诉讼法中都有的原则，其所强调的就是中国公民或者法人、非法人组织和外国公民或者法人、非法人组织在我国应当具有同等的地位，能够被同等对待。《广告法》的修订和执行对国内保健品生产、销售和服务提供者的限制非常严格。其中第 17 条规定："除医疗、药品、医疗器械广告外，禁止其他任何广告涉及疾病治疗功能，并不得使用医疗用语或者易使推销的商品与药品、医疗器械相混淆的用语。"但是在某些电商网站中，国外保健食品的这类宣传随处可见，更有甚者直接在产品广告上载明预防和治疗某些疾病的字样。《广告法》第 18 条第 1 款明确列出了六项在保健食品广告中禁止出现的内容："……（一）表示功效、安全性的断言或者保证；（二）涉及疾病预防、治疗功能；（三）声称或者暗示广告商品为保障健康所必需；（四）与药品、其他保健食品进行比较；（五）利用广告代言人作推荐、证明；（六）法律、行政法规规定禁止的其他内容。"与此同时，第 18 条第 2 款还要求保健食品广告应当显著标明"本品不能代替药物"。在国内某些知名跨境电商平台中进行检索会发现，国外保健食品广告几乎触碰了所有的禁止性规定。以澳大利亚品牌"Life Space"益生菌在天猫国际的宣传为例，其在产品广告中宣传了预防和治疗的效果（缓解胃酸、缓解乳糖不耐受）、利用代言人宣传（专家说……）、暗示广告商品为保障健康所必需（益生菌失衡可能导致的后果有血糖异常）等。在国内保健食品广告中，这些都是绝对禁止出现的宣传，一旦触犯，广告主、广告经营者和广告发布者都会遭到严厉的惩罚，甚至会因此失去今后发布保健食品广告的机会。但是截至 2019 年 8 月 1 日，天猫国际 Life Space 旗舰店中这样的广告依旧存在。

第二节　保健产品市场现状及问题

我国保健产品尚无统一的概念界定，也缺乏明确的分类标准。本书所称的保健产品是指基于保健目的，供人们生活使用的，具有调节人体机能和促进健康等特定功能的产品。保健产品种类复杂多样，可以将其分为三大类型：一是电子电器类保健产品，包括理疗器具、空气净化器、保健按摩椅等；二是食品接触类保健产品，包括净水机、保健电养生壶、理疗杯等；三是穿着类保健产品，包括保健服装、保健鞋等。保健产品是保健市场的重要组成部分，国内消费市场需求旺盛，但也显现出诸多乱象。

一、产品质量和卫生安全无法保证

《产品质量法》第 12 条规定，产品质量应当检验合格，不得以不合格产品冒充合格产品；第 13 条同时规定，禁止生产、销售不符合保障人体健康和人身、财产安全的标准和要求的工业产品。

但中国的保健产品标准体系建设尚不完善。截至目前，保健产品还没有统一的国家标准和产业标准，而基本采用企业标准。在标准不统一的情况下，产品质量达标也无从谈起。这就给了一些不法商人可乘之机，生产的产品质量和卫生安全没有保证，缺少功效鉴定，甚至假冒伪劣。比如，相关机构对保健产品企业提供的生产标准进行卫生审查时发现，很多企业的生产标准缺少卫生要求，卫生管理人员和从业人员大都没有进行过健康检查和卫生知识培训，更谈不上基本的卫生检验设备，所出厂的产品仅做了一些技术指标的检验，保健产品的卫生质量根本得不到保障。

2019 年，宁夏回族自治区市场监督管理厅对全区保健类相关产品质量开展专项监督抽查，抽查保健类相关产品共 89 批次，其中合格产品 67 批次，不合格产品 22 批次，不合格发现率达到近 25%。嘉兴市南湖区市场监督管理局对全区 6 家保健用品生产企业开展保健用品产品质量专项抽检，其中 4 家企业检验结果不符合要求，占比高达 66.7%。

二、违法广告宣传泛滥

《中华人民共和国反不正当竞争法》（以下简称《反不正当竞争法》）第 8 条规定，经营者不得对其商品的性能、功能、质量、销售状况、用户评价、曾获荣誉等作虚假或者引人误解的商业宣传，欺骗、误导消费者。

但实际上，保健产品不法经营者常常利用会议营销、散播传单、现身说法、虚构认证、假冒专家等方式进行虚假或误导宣传。一方面是广告虚假宣传泛滥。很多保健产品企业在宣传上夸大其词，甚至名不副实，有些在名称中使用"神""魔""超级""特效"等字眼；有些自称是所谓的"宫廷秘方""祖传秘方"或"最新科技成果"等，而实际上并非如此；有些保健产品在宣传中采用模糊手法，如在产品上仅仅标有医科大学医学院监制，但不标明医科大学的名称；有些厂家在宣传中对专家的评审意见断章取义；还有些保健产品明明是国产，却用外文标上某某国生产，冒充进口；等等。[1]另一方面就是广告误导宣传严重。以"火热"的会议营销为例，保健产品企业抓住老年人往往爱图小便宜、缺少亲情关怀等心理因素，打着所谓的认爸认妈、爱心义诊、免费讲座、附赠小礼品等旗号，吸引老年人参加产品推介会，或者现

---

〔1〕 金银龙等："保健用品应尽快实施法制化管理"，载《中国卫生监督杂志》1996 年第 4 期。

场邀请所谓的"专家"讲述产品功效，开展"一对一"的"诊疗"服务，解读老年人体检报告，故意夸大体检结果的严重性，引诱老年人购买保健产品。而此类会销往往开会地点隐蔽、变化频繁，取证难、查处难，极易成为监管盲区。

2019 年，黑龙江省市场监督管理局依法打击整治向老年人欺诈保健产品违法行为专项行动，清理虚假宣传信息 174 条。其中，市场监督管理局联合公安局共同出动 30 余名执法人员，一举抓获以销售饮水机进行虚假宣传的团伙。该销售组织十分严密，还特邀了所谓的"健康专家"，该专家声称是国家饮水安全工程委员会委员，以健康讲座为名，以赠送、免费安装饮水机为噱头，诱导消费者听讲座，并无限夸大饮水机的作用，号称使用后可以达到促进人体酸碱平衡，具有排毒养颜的效果，同时还能改善心脏病、糖尿病、高血压、胃溃疡等疾病，以此进行欺骗和误导消费者。截至 2019 年 3 月 14 日，在全国保健市场乱象"百日行动"各地查处的各类案件中，虚假宣传及虚假广告案件数量占比最高，两类案件共立案 2531 件，占比 38.7%。

三、传销活动扰乱市场秩序

我国《直销管理条例》与《禁止传销条例》明确将传销作为一种违法行为，受到行政部门严格监管。《中华人民共和国刑法修正案（七）》中增设了"组织、领导传销活动罪"，以刑事犯罪的方式加大对传销活动的打击力度。

然而，现实情况是，部分保健产品企业常常打着"直销"的名义，以"多层次销售"为幌子，进行非法"传销"，使得保健产品市场常常成为传销组织活动的重灾区。2019 年 1 月 30 日，国家市场监督管理总局公布的保健市场典型案例中，河北省邯郸市查处福修康养生体验会所在邯郸市永年区、邢台市南和区等地，通过组织招商会等方式，宣传公司销售的内衣产品"含有 20 多种海洋功能因子和 50 多种植物功能因子，能有效促进人体的新陈代谢和抗衰功能"等，诱使人员购买。消费者购买内衣后会在会所提供的微信公众号中注册成为会员，并按照相互推荐加入的先后顺序形成上下级关系，将每个会员直接或间接滚动发展的下级人员的业绩作为依据计算和给付报酬，实际上借推销保健产品的名义开展"拉人头"的传销活动。截至 2019 年 3 月 14 日，在全国保健市场乱象"百日行动"各地查处的各类案件中，违规直销和传销案件案值和罚没款最高，案值高达 49.54 亿元，占比 63.6%；罚没款

1.94亿元，占比高达72.4%。

四、审批文号管理混乱

虽然针对保健食品、医疗器械等专门产品有相应的法规，但对广义的保健用品还没有全国适用的专门的法律法规，只有少部分省份出台了相关的地方性法规和规章，如《陕西省保健用品管理条例》《贵州省保健用品管理办法》《黑龙江省保健用品卫生监督管理规定》（已失效）、《吉林省保健用品生产管理办法》（已失效）等。现行的法律体系中缺乏统一的法律法规来明确保健产品的执法主体及保健产品的法定概念，这在一定程度上也造成了中国保健用品产业监管上的困难。

在一些省份的保健产品市场调查中发现，很多保健产品根本就没有卫生许可证或批准文号，部分有审批发证的产品管理也比较混乱，存在多头管理和乱发证现象。而保健产品厂家认为只要有一个批准文号，就相当于有了尚方宝剑，开展无证经营。一些企业甚至对批准文号的有效期、检验报告日期任意涂改，在高利润的驱使下，堂而皇之地违法生产和经营假冒伪劣产品。

五、监管手段过于单一

我国的保健产品监管一直强调政府主导，然而从实践来看，单一的行政手段使监管工作存在很大的漏洞。保健产品市场监管具有复杂性，现有违法行为更加隐蔽，证据难以保存，行政部门执法往往存在取证难、查处难的问题。一些经营者为了"避风头"，采取暂时关门歇业、转移经营场所、转入地下经营等方式，查处难度加大。同时，作为普通民众，尤其是老年人对保健市场的认识还有待进一步提高，老年人容易被小恩小惠诱惑的心理基础在短期内难以消除，甚至形成执法办案的阻力。加之保健市场领域广、商品类别多、违法行为复杂、专业性较强，特别是随着新业态、新问题发展变化迅速，一些违法行为人行走在法律的边缘，穿着合法的外衣掩盖侵害百姓权益、牟取不正当利益的本质，逃避法律规制。因此，单靠政府部门已很难适应市场监管的需要，必须充分发挥社会共治的作用。然而，目前企业自治意识还较为薄弱，行业自律作用尚未充分发挥，社会监督力量还有待加强，共建、共治、共享的全社会共同参与的局面还需进一步推进。

第三节　保健服务市场现状及非医疗机构提供保健服务所存问题

根据中国保健协会在《中国保健服务产业发展报告》中对保健服务的定义，保健服务是指在固定场所或者由有合法资质认证的专业人员运用技术、手法、产品、知识等手段，以一定的行为和方式提供以达到改善体质、预防疾病、辅助医疗、促进康复、调整人体机能等目的的一系列服务。提供上述服务的都可以纳入保健服务市场里。在中国，保健服务在很多方面都和中医养生保健服务联系在一起，中医养生保健服务在保健服务市场占据了比较大的比例。因此，本部分主要以中医养生保健服务为研究中心。

中医养生保健服务，是运用中医药（民族医药）理念、方法和技术，开展的保养身心、预防疾病、改善体质、增进健康的活动，包括非医疗机构和医疗机构提供的相关服务。中医养生保健文化历史悠久，理念上注重人与自然、社会的和谐统一，服务内容丰富，手段方法多样，效果明显，作用独特。在2018年6月15日，国家中医药管理局办公室发布的《中医养生保健服务规范（试行）》（征求意见稿）第2条中，对中医养生保健服务的定义表述为"是指在治未病理念主导和中医药理论指导下，运用中医药技术方法，开展的保养身心、预防疾病、改善体质、增进健康的活动，包括非医疗机构和医疗机构提供的相关服务。"

近年来，随着经济社会的发展进步，人们的生活水平不断提高，健康意识也逐步增强，健康观念逐步改变，中医"治未病"理念和养生保健实践受到了前所未有的关注。"社会养生热"持续升温，并展现出了广阔的发展前景。但是在快速发展过程中，养生保健服务市场也存在不少问题。

第一，医疗机构提供中医养生保健服务现状。国家中医药管理局于2007年启动了治未病健康工程，通过各种形式的宣传推广，提高社会对治未病的认知度和认同感；在全国先后确定了173个治未病预防保健服务试点单位、65个治未病预防保健服务试点地区，进而开展试点工作；出台了一系列指南、标准和规范，指导中医医院、基层医疗卫生机构规范开展治未病服务，开展区域治未病服务体系建设。近年来，在普遍要求二级以上中医医院建立治未病科的基础上积极争取中央财政支持，开展中医治未病服务能力项目建设，完善了中医医院治未病科建设，并将服务拓展至基层，一定程度上满足了群众对中医养生保健服务的需求。在卫生健康行政部门和中医药管理部门的监督管理下，医疗机构开展的中医养生保健服务比较规范、安全。

第二，非医疗机构提供中医养生保健服务现状。近年来社会养生保健机构快速发展，对促进我国健康服务业发展发挥了积极作用。据中国保健协会2012 年《保健蓝皮书：中国保健服务产业发展报告 No.1》统计，我国大大小小的保健服务企业总数已达 140 余万家，相关链条产业 300 余万家，从业人员 3700 余万人，大多数保健服务机构运用了中医养生保健的理论及其方法服务百姓。

为加强对社会性质中医养生保健机构的引导和规范，促进中医养生保健事业健康发展，国家中医药管理局自 2009 年起组织起草《中医养生保健服务机构基本标准》，形成《中医养生保健服务机构基本标准（试用稿）》，于2012 年起在全国选择了 23 个地区开展社会性质中医养生保健机构规范管理试点工作，在 2013—2014 年中央财政支持开展的中医治未病服务能力建设项目单位所在地区开展此类机构调查摸底及规范管理探索工作。2010 年底，中华中医药学会发布膏方、艾灸、穴位贴敷等 8 个中医养生保健技术操作规范，国家中医药管理局亦组织专家筛选了第一批五大类 23 种适用于非医疗性中医养生保健机构使用的中医养生保健技术，为非医疗性中医养生保健机构规范开展服务提供技术支撑。2016 年 1 月，国家中医药管理局出台了《关于促进中医养生保健服务发展的指导意见》（以下简称《指导意见》），对中医养生保健机构建设、服务内容及禁用项目等提出了明确的指导性意见。2018 年 6月，国家中医药管理局办公室发布了《中医养生保健服务规范（试行）》（征求意见稿）（以下简称《规范》），促进和规范中医养生保健服务发展。《规范》在《指导意见》基础上，以"服务"为核心，结合已积累的有关工作经验，对既往已明确或有共识的要求进行了集中梳理，围绕中医养生保健服务提供的要素进行了明确规定和细化。《指导意见》侧重于宏观指导，《规范》重在具体化、可操作、能监管。

地方也积极探索加强中医养生保健机构规范管理的方法、途径、机制和模式。部分地区成立了中医药养生保健协会，制定了管理办法，加强对辖区内中医养生保健机构负责人和从业人员的培训，在规范服务标准、促进行业健康发展方面进行了积极的探索。部分地区卫生健康行政部门和中医药管理部门通过积极协调，将中医养生保健机构准入纳入地方性法规和行政许可项目,联合工商、公安、社保、物价、广电等部门整顿规范中医养生保健和中医美容市场。部分地区依托行业组织对中医养生保健机构开展星级评定,通过行业自律模式进一步促进中医养生保健的标准化和规范化。

当前,非医疗机构提供中医养生保健服务主要存在八个问题。

一、政策法律体系不健全

虽然近年来我国保健服务市场在政策法规制定方面取得了长足的进展,但是尚未在全国范围内形成一个完整的保健服务政策及法律规范体系。总体来看,保健服务领域的政策与法律体系还不健全,特别是有关质量和安全方面的政策法律规范存在较大的空白。虽然有如《保健服务通用要求(GB/T 30443-2013)》等国家标准对保健服务项目设置、从业人员、管理制度、场所设施的基本要求作了规定,还规定了对于如保健按摩等特殊服务类型的技术规范,但都仅是原则性规定,对于具体的安全和质量标准则无统一规范,特别是对于违法或违规服务的法律责任未有明确的界定。而有关如《公共场所卫生管理条例实施细则》等上位法自多年前修改后至今未有新的修订,没有法律文件支持卫生行政部门介入保健机构,从而使保健服务安全与质量缺乏有效规范,导致保健机构违法成本低、消费者维权难等后果。因此也使得保健服务产业发展相对"自由",市场秩序混乱。尤为突出的是,由于保健服务相关行业目前缺乏严格、规范的认定和准入标准,不少投机分子趁机牟利,严重影响了整个产业的信誉。比如,从国内水疗(SPA)市场的情况看,由于缺乏相应的认定标准,一些并不具备相应技术、设备和专业人员的美容机构也在推出 SPA 服务,并用较低廉的价格来吸引消费者,有的美容机构甚至还利用消费者对 SPA 的好奇心和追逐时尚的心理,将 SPA 的功效过分夸大。

二、准入门槛低

相比于保健食品产业的严格审批机制来说,保健服务在准入门槛方面较低。工商部门企业注册登记主要依据国民经济行业分类来具体划分各行业,而目前国民经济行业分类中无养生保健服务行业。因此,社会办提供养生保健服务的非医疗机构在工商部门注册登记时,注册类别中亦无养生保健序列,也就没有此类机构专门的注册标准。此类机构只要有明确的注册地址和规范的注册名称即可在工商部门注册登记。提供养生保健服务的非医疗机构主要为工商注册登记的企业，机构设立、登记的行业前置审批仅卫生许可证一项，缺少保健专业资质审查，对提供养生保健服务的专业人员、设备设施、相关的规章制度都没有专业方面要求。市场准入门槛低导致此类机构数量众多，服务水平参差不齐。

三、从业人员专业素质不高

保健服务是一个新兴产业，专门的人才培训学校较少，从业人员多数从外行转入，其中相当一部分人员只经过临时的内部培训，缺乏专业的管理和技能，相关职业教育也还存在质量不高、针对性不强和吸引力不足等问题，与我国当前保健服务产业快速发展的需要不相适应。虽然《保健服务通用要求》规定保健服务技能人员应当具备国家相关部门颁发的保健技能培训证书，但实践中的从业人员大多只需取得健康证就能上岗，缺少对其专业背景和职业资格方面的严格要求。持证方面大多数是健康合格证、卫生知识培训合格证或者人力资源和社会保障部颁发的其他职业资格证书等。通过对重庆市南岸区养生保健机构 2021 名服务人员的从业培训调研发现，从业人员中大多仅经过短期的机构内部培训，培训内容多为卫生知识和中医养生保健介绍，实践中需要的知识更多依赖于养生保健机构"前辈"的临时指导；从业人员文化层次低，初中学历及以下约占 76%，远达不到相关标准[1]。由于培训制度方面的不完善，保健服务行业从业人员人才较为匮乏。

四、超范围经营或夸大、虚假宣传现象严重

实践中，工商行政部门的标准对养生保健行业市场准入限制较低，总体上各保健服务机构素质不高，中医药服务与中医养生保健服务不仅在名称上常常出现混用，社会办养生保健服务机构"搭便车"行为更是盛行。在不具备中医药服务的资质和组织称谓的情况下，社会办机构却实质上提供了中医药服务[2]。调查显示，在北京一条几百米长街道上的保健服务机构中，实际

---

〔1〕 蚑怡："中医养生保健服务机构监管问题研究"，载《中国卫生政策研究》2017 年第 7 期。

〔2〕 牛田园、张博源、赵晓佩："中医养生保健服务的法律规制"，载《中国医学伦理学》2019 年第 3 期。

从事养生保健的机构有 20 余家，但工商注册经营范围与实际经营项目相符的仅 3 家。此外，一些保健服务机构通过健康讲座等形式，采取刻意隐瞒、混淆等手段，对外宣传自身服务具备治疗疾病及提高生理机能等功效，借此高价收取服务费，其行为构成夸大或虚假宣传；一些保健服务机构还将普通营业项目包装成效果很好的中医养生保健服务项目，蒙骗顾客；一些在保健服务机构从业的所谓"专家"，打着中医的幌子，以"养生大师"的名义出现在公众面前，招摇撞骗，欺诈、误导消费者；有的从业人员甚至使用危及人身健康和安全的方法或手段吸引消费者，最终引发纠纷和消费者投诉。[1]

五、"非保健服务主体"行为不端

对于保健服务市场混乱的问题，较大一部分原因不是来自保健服务主体自身的因素，而是来自一些"非保健服务主体"因素。他们打着"保健服务"旗号而实际上却违法乱纪，最终由"保健服务"主体背上了"藏污纳垢"的黑锅。在过去，保健服务行业发展极不规范，许多不法分子利用保健行业的低门槛进行色情、赌博等违法行为，这也一度给民众留下了保健服务低俗、色情的不良印象。需要明确的是，这些主体行为不端带来的问题不是保健服务市场自身的问题，也不是通过保健服务市场"自身净化"所能够解决的。这些不端行为已经转化为破坏社会秩序的违法犯罪行为，需要司法机关的介入，来彻底清除该"毒瘤"，归还保健服务市场一个干净的环境。近年，伴随着规范的制定、整治力度的加大，保健服务行业"干净"了许多。但是在个别地区，一些小型保健服务场所仍然进行着"挂羊头、卖狗肉"的违法行为，关于警方抓获"藏污纳垢"风月保健会所事件的报道还时常在新闻中出现，这些场所应当成为司法机关进一步精准打击的主要对象。

六、保健服务监管机制未建立健全

保健服务产业监管职责不够明确，存在一定程度的监管缺位问题。由于中医健康养生保健服务范围广，涉及的管理部门多是卫生、工商、质检等部门，多头监管，无法形成权威科学的全面监管体系，使得监管的效果大打折

---

〔1〕 胡凌娟等："中医养生保健市场存在的问题及监管模式"，载《中国医药导报》2014 年第 30 期。

扣。没有一个主管部门来牵头统筹管理，既是多头管理，又是无头管理。例如，卫生部门按照有关法规监管从业人员的健康、美容院卫生条件与设施以及工具的消毒情况；工商行政部门只负责核发工商营业执照，并就经营范围进行监督；质检部门和食品药品监督部门则主要对美容院的产品进行监督。监管主体不明确，缺乏对养生保健服务的专门监管。由于养生保健服务机构存在卫生部门监督管理的盲点，对于保健机构侵害消费者权益的事件或对许多非法行医的行为都是事后监管，这些侵权违法行为已经影响整个保健服务行业的声誉。

此外，中医养生保健服务治理落实推动体制不顺。如"严厉查处以'保健'为名开展的各种违法违规行为"由中医药主管部门来牵头推动就面临着体制受限的问题。一方面，市区两级中医药管理机构不健全，缺乏执法权力；另一方面，中医药管理机构只负责对医疗机构的医疗执业行为进行监管，"养生保健服务场所"不在其监管之列，监管工作难以全面覆盖保健服务市场。

七、中医养生保健服务不丰富且提供方式混乱

由于部分中医技术（如推拿、拔罐、刮痧等）具有双重属性，既可适用于医疗服务领域，又能应用于养生保健服务领域，两者之间很难明确划分。目前有关"已病""未病"的界限划分也不明晰。安全、有效的中医养生保健服务技术和服务产品种类较少，服务手段有限，缺乏行业普遍认可的操作规范和技术标准。各类中医养生保健服务提供机构大多根据自身的理解，运用有关技术，制定服务项目，产品形式五花八门，缺乏统一规范。

八、中医养生保健服务产业化程度较低

中医养生保健服务产业化程度较低，与其他相关产业的融合度不够。中医养生保健服务行业目前处于各自为政的状态，多数企业生存困难，没有形成行业规模化发展的凝聚力。旅游、金融、保险、体育、文化、食品等相关产业与中医养生保健服务产业之间缺乏结合点，服务形式单一，难以形成综合服务或跨界服务模式。

保健市场乱象产生的主要原因分析

　　虽然保健食品市场、保健产品市场和保健服务市场产生的问题各异，但是究其原因，存在的共性原因远远多于某一领域的个性原因，均与政策法律规范、市场激励和淘汰机制不健全，缺乏行业标准、监管理念、监管体制、监管模式、法律责任、生产经营者和消费者的价值认知等因素密切相关。因此，本章主要从共性原因出发，采取"提取公因式"法来剖析保健市场乱象频发的主要原因，不再细分保健食品市场、保健产品市场和保健服务市场等各领域问题产生的原因。

第一节　法律法规标准等制度欠健全

一、保健市场定义模糊

　　迄今为止，我国对保健市场没有统一的界定，相关概念模糊，导致保健市场的内涵、外延以及监管对象范围不确定，给监管带来了很多阻碍。以保健食品为例，我国法律规定，保健食品是声称具有特定保健功能，或者补充微量元素和维生素，不以治疗为目的，不产生任何的急性、亚急性或者是慢性的危害的食品。但由于中国人深受"食药同源"等传统观念影响，保健食品定义中一旦提及"适用于特殊的人群"，就很容易让人联想到身体不适的病人，对保健食品产生如药物一样的依赖情绪，加之一旦被某些不良商家利用，乘机模糊保健食品与药品的功效，肆意夸大保健食品保健效果，明示或暗示其具有疾病预防、治疗功能等误导和欺骗消费者时，消费者就很容易上当受骗。

二、有关国家标准缺乏

　　缺乏科学合理的国家标准是导致保健市场鱼龙混杂的又一因素。就保健食品而言，我国将保健食品本质上界定为食品，属于具有保健功能的特殊食品，但就中国目前的食品安全标准看，不论是地方标准抑或是国家标准，更加关注的是普通食品的安全因素和营养成分等一般标准，缺乏针对保健食品这一特殊食品有关其特殊功效成分的专门标准（包括地方标准、国家标准）[1]，导致对保健食品监管缺乏针对性。就保健产品而言，目前保健产品产业仍然缺乏国家标准与行业标准，保健产品大多采取企业标准进行生产，使得产品进入市场的门槛较低，产品良莠不齐，同时导致产业监管政出多门现象时有发生，难以有效开展监管。

此外，在保健类产品标准体系建设中，如果仅仅有法律上"国家鼓励食品生产企业制定严于食品安全国家标准或者地方标准的企业标准"的表述，而没有具体的政策来支持企业提高企业标准，企业不会主动向国家标准或地方标准靠拢，也不会有提高企业标准的积极性。[2]

三、法律惩处机制不完善

目前，我国立法对保健企业违法行为惩罚力度有限。首先，我国保健企业法律责任较为单一，缺乏有效性和震慑力。目前我国对保健食品的法律规制对象大多限于保健食品本身或者广告行为，一般承担行政责任和民事责任，而这两种责任处罚力度也较轻，对于一些获利巨大的保健品欺诈案震慑力远远不够。[3]其次，当前法律规制大多系宣示性条款，缺乏实务操作性。例如，《保健食品注册与备案管理办法》对保健食品的夸大性宣传作出了禁止性规定，但在法律责任部分并未提及具体的责任承担方式，难以产生实质性的约束力。最后，处罚力度不够，违法成本低。事实上，我国近些年来对保健食品安全与管理制定和颁布了多部法律法规和技术规范，如《食品安全法》《保健食品检验与评价技术规范》（2003 年版）等，对保健食品广告、保健食品命名等各方面进行了规范。但由于立法的不完善，处罚力度仍然较轻，没有对企业到严格的约束作用。比如：现有立法对保健类产品广告违规行为通常只做停播、停止刊登和罚款的处理；对不合格保健类产品一般也只是做下架、

〔1〕 李容琴："新《食品安全法》下保健食品监管难题及其应对措施"，载《食品与机械》2016年第 11 期。

〔2〕 刘华东："我国保健食品监管问题研究"，山东师范大学 2017 年硕士学位论文。

〔3〕 韩玲、杨民："人口老龄化背景下保健品欺诈的刑法规制"，载《大连民族大学学报》2019年第 2 期。

停售、企业停业整顿和罚款的处理，既没有产品召回制度，也很少有取消产品批准文号、吊销生产许可证和按其销售所得数十倍以上罚款的严厉处罚。从经济学的意义上讲，如果违法的成本过低甚至低于守法的成本，企业违法就成为必然。[1]

四、社会信用体系建设不健全

我国保健市场整体处于发展阶段，保健类企业总体呈现出"多、小、弱"的特点，在社会信用体系不健全，守信激励、失信联合惩戒机制还未有效发挥作用，市场淘汰还不完善的情况下，部分保健企业自身法律意识不高，为了追逐利益、降低生产成本，无视法律威严，挑战道德底线，生产销售伪劣产品，任意开展误导和虚假宣传。政府各部门间协同监管力度还有待加强，信息孤岛现象仍然存在，难以有效开展失信联合惩戒，社会奖惩机制还未完全建立，导致信用记录良好的企业无法得到全社会普遍认可，失信企业尚难以形成全方面制约，优胜劣汰的市场竞争秩序还需要进一步规范。[2]

第二节 市场监管理念落后和监管体制欠科学

一、传统"重审批，轻监管"的监管思维导致事中事后监管不足

以保健食品为例，我国对保健食品的事前审批管理非常严格，从生产资质、产品质量、批文审批、销售、宣传等多个方面加以管控。尽管如此，针对声称具有保健功能的普通食品管理一直是"老大难"问题，制假售假、假冒文号、掺入药物、夸大功效等众多问题屡见不鲜。近些年来，国家相关部门为使保健类产品生产及销售规范化，共出台了相关法规超过 170 部，覆盖产品注册、认证、执行标准、生产许可、经营许可、广告审查、市场监管等多个方面。但我国对保健食品的市场监管一直实行的是"重审批，轻监管"的模式，保健食品企业审批通过后就懈怠了，后续生产、销售和宣传环节的监管力度明显不足。可以说，在监管资源的配置上，"评审批"占用了大量的

---

〔1〕 耿莉萍："当前我国保健食品市场存在的问题与监管对策"，载《食品科学技术学报》2013年第 3 期。

〔2〕 刘华东："我国保健食品监管问题研究"，山东师范大学 2017 年硕士学位论文。

资源，过多强调事前监管，但对事中和事后的监管明显不够。[1]保健市场的有效监管未能充分实现。

二、行政主导的监管体制难以适应新型保健市场监管需要

保健市场本身是一个十分复杂的监管领域，仅靠政府部门难以进行有效监管。这是因为：一是保健市场监管涉及面广，品种繁多且功能多样，再加上监管对产品质量安全、有效、质量可控的特殊要求，使得保健市场监管在生产、流通、消费等不同环节存在一定的差异性和不确定性，监管的专业性要求较高，而政府作为综合管理部门，很难适应其专业性监管要求；二是目前保健市场有关法律法规不完善，有关质量标准缺失，存在监管盲区，也给政府监管带来挑战；三是在保健行业快速发展的当下，生产企业多而乱，经营企业小而散，政府作为监管的唯一主体，所掌握的人力、财力、物力、信息显然不足以应对如此数量庞大的监管对象；四是新形势下，市场管理面对的是一种全新业态，食品安全等产业的交叉融合使得管理异常复杂，诸多市场问题突破了部门界限，超越了行业范围，跨越了政策领域，依据政府现行的部门职能划分，很难对市场问题进行明确的权属归类，任何一个政府部门都无法独立解决。[2]

三、多头管理体制造成监管混乱

保健市场销售乱象涉及多部门的监管责任，但是这一影响恶劣的法律问题的治理效果并不理想，老年人遭遇保健品陷阱的新闻依然屡见不鲜。保健市场多头管理现象主要有：

第一，《食品安全法》第78条规定，保健食品的标签、说明书不得涉及疾病预防、治疗功能，内容应当真实，与注册或者备案的内容相一致，载明适宜人群、不适宜人群、功效成分或者标志性成分及其含量等，并声明"本品不能代替药物"。尽管法律明确禁止宣传保健品具有医疗功能，但是仍有商家将保健品包装成药品欺诈消费者。保健品的市场准入、产品批号等事宜属

---

〔1〕 姜健健："保健品监管真那么难吗"，载《环球时报》2019年1月9日，第15版。

〔2〕 丁水平、林杰："市场管理改革中事中事后监管制度创新研究——构建'多位一体'综合监管体系"，载《理论月刊》2019年第4期。

于市场监督管理部门监管，而冒充执业医师做诊疗式推销却归卫生行政主管部门监管。[1]

第二，根据商务部直销行业管理网站披露的《直销管理条例》，直销企业的监督由国务院商务主管部门和工商行政管理部门共同完成，但双方的分工不同。其中，商务主管部门拥有吊销直销企业经营资质的决定权，但它的定位是信息公布平台，主要职责是跟踪直销企业的日常经营状况、公布信息和数据审核。工商行政管理部门则负责直销企业的整改、没收收入、吊销分支机构执照、罚款，对直销企业是否进行日常监督并没有明确规定。[2]在这种管理模式下，保健市场的监管一直是薄弱环节。此前，在职能划分上，具有"蓝帽子"标志的保健食品由食品药品监督管理部门监管，而其他普通食品冒充保健食品或假劣保健食品，则由工商行政管理部门或质量监督部门管理。但工商行政管理部门和质量监督部门一度认为，这不属于自己的监管范围。

2018年4月，国家市场监督管理总局正式挂牌，整合了工商行政管理部门、质量监督部门的相关职责，但是职能交叉带来的多头监管问题能否彻底解决，仍待时日验证。例如，在保健食品广告的监管方面，广告内容由食品药品监督管理部门负责审查，具体广告监管和违法广告的查处则由工商行政管理部门负责，更重要的是，两个部门对保健食品广告的执法依据和判定标准有所差异，相互之间也没有一个很好的连接及信息共享平台。这种广告许可和事后监管相脱节的管理模式难以形成对保健食品广告的长效监管机制。[3]

第三节　市场实际监管面临多重新挑战

一、机构改革时期各部门面临业务配合与融合的困难

机构改革时期，各部门协同监管、业务融合尚在推进阶段，而保健类产品销售乱象涉及多部门的监管责任，需要各部门高效协同配合。以保健食品

---

〔1〕　刘勋："保健品监管需综合执法"，载《检察日报》2015年9月28日，第6版。
〔2〕　"保健品的监管空白与灰色地带"，载 http://finance.ifeng.com/c/7ixLjKhceyO，最后访问日期：2019年7月25日。
〔3〕　田钧："A市保健食品市场监管策略分析"，河北工业大学2014年硕士学位论文。

标签管理为例,《食品安全法》将保健食品的市场准入、产品批号等事宜归属食品安全监督管理部门管理,但对冒充执业医师做诊疗式推销的行为又交由卫生部门监管,在一些打着医疗专家名义违法推销保健食品的案件中,需要食品安全监督管理部门和卫生部门合作开展监督检查。现实中,各部门常常由于职责界定不清晰,存在推诿扯皮等现象,出现监管漏洞或者监管空白。随着机构改革,多个相关的部门被整合在一个部门之中,表面上实现了监管权力的统一,在一定程度上可以避免"九龙治水"的问题,但是形式上的统一还需要实质上的整合。对于处在执法第一线的基层市场监管部门而言,机构改革后的保健市场监管业务配合和融合还需待时日。

二、"双随机、一公开"监管方式还处于不断完善阶段

"双随机、一公开"监管是国务院持续深化"放管服"改革,加快政府职能转变,推进政府治理体系和治理能力现代化,推动经济社会持续健康发展的重要举措。国家市场监督管理总局明确要将"双随机、一公开"作为市场监管基本手段,目前全国各地各部门也积极推进"双随机、一公开"监管政策的落实。但是,作为一种监管理念和方式的创新,"双随机、一公开"的监管仍然面临诸多问题,包括:缺乏法律上的权威定义;更多集中在对企业公示信息的抽查,在行为监督、执法办案等方面涉及尚少;异地抽查成本较高;各部门间认识不一致;部门联合"双随机、一公开"监管尚处于试点阶段;各自为政的分散检查和重复检查仍有发生;等等。因此,通过"双随机、一公开"监管开展保健市场治理的效果还有待加强。

三、对保健产品和服务市场的整治力度不够

保健市场是一个内涵十分丰富的领域,不仅涉及保健食品,而且还涉及保健产品、保健服务等。然而目前,我国在保健市场的监管上过于强调对保健食品的监管,把大量的监管资源都投放到保健食品的监管上面,而对其他保健类产品的监管却相对欠缺,甚至处于空白状态。实际上,在保健市场行业,保健食品只占很小的份额,监管部门对保健食品非常重视,花了大力气进行监管和整治,也得到了良好的整治效果,却忽略了对广大的保健产品和保健服务市场的整治,监管资源分配不均造成对保健产品和保健服务市场的

整治力度不够，无法从根本上解决保健市场乱象问题。

四、传统的线下监管难以适应监管新情况

目前，与传统的线下商店销售形式不同，越来越多的保健食品和服务通过直销、会销或者线上销售。相关的统计数据表明，目前通过传统线下销售渠道进行销售的保健类产品比例不超过20%，保健市场的销售模式越来越多样化。但我国对保健食品和保健产品等销售的监管仍然以线下为主，大量的监管资源和力量被用于对传统渠道的监管上，忽略了对新型销售渠道的监管。以保健市场网络广告为例，作为一种新兴广告宣传形式，其具有穿透力强、广告效果明显等优势，同时也给广告审查和监管带来了很大的挑战。部分企业通过网络做屏障，违法行为更具隐蔽性，使得监管部门往往陷入取证难、追踪难的困境，面临法律适用冲突和地域管辖问题等。由于缺乏有效的监管，这些大量违规的线上广告行为得不到有效的遏制，也给广大消费者群体带来了巨大的消费隐患。

五、基层执法检查力量和检验检测能力薄弱

保健市场需要检查的领域十分广泛，不同的项目之间差异性也比较大，存在一定的专业性壁垒。在机构改革背景下，目前基层执法检查人员更多来自工商部门，外行检查内行的现象不断出现，基层检验机构的检验检测能力与行政管理、市场需要存在差距，检验检测能力偏弱、检验设备落后、专业技术人员缺乏、信息化水平低，没有跟上监管工作的新要求，"检得慢、检不了、检不出"的情况时有发生，导致涉及保健产品和服务等专业性检查缺乏必要的专业素质和能力，一些"数字检查"或者"文字检查"流于形式，一定程度上降低了抽查检查的质量和效果。同时，基层干部队伍老化、科学技术能力薄弱等问题一直是困扰基层执法的突出问题，对开展保健市场整治牵绊严重。

另外，我国的保健类产品检验检测能力分布不均，各地政府检验检测机构的发展受到当地财政状况的制约，特别是基层检验机构发展较为缓慢，往往疲于完成上级安排的检验任务，而无暇顾及新技术和新方法的研究和自身检测能力的提升，面临检验检测设备日益老化，无财力购置高精尖仪器。检

验检测专业技术人才引进困难、专业人才留不住等问题[1]也逐渐造成检验能力陷入"不进则退"的尴尬境地，难以有效支撑保健市场整治需要。

此外，在当前推行的"双随机、一公开"检查制度下，参与保健市场产品检查的工作人员是随机的，检验机构大多无法对工作人员的专业素养进行严格的要求和筛选，这导致参与检查的工作人员的专业素质无法保证。因此，很有可能在检查工作实际进行过程中，随机抽选出来的检查人员对检查的工作事项是完全陌生的，甚至在很多专业性比较强的领域，检查人员完全没有足够的专业知识做支撑，一定程度上导致了检测质量的下降。

第四节　社会共治力量相对疲软

一、部分市场主体缺乏诚信经营意识

由于保健市场利润大，受到市场经济的冲击，部分市场主体没有树立起良好的职业道德和诚信经营意识，以自身利益至上，片面追求经济利益，甚至不惜一切手段，违法制售假冒伪劣产品，或以夸大其效果的虚假宣传、欺诈式销售方式等手段获取不义之财。同时，我国多数保健市场从业人员对保健市场相关的法律法规了解甚少，缺乏依法从业的法律意识，这就很容易产生"劣币驱逐良币"现象，使原本规范开展生产经营活动的企业难以为继，最终导致保健品在内的食品安全问题频发。[2]

二、行业协会尚未充分发挥自律作用

除中国保健协会外，各省市还存在着大大小小的保健品行业协会。但是我国行业协会普遍存在内部组织机构不健全、行业权威性不高、社会关注度较低、参与政府决策力较小等问题，导致行业自律作用难以发挥，对行业内的企业约束力不强。只有进一步提升保健行业自律作用，鼓励有关行业协会进一步加强内部治理能力建设，积极制定科学合理的行业标准，加强与各级监管部门信息共享，积极开展政府相关项目承接，辅助政府决策和监管，有

---

〔1〕 刘华东："我国保健食品监管问题研究"，山东师范大学 2017 年硕士学位论文。

〔2〕 耿莉萍："当前我国保健食品市场存在的问题与监管对策"，载《食品科学技术学报》2013年第 3 期。

力提升行业协会权威性和公信力，才能充分发挥保健类行业协会对保健市场行业自律的作用。

三、民众对保健市场缺乏正确认知

由于我国国民素质有待提高，目前保健市场相关概念界定不清晰，保健产品和服务的公益性科普宣传不够，电视、报刊、广播、互联网等传播媒介中出现的违法违规广告仍然较多，这在很大程度上影响了消费者对保健市场的认知。[1]例如，在保健食品领域，根据2016年中国消费者协会发布的《保健食品消费者认知度调查报告》显示，大部分消费者对保健食品知之甚少，对保健食品具体的功能认知较为模糊甚至混乱，对保健食品与普通食品之间的区别没有太多的了解[2]。特别是一些老年人由于自身体质弱，对保健产品和服务需求较高，在缺乏科学养生知识的同时贪图小便宜，特别容易受到一些以免费体检、免费旅游、领取奖品等诱导进行宣传的影响。而现行奖励机制对举报人信息保密不够、奖励不足以形成激励、奖励兑现程序烦琐，降低了消费者举报投诉的主动性。[3]当合法权益受到侵害时，当事人又往往由于维权意识差、维权能力弱，选择忍气吞声或者自认倒霉，未能及时向监管部门投诉举报，使得违法企业逍遥法外，难以对其开展及时有效的监督检查。

---

〔1〕　蓝培元："我国保健食品市场存在的问题及监管对策研究"，黑龙江中医药大学2011年硕士学位论文。

〔2〕　"中消协调查显示：保健食品消费者认知度偏低"，载 http://www.sohu.com/a/85604317_387211，最后访问日期：2021年9月19日。

〔3〕　卓佳："多元共治理论下我国保健食品安全监管模式的研究"，云南大学2015年硕士学位论文。

第五章

国外保健市场综合治理考察与经验借鉴

第一节 欧盟保健市场综合治理考察与经验借鉴[1]

一、欧盟保健食品界定与区分

(一) 欧盟视野下的保健食品界定

保健食品这一概念并未见于欧盟的官方文本中，也基本未曾在欧盟各专业委员会或欧洲食品安全局的科学建议等相关文件中出现。但这并不意味着欧盟本身并不存在保健食品以及对有关保健食品的规制与治理。在概念的世界中，正如路德维希·维特根斯坦的理解，或者追求概念的同一，或者追求概念内涵的同一，尽管维特根斯坦本人也承认概念与现实世界的一一对应并不必然存在。[2]这种不对应源自语言与文化，但无论如何也不应成为阻碍沟通的障碍。因此对欧盟保健食品的考察，需要从保健品这一概念的内涵与本质特征加以分析与评价。

保健品如前文所述，在我国是指具有特定保健功能或者以补充维生素、矿物质为目的的食品，即适宜于特定人群食用，具有调节机体机能，不以治疗为目的，并且对人体不产生任何急性、亚急性或者慢性危害的食品。这一概念的核心内容是保健品属于食品一类，具有与普通食品不一样的特定功能（保健或者以补充维生素、矿物质，调节身体）以及与药品相区别。以上也可以称为我国界定保健品的本质特征。以此概念审视欧洲食品法上所谓的健康食品（healthy food），两者确实有相似之处。据《欧盟通用食品法》的相关规

---

〔1〕 本章主要分析欧盟保健食品的综合治理考察，并没有在其他保健产品上多着墨，其原因在于欧盟并不存在所谓的保健产品市场。涉及恢复健康或者疾病治疗的用品通常纳入医疗器械管理。

〔2〕 具体参见［奥］路德维希·维特根斯坦：《论确实性》，张金言译，广西师范大学出版社2002年版。

定，食品是指供人类食用或者根据合理预期用以食用的任何加工、半加工或未加工的物质或产品。健康食品这一概念虽然在欧洲层面并未完全协调立法，但是在学术著述中多有论及，在产业界也颇有认同。我们因此可以认为健康食品的一个被广泛接受的定义是：若带有目的性食用，其对人体健康产生积极作用，但不能通过发挥药理、免疫或代谢作用显著地恢复、调节或矫正身体功能，也不具有治疗或预防疾病的功能的食品。从该定义可以看出：首先，健康食品隶属食品范畴；其次，健康食品有其区别于药品的特殊功能。事实上，欧盟也专门针对因天然或者人为添加的成分而影响健康的一些食品做出了分类，并对其生产和销售加以规定。

欧盟最早加以分类的是通过第 77/94/EC 号指令规制了为实现特殊营养目的的食品（具有膳食特征或者供给健康的婴幼儿）。但该概念已经在 2013 年第 609/2013/EU 号法规中被废除。最终该法规所涉及的食品有：新生儿配方乳粉和较大婴儿配方乳粉、谷物食品和幼儿食品、为控制体重代替全部膳食的食品、特殊医疗用途的食品、运动食品。

随后，第 2002/46/EC 号指令颁布，旨在协调有关膳食补充剂（food supplement）。膳食补充剂在此被定义为"补充正常饮食的食品，是营养物质或其他物质的浓缩，单独或混合使用具有营养或生理作用，可以是单一成分或者混合物，以胶囊、片剂、药片、药丸和其他相似的可以以小剂量计量的液体或粉末形式。"膳食补充剂须作明确标识："不能代替普通食物或作为膳食的唯一品种"。[1]

最后，第 1925/2006/EC 号法规规制指向的是营养强化食品，该食品在可食用性之外添加了维生素、矿物质或其他物质，从而具有某种营养或生理作用。

需要注意的是，尽管整个欧洲在过去 30 年中越来越关注一种新型的有益健康的食品，即所谓的功能食品，并为此付出了努力试图统一概念，但迄今为止功能食品的官方界定并未实现。尽管早在 1996 年欧盟委员会就负责了一个与功能食品相关的一致行动，即 FUFOSE（欧洲功能食品科学）。这一行动在 1998 年完结时通过了一个文件，对功能食品做了一个有助于开展工作而并非不能变更的定义："如果除足够的营养外，某一食品通过改善健康状况和/

---

[1] 兰洁等："国际保健品管理的比较研究（上）"，载《亚太传统医药》2008 年第 7 期。

或降低疾病风险的方式，能为身体提供一项或多项令人满意的有益功能，则可以称为具有功能性。"[1] 但最终上述努力并未体现在立法框架中，在现有法律框架中一部分功能食品被归入营养食品。

将欧盟所谓的健康食品与我国立法上的保健品做比较考察，可以看出两者有类似之处。无论是保健食品还是健康食品，其本质仍然是归属于食品范畴，食品属性是其本质特征之一。两者在食用性之外，又兼具其他营养或者健康功能（此处涉及的健康功能可能是促进健康，也有可能是降低疾病风险），但均与药品的可治疗性相区分。当然两者也有所区别，比如欧盟法上的特殊营养食品，如婴儿奶粉等在我国通常不列入保健品的行列。

（二）欧盟保健食品与药品的区分

保健食品由于其涉及人体生理和健康机能，在一定情境下与药品容易混淆，对消费者而言难以区分。根据欧盟现行的第 2001/83/EC 号指令第 1 条第 2 款，药品是指具有治疗或者预防人类疾病的特征的物质或物质的结合，或者开具给人的，以恢复、调整或矫正生理功能为目的，通过发挥药理、免疫或代谢功能，作出医疗诊断的物质或物质的结合。对概念进行初步审视会发现依据其功能给出的药品定义在某些情况下可能同样适用于某些特定生理机能的健康食品。因此第 2001/83/EC 号指令第 2 条第 2 款特别规定，如果在存疑的情况下，考虑到产品所有特性，其归属于药品的定义范围的同时归属于其他欧盟法律规定的产品范围，则规制于药品的指令优先适用，这是欧盟药品法上很有名的存疑法则，其原因在于药品相对于其他产品而言，与人类健康和生命的关系更为密切，其法律规制也更为严格。

欧盟法院针对根据功能而被定义为药品的产品（包括食品在内），要求成员国在法官的指导下，依据个案标准考虑产品的所有特征，尤其是其组成，药理、免疫或代谢特性，能被现代科学证明的程度，使用方法，分布程度，消费者熟悉度以及适用风险。法院认为，一个产品对身体有益的泛泛特征并不是其具备药品资格的充分条件，但具有治疗和预防疾病的功能却是其必要条件。产生生理功能之所以不是药品的充分条件，是因为膳食补充剂同样符合这一特征。

---

[1] ［意］路易吉·柯斯塔托、费迪南多·阿尔彼斯尼主编：《欧盟食品法》，孙娟娟等编译，知识产权出版社 2016 年版，第 263 页。

二、欧盟保健市场的综合治理

一个所谓的欧盟层面的市场准入机制在保健食品领域并不存在，其市场准入的权限依然保留在成员国。总体而言，保健食品的生产销售通常并不需要取得成员国相关行政机关的事先许可。大多数成员国对于保健食品实行上市前备案制度或者仅仅依赖于上市后的监管。对于要求备案的国家而言，备案产品的有关信息会在相关网站公布，如果已经在一个国家备案，该产品就可在欧盟各成员国内流通。备案不是强制要求，如奥地利、荷兰、瑞典、英国等国实施的就是上市后监督制度。

对市场准入没有采取审批的制度并不意味着欧盟对食品包括保健品安全的不重视。事实上在 2002 年的《欧盟通用食品法》中，欧盟就提出了食品法的总体目标是保障公民的健康、福利以及他们的社会经济利益——食品法的目标是减少、消除和避免健康风险。为了实现这一目标，也为了实现欧盟内部安全、卫生食品的自由流通，欧盟在食品法的基本规则、质量标志、标签与声称规制、生产与经营监管等方面做出了统一立法的多方面努力，并取得了良好的成果和社会效益。

（一）欧盟对标签与声称的法律规制

为了统一不同成员国对食品尤其是健康食品的分歧，使消费者能够更为清晰地了解食品的属性与特质，免受并不具有消费者合法预期功效的产品的侵害，消除、减少和避免健康风险，同时也为了对食品（健康食品）进行更为有效的法律规制，食品的生产经营在大多数成员国仅通过备案即可生产销售的情况下，欧盟分别通过了《食品标签通则》《食品营养与健康声称法规》以及 2011 年的《食品信息通则》，对食品的标签与声称进行统一规制。这些规则同样适用于欧盟保健食品，尤其是《食品营养与健康声称法规》，其有关健康声称的内容直接指向欧盟保健食品市场。尽管其中有关食品营养声称与健康声称的规定并非强制性的，但是基于该法规对各成员国的影响力以及在欧盟商品流通的大前提下，欧盟大部分保健品企业也均遵循了这一非强制性要求。

欧盟于 2006 年 10 月颁布了《食品营养与健康声称法规》。该法规在 2007年 1 月 19 日生效，并于 2007 年 7 月 1 日开始实施，该法规的基本宗旨是对欧盟成员国间食品及相关功能食品的营养和健康声称在标签、介绍、广告等方面提供法律法规的协调，使相关食品在各成员国之间能够自由流通。[1]该法规对营养与健康声称的定义、适用范围、申请注册、一般原则、科学论证等内容作出了明确的规定。该法规规定，在欧盟国家销售的食品，其标签上所标注的功能声称必须符合其相关规定。《食品营养与健康声称法规》第3条第1款规定："只有符合本条例的规定时，营养和健康声称才可以用于投放欧共体市场的食品标签、说明和广告。"这就明确规定了，在面向消费者的食品标签、介绍或者广告中，标签上声明的功能应当适用于商业传播中作出的营养和健康声称，因此其规制范围不仅包括产生标签，也包括阐明说明、产品广告等。同时《食品营养与健康声称法规》第3条第2款规定了营养与健康声称的禁行条件，要求营养与健康声称的使用不得：①是错误的、模棱两可的或者具有误导性的；②使人对其他食品的安全性和营养充足性产生怀疑；③鼓励或者纵容过度食用某种食品；④声称或暗示摄入均衡的多样的饮食不能提供适当数量的营养；⑤涉及可能导致或引发消费者恐惧的身体功能的变化，无论是文字的或是通过图像、图形或符号等形式的。紧接着，《食品营养与健康声称法规》对营养声称和健康声称作了明确界定：营养声称是指，任何声称，表明或暗示食品因其提供的能量，或降低或提高能够提供的效率或不提供的能量，并且/或者其具有的营养或其他物质，或降低/增加了营养成分比例，或不具有营养而具有特定有益健康的营养特性的声明；健康声称则根据《食品营养与健康声称法规》第2条第2款的第5项界定为："任何声称、表明或暗示某种食品种类、某个食品或其中某一项成分与健康之间存在联系"。无论是营养声称还是健康声称，均需要满足如下条件：食品中的活性成分的含量必须达到声称所宣示的营养和生理学效果，并且该声称必须被普遍接受的科学证据证实。其中与保健食品联系更为密切的是健康声称。由于健康声称涉及的仅仅是食品的基本功能，而且涉及食品有益于健康的功能，《食品营养与健康声称法规》采取了相对营养声称更为严格的要求。根据《食品营养与健康声称法规》第10条第1款的规定，除非符合本法规的规定，否则健康

---

〔1〕 魏涛等："欧盟对功能食品的管理"，载《食品工业科技》2009年第9期。

声称应当被禁止。[1]对于健康声称在标签上或没有标签时在说明及广告中的体现，《食品营养与健康声称法规》有更为细致的要求，只有作出如下说明时，才允许作健康声称：①表明多样化及均衡膳食与健康生活方式的重要性；②必需的食品数量及食用方式，以获得声称中所宣称的有益效果；③适当时，标明不宜食用本食品的人群，以及对于如果过量食用则可能引起健康风险的产品，应标明适当的警告。而且《食品营养与健康声称法规》还禁止了引用个别医生或健康专家和法规第 11 条未规定的其他协会推荐的健康声称、暗示不食用该食品可能影响健康的声称，以及减肥食品引用减肥速率或数量的声称。

欧盟对健康声称采取了分类管理的制度。对于第一类功能声称或一般健康声称，采取了列表制度。这里的功能声称是指一种营养素或其他物质在身体生长、发育和功能上的作用或生理和行为机能，或在不违反第 96/78/EC 号指令的前提下，瘦身、控制体重、减少饥饿感、增加饱腹感、减少饮食中可供应的能量。也就是说凡是列入允许使用健康声称范围内的声称，满足使用条件的食品均可标注。

《食品营养与健康声称法规》第 13 条进一步规定了一般健康声称列表制定的具体规则与程序。其中要求在《食品营养与健康声称法规》进入强制执行的 12 个月内，由各成员国向欧盟委员会提交一般健康声称的申请名单。在2010 年 1 月前，这些申请的健康声称的名单必须在成员国内已经被允许使用至少 3 年。欧盟委员会将会有条件地采纳这些名单。其遵循的原则是声称要建立在新的科学证据或专利数据的基础之上。

欧盟委员会在 2012 年 5 月 16 日公布了一般健康声称的名单，主要集中在维生素和矿物质。对于植物和草药物质（plant or herbal substances）的声称申请，欧盟委员会认为仍然需要进一步的科学评估。由此可以看出欧盟对食物中植物和草药物质的审慎态度。当然这并不意味着在欧盟内部不存在对于植物和草药物质的健康声称的规制，一些成员国从国内法层面制定了植物提取物的可用名单和禁用名单。例如，奥地利确定了 61 种禁止和 14 种可用于膳食补充剂的植物和植物提取物名单。荷兰、瑞典、保加利亚等国也制定了禁

---

[1] "健康声称应被禁止，除非：健康声称符合本法第二章的总体要求与本章的特殊要求，根据本条例被批准，且包括在本法第 13 条、第 14 条规定的被批准声称的列表中。"

用物质名单。2012 年公布名单之后欧盟委员会根据科学的发展及新健康声称的申请情况，适当地对名单内容进行了补充修订、增加或撤销。

《食品营养与健康声称法规》继续对特殊健康声称作出规定，其第 14 条规定，降低疾病风险声称、促进少年儿童生长与健康声称和除第 13 条规定的其他特殊的相关声称均归属于特殊声称。降低疾病风险的声称与一般健康声称的区别在于前者对因消费保健品而产生的降低疾病风险生理功能的具体化。根据欧盟食品链及动物健康常设委员会的观点，区分两者的标准在于：一般健康声称指向人体正常的功能，不言明、表明疾病风险因子或暗示降低疾病风险。反之，如果一个健康声称特指降低某种疾病的风险因子，无论其是否提及疾病名称，都是降低疾病风险的声称。[1]《食品营养与健康声称法规》对于该声称采取了与一般健康声称的列表管理不一致的做法，要求该声称的使用必须经过欧盟委员会许可才能进行。使用降低疾病风险声称时，在产品标签、广告或宣传品上还需注明声称所述疾病具有多种危险因素，降低其中一个危险因素可能会带来益处。

欧盟委员会对于特殊健康声称和一般健康声称中未列入列表的新健康声称的审批通常需要一年左右，并制定了细致规范的申请与批准流程。

1. 申请

欧洲食品安全局起草了《健康声称注册科学与技术指南》，对于所提交材料的形式与内容作了具体明确的规定。该指南于 2017 年 7 月 6 日通过施行，申请人需按照该指南准备相应的资料并递交给本国的相关行政部门。该行政部门将申请及相关资料转交给欧洲食品安全局，欧洲食品安全局的职能是提出相应的科学建议并上报欧盟委员会，最终欧盟委员会将做出该健康声称是否可用或者是否列入允许使用健康声称的决定。例如，杜邦营养生物科技有限公司提交了有关乳糖醇的健康声称的申请，该声称内容为："乳糖醇有助于正常的肠功能"。欧洲食品安全局被要求就与乳糖醇相关的健康声明和维持正常排便提出意见。最终欧盟委员会与成员国收到了欧洲食品安全局的科学意见，其结论是，根据所提供的数据，在乳糖的摄入和维持正常排便之间建立了因果关系，目标人群是一般成年人。因此欧盟委员会最终批准了这一新

---

〔1〕 ［意］路易吉·柯斯塔托、费迪南多·阿尔彼斯尼主编：《欧盟食品法》，孙娟娟等编译，知识产权出版社 2016 年版，第 271 页。

申请。

2. 欧盟委员会公报

《食品营养与健康声称法规》第 20 条规定了公报的详细内容。公报涉及两个要点：首先，报告包括营养声称、一般性健康声称及使用这些声称的限制性条件，被授权的特殊或其他健康声称及使用条件，被禁止的健康声称名单及被禁止的原因；其次，建立在特定科学数据基础上的被授权的特殊健康声称应当独立备案。

（二）欧盟保健品生产经营的监督机制考察

1. 全程控制与可追溯制度

根据欧盟相关法律的规定，包括保健品在内的一切食品必须符合食品生产企业的一般良好操作规范要求。

欧盟在《通用食品法》中首次对食品生产提出了可溯性的概念。根据该法的规定，食品在生产、收货、加工、包装、运输、贮藏和销售等各个环节，强制实行溯源制度，从而建立从"农田到餐桌"的全程控制及可追溯体系。任何食品（包括保健品在内）如果想在欧盟国家销售，必须具备可追溯性，否则无法上市。

所谓可追溯制度，是指通过全程监管，对可能对食品安全构成潜在危险的风险预先加以防范，避免重要环节的缺失，并以此为基础实行问题食品的追溯制度。追溯，是指追踪食品在生产、加工和流通的特定阶段内的流通路径能力。该制度要求食品生产与流通中的各个环节均需要保留相关记录以供查询。

欧盟有关食品追溯的要求最早始于 20 世纪 80 年代。欧洲食品丑闻的频频发生，特别是"疯牛病"和"二噁英"风波，大大加快了欧盟推进食品追溯制度的步伐。"疯牛病"危机揭示了欧盟需要一个在生产环节对食品进行识别和注册的更为有效的体系以及针对食品的特别的欧盟标志体系。在 2000 年的《欧盟食品安全白皮书》中，欧盟提出针对饲料和食品的追溯是欧盟食品安全的基石。

为此，欧盟建立了食品追溯制度和统一的数据库，包括识别系统和代码系统，详细记载生产链中被监控对象移动的轨迹，检测食品的生产与销售状况。比如市场上销售的牛肉，从肉牛小的时候即加以标记，每一头牛都会有一个耳标。该耳标记录了这头牛的生产日期、产地、遗传背景、系谱、检疫证明等基本信息，甚至包括生产企业的基本信息。牛被屠宰之后分割的牛肉也必须标志可追溯号、出生地、屠宰场批号等内容。一旦某块牛肉出现问题，通过这些信息可以立即追溯到该问题牛肉的来源，精确到来自哪个屠宰场、哪个畜牧场，经过哪些生产与流通的具体环节，是否有同类性的问题存在于同一个环节之中，从而快速发现、纠正问题并采取控制措施消除隐患。强制性追溯体系的主要目标是确保在源头以及整个食品供应链中发现食品安全问题，进而可以将受到影响的产品从市场中撤回出来。[1] 这种强制性追溯体系同样适用于保健食品。

2. 快速预警体系与快速召回制度

欧盟自 2002 年《通用食品法》就确立了快速预警体系。该体系由欧盟委员会负责，目的在于向官方机构就针对源于食品或饲料危害人类健康的风险预警提供有效的工具。该系统是一个连接欧盟委员会、欧洲食品安全局以及各成员国食品与饲料安全主管机构的网络。它要求当某一成员国掌握了有关食品或饲料存在可能对人类健康造成风险的信息时，应立即通报欧盟委员会，由委员会确定风险的等级并将意见转达给各成员。[2] 各成员国将根据欧盟委员会确定风险的等级采取相应的措施，而欧洲食品安全局作为提供科学建议的专业机构，可以通过输入相关科技信息为成员国确立政策提供参考。最后各成员国再将采取的措施和取得的效果反馈给欧盟委员会，从而形成一个生生不息的信息循环系统。该系统在著名的"二噁英毒饲料"事件中发挥了重要作用。当"二噁英毒饲料"事件在德国西北部北威州爆发时，为了防止这些有毒饲料流入市场，德国当局宣布临时关闭了 4000 多家农场，超过 8000 多只鸡被强制宰杀。德国当局同时立即上传数据到欧盟食品和饲料快速预警系统，并就该事件与欧盟委员会进行了及时翔实的沟通。当德国发现受污染的鸡蛋经加工后可能流入英国市场时，迅速将此情况告知了欧盟委员会，由欧盟委员会通知英国政府，英国政府及时进行了调查工作并采取了防止污染扩大的有效措施。快速预警系统的启用，有效地保障了欧盟成员国的食品及保健食品的安全。

---

〔1〕 [意] 路易吉·柯斯塔托、费迪南多·阿尔彼斯尼主编：《欧盟食品法》，孙娟娟等编译，知识产权出版社 2016 年版，第 178 页。

〔2〕 廉恩臣："欧盟食品安全法律体系评析"，载《政法论丛》2010 年第 2 期。

快速预警制度往往伴随着后续的具体处置机制，欧盟因此规定了食品的撤回制度。根据《欧盟通用食品法》第 19 条的规定，如果食品企业从业者认为或者有理由相信其进口、生产、加工、制造或者分销的食品不符合食品安全的要求，对于已经不在其控制范围内的问题食品，其应该立即启动程序从市场上撤回这些问题食品并且通告相关的主管部门。如果产品已经在消费者手中，从业者应有效、精确地告知消费者其撤回的原因。如果有必要，在其他措施无法有效实现高水平的健康保护时，应该从消费者手中召回问题食品。

三、欧盟保健市场综合治理对我国的借鉴意义

自 2000 年《欧盟食品安全白皮书》发布之后，欧盟有关食品的立法，从"food law"转向了"food legislation"的系统化立法，其立法方向也从最初的食品卫生转向了食品安全，这种安全主要体现在三个方面：一是食品自身所含成分的安全，即在没有外界因素的影响下，没有毒素导致的安全问题；二是营养安全，即对消费者而言不会使其遭遇营养等问题；三是信息安全，即使消费者可以获得有关该食品的特征、使用方法或使用数量等足够、充分的信息。由于欧盟并没有有关保健食品的统一单独性立法，鉴于保健食品本身的可食用性，将其归入食品加以规制。又鉴于保健食品本身的功能性，即与人的健康密切相关，因此在食品法中通过一些特别规定加以调整，比如有关膳食补充剂的特别法规、有关健康声称的特别规范等。总体而言，欧盟目前有关保健食品的立法体现出其系统性的立法编纂技术，构建了全面化、系统化的法律框架（在食品法的框架之下），而且在法律规制层面，体现出其借助消费者保护、风险分析和谨慎预防等立法原则，突出了健康保障的优先性、立法决策的科学性和民主性。其对保健食品的立法对于我国保健食品的法律规制，具有一定的借鉴意义。

首先，现代科技飞速发展，交通的便捷使得丰富的物质流通迅速，因此一旦出现对人类健康产生威胁的风险，其传播的范围与速度是过去无法想象与比拟的。"作为可靠认知之保障的科学知识本身变得不确定，越来越无法为安全提供保障，这对于法治国家而言是一个重要的挑战。"[1]而对于欧盟而

---

[1] 刘亚平、杨美芬："德国食品安全监管体制的建构及其启示"，载《德国研究》2014 年第 1 期。

言，以"四大自由"为基础建立的欧盟体系意味着保健品一旦出现问题，所带来的风险很有可能在整个欧盟国家扩大化。因此欧盟将这种风险规制要求从事先的行政化许可与审批转入对生产过程以及生产过程所产生的负外部效应的监管上，并以此建立了一个架构完整的法律体系，并不断完善。欧盟在建立食品安全法律体系中坚持了"预防为主"的理念，强调通过风险管理确保对食品问题的"事先控制"而非事后监督，并注重预防原则的应用。[1] 例如，快速预警制度、保健品召回制度的建立，均充分体现了风险预防为主的理念。我国目前有关食品与保健品的治理机制相对比较分散。因此，从宏观层面而言，我国可以借鉴欧盟，从风险预防机制出发，建立系统全面的立法体系，并依据法律建立多层治理机制。

其次，从对保健食品的界定而言，尽管欧盟并没有对保健食品作出明确的法律界定，但是从其一系列特别规制而言，其归属于食品又有别于一般食品的法律属性是相对明晰的。同时欧盟在保健食品与药品的区分原则上采取了"如果存疑，则归属于药品管理"这样一个基本准则。因为相对于食品（保健食品）而言，无论从生产还是流通环节，药品的监管显然更为严格、要求更高。这一点对于我国的保健品治理无疑具有启发意义。目前我国保健品市场存在的一个乱象就是夸大保健品的健康功能，模糊其与药品之间的界限。事实上，不仅是保健食品，很多美其名曰保健产品的器械，大多也穿着治疗功效的外衣。如果仅仅从保健品角度加以规制，可能会导致处罚较轻、管理较松，不能起到良好的惩戒效果和示范效应。因此，可以适当借鉴欧盟的做法，当一种保健食品或者保健产品明示或者暗示其具有治疗功效，并使得消费者相信其治疗功效而加以使用的，以及有其他符合药品的特征的，应当纳入药品加以管理。

最后，欧盟建立的营养与健康声称制度对于我国保健品市场的规范也具有一定参考价值。欧盟对于保健品的健康声称有单独的法规，也采取了分类管理的措施，对一般健康声称的食品采取列表管理制度，而特殊健康声称和未列入2012年列表的新的健康声称的产品，则需要经欧盟委员会批准。对于后者，欧盟总体采取了一个非常谨慎的态度，尤其是对于植物提取物的健康

---

〔1〕 锁放："论中国食品安全监管制度的完善——以比较法为视角"，安徽大学2011年博士学位论文。

声称，往往耗时较长，经常需要进一步的科学验证。对于新的健康声称同样如此。事实上，新的申请被批准的情况非常少，自 2012 年一般健康声称名单公布之后，截至目前欧盟委员会批准的新的健康申请只有 3 个。

我国可在一定程度上参考欧盟的做法，对健康声称采取分类管理的措施。目前我国有关健康声称的规制主要集中在《保健食品注册与备案管理办法》第五章相关规定中，但是涉及的条款比较少，规定不够详细。保健品的健康声称涉及的内容较多，仅占国务院一部门立法中的一部分并不充分。因此建议单行立法，对健康声称的基本原则、界定、分类及类别化规制作出更为明确的规定。在分类管理层面，对涉及少年儿童、孕妇等敏感人群的健康声称，应当实行更为严格的监督管理；对涉及降低疾病风险等的健康声称，由于其与药品的界限较为模糊，容易被夸大宣传，误导消费者，也应当采取更为严格的监管措施；对植物提取物采取传统植物/植物提取物与新兴植物/植物提取物的分类管理方法，属于中国传统的经过我国长期实践经验的具有保健功能的一些植物或植物提取物，可以采取列表管理的模式，而对一些新兴的植物/植物提取物，则应当采取更为严格的管理机制，采取审批许可的方式进行治理。

第二节 美国保健市场综合治理考察与经验借鉴

一、美国保健食品市场发展现状

作为经济高度发达的国家，美国的保健食品产业蓬勃发展。据调查，美国保健食品市场自 20 世纪 90 年代以来，销售额以 20% 的速度递增，1970 年美国保健食品销售额仅 1.7 亿美元，目前已达到 980 亿美元，已占食品总销售额的三分之一。保健食品区分为 13 大类，达 2000 余种，销售额最大的属维生素和矿物元素，其次是卵磷脂。

美国保健食品通常分为健康食品与膳食补充剂两类。其中，健康食品主要是增减食品中营养素，以有益于消费者健康。健康食品包括设计食品、功能食品和营养药物食品三类。美国对健康食品的管理较宽松，除标签另有说明之外，一般没有特殊人群限制。政府没有特定的管理法规条例，产品不需审批，也无须做安全性与功能性实验，一切由生产企业负责。膳食补充剂基本上相当于我国的保健食品，是一种旨在补充膳食的产品，它可能含有一种或多种膳食成分：一种维生素、一种矿物质、一种草本植物（草药）或其他植物、一种氨基酸等，一种用以增加每日总摄入量来补充膳食食物成分，或以上成分的一种浓缩品、代谢物、成分、提取物或组合产品等，也包括在得到批准、发证、许可证已作为膳食补充剂或食品上市的、已批准的新药、维生素或生物制剂，产品形式可以是丸剂、胶囊、片剂或液体，产品不能代替普通食物或作为膳食的唯一品种，产品标识为"膳食补充剂"。

总的来看，目前美国保健食品市场发展呈现出三个特点：其一，产品同质性程度高，保健食品行业集中度较低；其二，消费需求细化程度高，消费者需求呈现差异化；其三，销售渠道多元化，网络销售渠道发展迅猛。

二、美国保健食品市场监管手段

（一）监管部门：美国食品药品监督管理局管理严格、要求明确

美国食品药品监督管理局（Food and Drug Administration，FDA）隶属美国国务院保健与服务部的公共健康服务署，是国际医疗审核权威机构，由美国国会即联邦政府授权，是专门从事食品与药品管理的最高执法机关，负责美国所有有关食品、药品、化妆品及辐射性仪器的管理，它也是美国最早的消费者保护机构，是由医生、律师、微生物学家、药理学家、化学家和统计学家等专业人士组成的致力于保护、促进和提高国民健康的政府卫生管制的监控机构，拥有将近 9000 名员工，管理着每年约 1 兆美元市场的制造、进口、运送和储藏，所管辖的动物、食物与药品制造业者超过 12 万家，其中食品制造业者数量最多，约 5 万家，其次便是医疗器械制造业者，有 32 000 余家，影响美国每个纳税义务人约 3 美元，可以说与社会大众的生活福利和生命安全息息相关。FDA 在美国乃至全球都有巨大影响力，有美国人健康守护神之称，未经 FDA 认证的保健食品会标有特别声明，即"本说明未经过美国食品药品监督管理局验证，本产品不用于诊断、治疗、治愈或预防任何疾病。"

美国于 1994 年颁布了《膳食补充剂健康与教育法》，1997 年又对此法令中有关膳食补充剂标签管理的内容进行了修改和补充。2015 年底，FDA 成立了膳食补充剂项目办公室，专门负责对保健食品的安全和标示宣传进行监督。虽然更严格的监管对保健食品及原料在美国的上市带来了许多挑战，但从另一个角度来看，苛刻的监管也从根本上保证了美国消费者对保健食品质量安全的信心和市场的健康发展。

FDA 对于美国膳食补充剂的监管重点包括产品的安全性、产品标签的真实性、健康声称的管理等，FDA 会对膳食补充剂企业定期开展核查，核查的内容包括产品的生产、包装、贴标、储存、配送等。

从生产的角度看，FDA 严格把控从原料采购到组织生产、产品检验的生产全过程，并且牢牢把握住保健食品生产的根本环节——原料。按美国国会在 1998 年通过的《膳食补充剂修正法案》规定，所谓膳食补充剂类产品，必须符合这几项要求：①可在饮食之外对人体有益处的食品；②含有一种或几种营养物质（如维生素、矿物质、植物成分或其他成分）；③可加工成胶囊剂、片剂或液体剂等适合消费者口服的剂型；④在产品外包装正面应标明"膳食补充剂"字样。根据法令，在美国从未上市的新食品成分若要作为膳食补充剂上市，生产商必须事先进行产品申报并备好相关试验材料（如委托有资质的研究机构出具该产品具有保健作用的报告和无毒无害的证明材料等）供 FDA 审查员进行专项审查，原料一经审查通过，任何保健产品均可使用，不必再注册登记。法令还规定，保健食品中包含的成分超出或少于标签上所注明的剂量，含有标签上没有的成分或者细菌、杀虫剂、重金属等有害物质，都被视为"掺假"，FDA 有权对厂商采取惩罚措施，甚至把这类产品清除出市场。在任何膳食补充剂投放进市场之前，生产商必须确保其产品（包括各种新原料）对人体无任何危害性。FDA 有权对不安全膳食补充剂采取处罚行动，如罚没全部违法产品的经济收入或对生产商课以重罚等，生产商必须确保其产品上的文字标贴说明的真实性，并无任何误导消费者的文字介绍。[1]在过去的几年里，FDA 曾先后查获数百起"伪劣膳食补充剂"案件，其中最主要的伪劣膳食补充剂产品主要是在膳食补充剂中违法添加化学药物。例如，FDA 巡视员在全国各洲多地抽查时发现，在形形色色的"苗条丸"等减肥产品中均检测出有添加西布曲明成分，而长期服用含大剂量西布曲明成分的植物类减肥药有可能致癌致畸和导致精神失常等严重后果。

对于保健食品宣传销售的监督，FDA 严格规范标签信息，严禁疾病疗效宣传。对于保健食品的标签，FDA 也有严格的规定。保健食品标签上除名称、

---

〔1〕 "美国 FDA 如何监管保健食品"，载 https://wenku.baidu.com/view/fb8737d4aaea998fcd220e54.html，最后访问日期：2021 年 9 月 20 日。

各种原料含量、生产日期、生产商、包装者、销售商的名称和地址等信息外，还必须注明"某某补充品"的字样，如膳食补充品、维生素补充品、草本补充品等，这主要是在警告消费者，不能将保健食品作为主餐食品大量或者单独食用。另外，美国保健食品的标签上还必须有补充成分表，详细标明该保健食品中膳食补充成分的含量。例如，含有维生素 D 的钙片，其补充成分表中就要标明每片钙片中钙以及维生素 D 的含量。除主要膳食补充成分外，保健食品中的其他含量也要详细列出名称，如钙片中还含有矿物油、玉米淀粉、二氧化硅等十几种成分，都要进行说明。值得注意的是，在美国，只有药品才能作出关于疾病疗效方面的声明，膳食补充剂生产商在其产品说明书上不得出现任何误导或暗示消费者在服用本产品后可治疗某种（或某些）疾病的字样，违者将面临巨额罚款甚至吊销生产许可证的处罚。保健食品制造商若想在标签上声明该产品的保健功能，必须同时在标签上声明该产品不能作为诊断、治疗或者预防任何疾病使用。

但是，需要强调的是，虽然根据美国《联邦食品、药品和化妆品法》中的相关规定，《美国药典/国家处方集》（USP/NF）为膳食补充剂中使用的原料提供了相应的标准，但必须指出的是，对于膳食补充剂生产商来说，美国药典里的相关标准并不具有强制性。换言之，保健食品生产商可以不理会药典的标准而自行拟定相关原料的标准。而且，按照 1994 年通过的《联邦食品、药品和化妆品法》中的规定，膳食补充剂属于食品类，根据该项法案，膳食补充剂的管理应与普通食品无异，故膳食补充剂生产商不必将其产品事先在 FDA 相关部门进行注册登记或必须在取得 FDA 的批准后生产和销售，这一点与我国保健食品的生产与销售存在很大差异。[1]此外，由于在美国生产和上市膳食补充剂的厂商无需向 FDA 报告产品出现的副作用情况，FDA 只能通过以下手段来获取上市膳食补充剂的安全性情况：①消费者（对膳食补充剂）的投诉报告；②抽查膳食补充剂产品的标签以及说明书内容；③查阅产品的相关文献报道；④由 FDA 巡视员在市场上随机抽查膳食补充剂样品，带回 FDA 实验室进行化学成分分析。

---

〔1〕 "美国 FDA 如何监管保健食品"，载 https://wenku.baidu.com/view/fb8737d4aaea998fcd220e54.html，最后访问日期：2021 年 9 月 20 日。

（二）法律规范：设立严格规范、要求细化的法律监管体系

美国膳食补充剂的核心管理法规分别为 1990 年和 1994 年制定的《营养标签法规与教育法》以及《膳食补充剂健康与教育法》，而《膳食补充剂健康与教育法》相比《营养标签法规与教育法》内容更加清楚明了。1994 年 10 月 25 日，美国《膳食补充剂健康与教育法》颁布，随之由国会修订了《联邦食品药品化妆品法》，其中包含了一些专门针对膳食补充剂和膳食补充剂食物成分的条款。这样，膳食补充剂和食物成分再不需要像其他新食物成分或食物成分的新功能那样进行上市前的安全性评价，但它们必须符合有关的安全性要求。[1]1994 年《膳食补充剂健康与教育法》立法以来，保健食品所受规范与食品相同，上市前无需经过核准，其安全及成效不似药品须经检验核准。

值得注意的是，FDA 通过法律的形式对膳食补充剂的分类与定义进行了明确的划分。美国《膳食补充剂健康与教育法》是美国膳食补充剂行业的一个重要里程碑，其将"膳食补充剂"范畴扩大到必需营养素以外的如人参、大蒜、鱼油、车前草、酶、腺体及所有以上物质的各种混合物，并对膳食补充剂的正式定义用几个基本要求进行说明。其中，膳食补充剂与药品主要有三点区别：一是产品的成分和剂型，如膳食补充剂不能以注射剂的形式呈现给消费者，如果膳食补充剂厂商将其产品做成注射剂，那么该产品将被归为药品；二是生产商或销售商对产品的用途期待；三是生产商或销售商对于产品的声称描述，如生产商或销售商在宣传产品时使用了较为肯定的字眼，比如可以治疗或治愈某种疾病，那么该产品属于药品。[2]

此外，膳食补充剂的管理法规还包括 1997 年制定的《食品药品现代化法案》、2011 年制定的《FDA 食品安全现代化法案》和 2016 年的《营养与补充剂标签新规》，其中《FDA 食品安全现代化法案》是美国对现行主要食品安全法律《联邦食品、药品和化妆品法》的修订，提出了更加严格的国家食品供应安全要求[3]。配套的联邦法规主要包括《21CFR 190.6 膳食补充剂新原料上市前备案要求》《21CFR 101.93 膳食补充剂特定声明类别》《21CFR 101.14 健康声称基本要求》《21CFR 101.70 健康声称的申请》（21CFR 是指美国联邦

〔1〕 柳燕："美国膳食补充剂法规和质量管理系统"，载《精细与专用化学品》2015 年第 3 期。
〔2〕 林雨晨："全面解析美国膳食补充剂行业现状"，载《食品安全导刊》2016 年第 16 期。
〔3〕 李强："美国保健类食品管理的历史沿革"，载《首都医药》2012 年第 16 期。

法规第 21 章"食品与药品")、《21CFR 111 膳食补充剂和膳食成分的制造、包装或保存的现行生产质量管理规范》等。

2019 年 2 月 11 日，FDA 宣布对 17 家非法销售保健食品的公司采取行动。FDA 对这些公司发布了警告信或在线咨询信，要求其在 15 天内回复整改措施，未及时整改的公司将可能面临产品扣押、禁令等法律诉讼。收到警告的包括美国本土和其他国家的公司，涉及近 60 种产品，大多为膳食补充剂，往往是未经批准的药物，或非法声称药物（声称可以预防、治疗甚至治愈阿兹海默病、癌症、心血管病、糖尿病及其他多种严重疾病），销售渠道大多为网站或社交平台。[1]以阿兹海默病为例，在过去五年里，FDA 已向非法销售 80 多种阿兹海默病治疗产品的公司发出了 40 多封警告信。近年来，FDA 还对非法声称治疗癌症等疾病的膳食补充剂加强了监管。然而，仍然有很多不安全和未经批准的产品大量销售，这些保健食品公司可以在网络上轻易转移销售点。FDA 呼吁大众保持警惕，避免购买没有科学依据却非法声称可以预防、治疗疾病的产品。这些非法产品的宣传中，通常对疗效言之凿凿。另一个危险的信号是，这些产品所谓的治疗功能通常不限于一种疾病，而是号称同时对各种不相关的疾病有疗效。此外，FDA 建议在购买或使用任何非处方产品（包括膳食补充剂）之前，务必咨询专业医生。FDA 局长斯科特·戈特利布博士表示，"科学和证据是 FDA 审查过程的基石，对于证明治疗效果至关重要，特别是当产品用于治疗阿兹海默病等严重和复杂的疾病时。"[2]这次行动是 FDA 对膳食补充剂行业加强监管的举措之一。后续的相关重要行动与政策包括：更快地向公众传达膳食补充剂的潜在安全问题；建立灵活的监管框架，从而促进创新、确保产品安全，以及其他新措施。[3]

2003 年 FDA 起草了膳食补充剂的《药品生产质量管理规范》（GMP）草案，并进行调研和征求意见，于 2007 年发布正式最终法案 21CFR 111。草案规划分 3 年逐步实施，要求 2010 年 6 月 25 日前所有在美销售的膳食补充剂须

---

〔1〕 "FDA 出手! 警告 17 家保健品公司"，载 https://med. sina. com/article_ detail_ 103_ 1_ 60533. html，最后访问日期：2021 年 9 月 14 日。

〔2〕 "Watch Out for False Promises About So-Called Alzheimer's Cures"，available at https://www. fda. gov/ForConsumers/ConsumerUpdates/ucm631046. htm，last visited on 2021-9-12.

〔3〕 "FDA Takes Action Against 17 Companies for Illegally Selling Products Claiming to Treat Alzheimer's Disease"，available at https://www. fda. gov/NewsEvents/Newsroom/PressAnnouncements/ucm631064. htm，last visited on 2021-9-12.

满足此要求。GMP 适用于产品的整个供应链，包括生产、包装、标签、储存、发运等各个环节。在美国，膳食补充剂 GMP 草案执行的流程是：检查通知—观察事项清单（FD-483）—企业检查报告（EIR）—警告信—法律制裁。GMP 工厂检查主要是基于产品风险的抽检，生产类型的抽检企业主要为膳食补充剂成品生产的企业、从事批量包装和标签膳食补充剂成品的企业、膳食补充剂成品贴标的企业等。

2015 年，FDA 公布了对膳食补充剂最新的 GMP 规定，将 GMPs 标准设定为膳食补充剂必须满足的最低标准。与 2003 年草案的最大不同处在于，GMPs 适用于将产品直接销售给消费者或药店的供货商，对供货商的要求为"鼓励其遵守 GMP 规定和向其客户和生产企业通报产品投诉情况"，而生产企业则需要对供货商的每一批货物都进行产品特性测试和确认供货商的资格，并对供货商提供的产品质量进行监督。新法规给生产企业增加了许多新的职责，包括生产企业必须对每一种成分进行特性描述，只有经过烦琐科学验证后的企业才可以免除该义务，仅是供货商提供的分析报告单不可用于特性描述。[1] 此外，生产企业还须满足其他已有的标准规定，如要有对各个列明领域中的质量控制义务清单、需要对产品进行编号以便批次追踪、产品不需要"批准"但需要接受"核查"等。

总的来看，完善的美国食品安全系统是膳食补充剂法规制定的基础，美国的立法、行政、司法三大机构均参与构建美国的食品安全系统。国会能够制定法律保证食品安全有法可依，并授权行政部门执行法律，明确权力和责任。行政部门除履行法律赋予的职权外，也可通过制定并执行食品安全方面的部门规章，保证食品安全。当执行有关食品安全方面的法律、法规和政策遇到争议时，由司法部门出面进行解决。

（三）社会监管：众多独立、公正、可靠的评估机构严格认证

在美国，有一家著名的营养产品评估机构作为独立检测机构对美国保健食品进行社会监督，叫作消费者实验室（Consumer Lab），自 1999 年创建以来，已经检验了数百个品牌的成千种产品，由于它的评估客观、公正，其结论被诸多研究机构和媒体广为引用。消费者实验室由医药博士陶德·库珀曼

---

〔1〕 "美国 FDA 对膳食补充剂公布最新 GMP 规定"，载 https://wenku.baidu.com/view/8e9af5a0bed5b9f3f80f1c25.html，最后访问日期：2021 年 9 月 4 日。

（Tod Cooperman）和 FDA 科学家威廉·欧伯梅尔博士（William Obermeyer）共同创办，该机构很好地满足了消费者获取保健食品可靠信息的需求。其宗旨是通过独立的检测来帮助消费者更好地识别高质量的健康和营养产品，目前已成为美国领先的保健食品评估机构。

消费者实验室的测量标准高于政府主管部门 FDA 关于膳食补充剂的标准，它采取的分析方法是主流医学界和营养学界公认严格的方式。FDA 将膳食补充剂划归食品类别，只侧重安全无毒，质量标准和分析方法则留给每家制造厂商自行决定。

消费者实验室的检查范围涵盖健康和营养产品（包括维生素、矿物质和其他补充品）、运动和能量产品、功能性食品以及个人护理用品。检验的种类包括确认产品成分、测量各种成分的含量、产品纯度、特定成分是否掺有杂质以及产品在体内的溶解性。消费者实验室不是自己亲自对目标产品进行检测，而是与获得国家和国际认证的独立实验室签订合同，委托他们测试不同种类的健康、保健和营养产品，然后将测试结果发布在自己的网站上。这些第三方实验室由消费者实验室根据其特定类型测试的专业知识进行鉴定和选择，它们拥有各种联邦和州许可证和认证资质，遵循美国药典委员会（USP）和分析化学家协会（AOAC）等权威机构发布的同行评审检测方法，其中许多实验室还获得了一些独立外部机构的额外认证。消费者实验室的专家研究人员对这些实验室的表现和工作进行密切评估，包括可能给这些实验室递送额外盲样，如重复的样品、空白样品等，从而起到监控检测效果的作用。[1]

为了消除潜在的偏见，产品样品的身份和成分信息不会透露给测试实验室。此外，消费者实验室以和消费者一样的方式匿名从零售商购买保健食品样品，而不是直接从制造商那里获得。它不接受厂家提供的样品，而是自己在每年的不同时间随机挑选出样品。消费者实验室对保健食品质量的测试标准是所有第三方机构中最高的，也是唯一一个免费发布检测方法和质量标准的第三方认证机构。在可能的情况下，它会对每种产品的多个方面进行测试，如产品是否符合公认的身份标准、产品是否达到标签上声称的质量水平、产品是否包含标签上声称的成分数量、产品有没有包含指定的污染物、产品是

---

〔1〕 "美国怎么管保健品：独立检测倒逼市场向善"，载 https://mp.weixin.qq.com/s/LH6lwUEM 5s_ 5CnHJsN1cOA，最后访问日期：2021 年 9 月 28 日。

否能适当分解以便身体吸收等。被消费者实验室认可的产品，其制造商可以付费获得消费者实验室认证标识，但他们的产品会每隔 12 个月就被检测一次，检测样品都从公开市场中随机购买，一旦检测出现问题，认证会被收回。

消费者实验室有多种资金来源，一部分来自制造商向实验室支付的服务费、检测费与认证费，这部分费用基本都用于检测。消费者实验室提供的服务包括产品评审、质量认证、多标签测试、原材料及自有标签认证、定向分析和咨询等。消费者实验室的另一部分资金来自网站服务的订阅者，这部分订阅费是盈利的。这些订阅者有个人也有组织，支付一定的费用后，订阅者可以获取消费者实验室发布的所有产品评审报告、检测报告、风险警告、营养百科知识，以及享受由医药学家、营养学家、病理学家等提供的专家咨询服务。此外，消费者实验室也会定期向这些订阅者发送与保健食品或营养品相关的资讯。

自成立以来，消费者实验室已经测试了 5600 多种产品，这些产品涵盖超过 850 个不同的品牌和几乎每种流行的成人、儿童和宠物补充剂。在它的百科全书中，罗列了包括草药和补充剂、健康问题、药物相互作用、另类疗法、功能性食品在内的多种百科知识和信息。它的评审数据库做到了最新、全面、公正和严谨，也因此在业界树立了标杆，成为消费者眼中值得信任的权威，其研究经常被媒体、书籍和专业会议引用。在美国，曾有一款名为"5 小时能量（5-Hour Energy）"的功能饮料一度热卖，但自 2008 年起，FDA 收到了十几起死亡报告，死因可能与饮用"5 小时能量"饮料有关。该产品标签上标示不含糖，只含有大量维生素和少量咖啡因，广告中宣称它的咖啡因含量和一杯顶级优质咖啡差不多。由于能量饮料被认为是保健食品，FDA 并没有要求它们列出咖啡因的具体含量。对于许多工作疲惫了的美国人来说，饮用能瞬间补充能量的饮料是一个不错的选择，"5 小时能量"饮料便成为大多数人的选择。2011 年，"5 小时能量"饮料占到了能量饮料市场 12% 的份额，销售额达 11 亿美元。[1]然而在 2012 年，消费者实验室对"5 小时能量"饮料进行了测试，结果发现它含有的咖啡因比广告上所说的要多出许多。报告指出，一瓶"5 小时能量"饮料含有 207 毫克咖啡因，这比在一杯 8 盎司

---

〔1〕　"美国怎么管保健品：独立检测倒逼市场向善"，载 https://mp. weixin. qq. com/s/LH6lwUEM 5s_ 5CnHJsN1cOA，最后访问日期：2021 年 9 月 28 日。

（约 237 毫升）的星巴克咖啡中发现的 180 毫克高出 15%。库珀曼博士说道："能量不是从维生素或矿物质中获得的，你之所以从这种产品中获得这样的感觉，原因在于其中的咖啡因。"过量的咖啡因对青少年和孕妇尤其有害，对其他人来说，会导致紧张、失眠、心跳加快和血压升高，严重者会死亡。消费者实验室的这份报告给美国人提了醒。

消费者实验室定期公布检测结果，而且每隔一两年会对同样的产品再行检测。检测的结果通过一项叫作"产品回顾"的计划公布，付费注册的会员可以随时查询这些检测报告，并且可以定期收到消费者实验室的最新检测结果。消费者实验室检验通过的产品，可以使用实验室的标志，证明他们的产品得到了实验室的认可。消费者实验室会保留所有产品的检验样本，任何厂商对检验结果质疑时都可以进行复检。

（四）消费者监督：注重消费者权益保护，完善消费者监督机制

作为世界上最早提出消费者权益概念的国家，美国如今已形成了一个包括法律制度、组织机构、监督机制和争议解决机制在内的完整的消费者权益保护体系。在保健食品市场领域，消费者的监督同样发挥着重要作用。美国消费者权益保护组织和管理机构十分健全，全美各州、县和城市都有消费者权益保护机构，县和市的消费者权益保护机构熟悉当地的商业和法令法规，如果在居住地没有地方的机构，则联系州的机构，各州一般都设有独立的消费者事务部，或者由司法部部长办公室或州长办公室担当此项职责。在美国，不但各级政府设有专门的保护消费者权益的行政执法机构，而且民间也有消费者自愿组织起来的一些保护消费者权益的组织，如美国消费者联盟、美国消费者利益委员会和美国消费者联合会等。[1]美国生产消费类产品的企业，大多有保护消费者权益的自律性专门机构。美国全社会形成了由政府、民间、企业组成的三方互补、三管齐下的保护消费者权益的管理模式。

在保健食品的生产与销售环节中，消费者的人身健康和安全被放在首要位置。美国消费品安全委员会为确保消费产品的安全性制定标准并监督执行，FDA 则负责全国药品、食品、生物制品、化妆品、医疗器械以及诊断用品等的管理。这些机构的处罚手段包括罚款、向媒体曝光和公布召回问题产品等，

---

〔1〕 "美国消费者权益保护之特色"，载 http://www. maxlaw. cn/z/20180610/863630196644. shtml，最后访问日期：2021 年 6 月 10 日。

必要时通过法律程序严惩违法产品的生产者和销售者。如果消费者权益被侵害的事实成为普遍的社会问题，就要通过立法来解决。尽管美国没有制定消费者权益保护的根本法，但美国保护消费者权益的单项法律法规众多，涉及民众消费的方方面面，同样为消费者购买和使用保健食品保驾护航。

美国消费者权益保护机构和管理机构也十分健全。从事消费者权益保护的不仅有联邦、州和地方各级政府机构，还有众多民间或行业团体。政府机构拥有受理投诉、进行调查、实施处罚和必要时应用法律程序的权力。民间组织通常为消费者提供诸如法律咨询和消费指南等信息服务，并向政府机构提出意见和建议。政府机构与民间组织合作，将触角延伸到社会的各个角落，为消费者提供强有力的支持与保护。

除此之外，美国消费者投诉渠道畅通，投诉程序简便。消费者如想投诉，通过信件、电话、电子邮件或亲自上门皆可。从事消费者权益保护工作的机构或组织都有自己的网站，上面有办公地点、联系方式及接洽者姓名。不管事情大小，投诉都会得到受理。同时，美国企业和商家本身一般也设有专门为消费者服务的窗口，他们自己接待投诉者并为他们解决问题，以免消费者投诉到有关机构或组织引起更大麻烦。以 FDA 的投诉渠道为例，FDA 设计了十分详细的不良事件报告系统，通过消费者的投诉与监督对膳食补充剂进行售后监管。消费者服用膳食补充剂后如出现身体不适的情况，可通过电话或者邮件报告给 FDA，FDA 会派专人到患者家中提取样品进行检测，同时还会安排工作人员到分销商、经销商和厂家处进行调查。如果检测结果证实该产品有可能导致健康问题，FDA 将勒令产品下架，并发布新闻发布会告知消费者，企业也将面临诉讼，接受法律严惩。[1]

从消费者角度看，面对保健食品购买和使用中的问题，消费者可以采取两方面的措施维护自己的权益：其一，可以向地方或州的消费者保护机构提出申诉。申诉有专门的表格，表格所要求填写的信息包括：消费者和产品服务供应商的详细联系方式、交易细节以及对争议的描述。消费者保护机构收到申诉的表格之后，会向供应商发出一份申诉表格的复印件，要求供应商给予书面回复，同时会在承诺的时间内派出代表和消费者联系，帮助消费者解

---

〔1〕 "国外如何监管保健品"，载 http://www.360doc.com/content/19/0319/10/1720781_ 822609450.shtml，最后访问日期：2019 年 3 月 19 日。

决问题。其二，消费者也可以直接向法院起诉，要求法庭作出裁决。[1]美国各州法律非常重视消费者权益的保护。在一般的诉讼案件中，受损失的消费者是能够获得弥补当前损失的经济赔偿的。按照各州保护消费者权益的法律，法庭一般会作出如下判决：经济赔偿要高出原来商品或者损失的几倍以上、律师的费用由责任方来承担、责任方要对自己的欺骗行为负责并支付罚金。不过，向法庭起诉之前，消费者应首先考虑与供应商联系，并写信给供应商，说明当前的问题，并要求其赔偿损失。

三、中国保健食品市场治理经验借鉴

（一）保健食品市场严格规范产品宣传销售，保健食品行业加强自律

在我国，保健食品行业的夸大宣传和违规营销问题依然未解，法规概念上的"保健食品"和商家经常使用的"保健食品"概念存在严重脱节。部分企业利用公众的认知误区，在保健食品的标签、标识、说明书、外包装、宣传资料或网页上明示或暗示疾病预防、治疗功能，夸大保健效果，误导和欺骗消费者。

随着中国老龄化问题日益严重，以及消费者收入水平的提高，保健食品市场爆发式增长，但随之而来的是对保健食品的过度依赖以及保健食品销售乱象。保健食品合格是销售的前提，在产品合格的前提下，虚假夸大宣传也带来了极大的危害，尤其是号称"包治百病"，以保健食品替代药物，很可能延误病情、加重病情，这也是保健食品销售中最令人深恶痛绝的问题。

在诸多保健食品与消费者健康相关的纠纷中，矛头都指向虚假宣传或者不规范运作。2019年1月16日，界面新闻报道了陕西西安田某平投诉的"三岁幼童服用无限极产品后被诊断心肌损害"事件。据田某平介绍，其3岁女儿被诊断为幽门螺杆菌感染后，在陕西当地一位无限极指导老师樊某的推荐下，每日大量服用8种无限极产品，而这位无限极认可的经销商樊某有大量关于"医院开的西药有毒性，对孩子身体有影响，不要给孩子吃医院开的药，吃无限极的没有任何毒副作用的保健食品就能治好孩子"的言论。对于虚假

---

[1]　臧煜卓："在美国，消费者如何维权？"，载 http://blog.sina.com.cn/s/blog_ 7fa3be390102zzc4.html，最后访问日期：2019年3月7日。

夸大宣传，无限极在同年 1 月 28 日发布的《无限极进一步响应"百日行动"的整改措施》中承认："公司存在经销商管理制度不完善、主体责任不明确，对经销商夸大、虚假宣传行为查处不力，对私自制售、传播、使用夸大、虚假宣传违规资料的行为监管薄弱，同时对消费者的投诉处理方式单一、人文关怀不足等问题，教训深刻。"

虚假宣传是保健食品行业的通病，2019 年 1 月 8 日，国家市场监督管理总局等 13 部门联合部署整治"保健"市场乱象百日行动电视电话会议。会上指出，"保健"市场暴露出虚假宣传、违法广告、消费欺诈、制假售假等一系列问题，严重侵害了消费者合法权益，扰乱了市场秩序。

在美国，同样存在着类似的问题。鉴于近年来膳食补充剂生产商对产品功效夸大及虚假宣传的现象越来越多，FDA 发出通知要求膳食补充剂生产商在其产品说明书上不得出现任何误导或暗示消费者在服用本产品后可治疗某种（或某些）疾病的字样，违者将面临巨额罚款甚至吊销生产许可证的处罚。根据 FDA 的新规定，在美国上市的膳食补充剂的标识还应包含三项内容：①综合说明栏，主要包括产品名、产品含量、生产商、包装商和分销商的所在地、用法说明；②膳食补充剂的详细内容栏，详细标明消费者每次可服用量、产品的成分和推荐每日服用的次数等，如果该产品为植物制剂，应标明产品所用植物原料的拉丁学名或通用名（常用名等）或（植物）标准提取物的含量情况，至于植物拉丁学名可查询《美国商业植物手册》2000 年第 2 版，如果膳食补充剂为拥有专利的混合物类制剂产品，应标明混合物的重量及混合物中各成分所占比例的明细情况；③备注栏，应包括非膳食补充剂成分（如填充剂、人工色素、香精、甜味剂、黏合剂之类的添加剂成分的名称与添加量），生产商必须将这些添加剂成分如实标出，如有必要公布，膳食补充剂生产商应在产品标识上注明本产品服用后是否有可能会引起不良反应或潜在危害等后果。

在我国，要整治保健食品销售乱象，最重要的是从根本上解决虚假夸大宣传的问题。2019 年 1 月 29 日，国家市场监督管理总局发布《市场监管总局关于保健食品标签管理相关规定的公告（征求意见稿）》指出，保健食品标签上应当设置特别提醒区及特别提醒。特别提醒区应当位于最小销售包装包装物（容器）主要展示版面，所占面积不应小于其所在面的 30%。特别提醒区内文字与特别提醒区背景应当有明显色差。特别提醒应当使用黑体字印刷，包括以下内容："保健食品不具有疾病预防、治疗功能。本品不能代替药物。"

新规还规定，保健食品标签上须设置投诉电话信息区，并且对其包装给出了非常具体的要求：注册或备案的同一保健食品的投诉服务电话应当唯一。保健食品生产经营企业应当保证在承诺的服务时段内接听、处理消费者投诉、举报，并记录、保存相关服务信息至少两年。

该规定自 2020 年 1 月 1 日起生效。2020 年 1 月 1 日前生产的保健食品可以销售至保质期结束。2020 年 1 月 1 日起生产的保健食品，凡标签不符合本公告要求的，依照《食品安全法》第 124 条、第 125 条有关规定处罚。

实际上，2015 年修订的《食品安全法》已经规定，保健食品的标签、说明书不得涉及疾病预防、治疗功能，并声明"本品不能代替药物"，保健食品广告也应当声明"本品不能代替药物"。不过，相关规定并没有明确警示语的位置和面积，很容易被消费者忽略掉。根据此次公告，外包装上更加清晰的提示能够起到一定警示作用。

同时，保健食品的广告宣传中也存在夸大作用的现象。按照《食品安全法》第 78 条规定，保健食品的标签、说明书不得涉及疾病预防、治疗功能，内容应当真实，与注册或者备案的内容相一致，载明适宜人群、不适宜人群、功效成分或者标志性成分及其含量等，并声明"本品不能代替药物"。保健食品的功能和成分应当与标签、说明书相一致。《广告法》也规定，保健食品的广告宣传应与药品做严格区分，除去应当显著标明"本品不能代替药物"，还不得包含下列内容：①表示功效、安全性的断言或者保证；②涉及疾病预防、治疗功能；③声称或者暗示广告商品为保障健康所必需；④与药品、其他保健食品进行比较……这意味着不论是产品包装、标签或说明书，还是广告宣传，都不能代替药物，不得与疾病预防、治疗挂钩，这是所有保健食品对外宣传的底线。

针对广告虚假宣传的问题，建议我国完善打击虚假广告的法律制度，提高广告审查力度，扩展被虚假广告侵害的消费者的司法救济渠道。对于在监督检查过程中发现存在虚假广告的情况应及时处理，增加虚假广告的违法成本。对于已造成损失或发现虚假广告的情况，应增加消费者司法救助途径，并通过媒体、网络等信息发布平台广泛宣传，提高消费者的知晓率和维权意识。

此外，应加强对保健食品知识的科普宣传力度，引导老年人远离保健食品骗局。要多开展面向老年人的养生、疾病预防、保健食品识别等讲座，帮助老年人掌握一些常用的保健知识，防止被骗。

2000 年以来，国家对保健行业严打式的整顿行动至少有 9 次，但效果并不持久。运动式的行动代替不了常态的监管。违法违规营销是保健食品行业最致命的一环。在全行业都将会议等服务营销作为主要销售手段时，前端产品审批再严格、标准再科学，都挡不住不法经销商虚假宣传带来的危害。所以，转变监管模式、适应行业升级、规范经销商队伍是监管部门的当务之急。

保健食品市场的规范发展不仅依赖于政府监督与法律规范，也需要行业自律作为保障。早在 2018 年，中国食品辟谣联盟审议并发起了《保健品行业自律公约》。该公约指出，从事保健品生产经营服务活动的企业，应切实执行有关法律、法规和行业规范，恪守职业道德，开展合法、公平、正当、有序的行业竞争，共同促进保健品市场的规范运作和整体健康发展。该公约还强调，在保健品生产经营活动中，反对价格欺诈行为，重视社会效益；科学、实事求是地进行企业和品牌宣传，严格执行《广告法》等有关规定，不含虚假内容，不夸大宣传，不误导消费者，不贬低行业中其他企业产品。在生产经营活动中，签署该公约的保健品企业应承诺履行下列自律内容：不伪造或冒用各类名优或质量认证标志；不生产、销售国家或行业明令淘汰的保健品或不合格产品；不采购过期、无批准证号或不合格等假劣保健品；不在经营活动和各类业务检查时隐瞒真实情况、弄虚作假；未经批准，不擅自扩大、改变生产经营范围。[1]

建立保健食品行业自律机制，规范行业生产经营行为，提高行业整体素质，维护行业声誉，是促进中国保健食品行业健康发展的重要动力。未来，保健食品行业各企业应注重行业自律，切实执行有关法律、法规和行业规范，积极履行企业主体责任，树立行业良好形象，提高行业从业人员的职业道德观念和质量、安全意识，以守法、诚信、科学的态度维护消费者合法利益。

（二）保健食品市场监管部门注重销售环节监督，明确职责、减少盲区

2018 年初，中国保健协会对外披露的数据显示，目前我国保健食品每

---

〔1〕 "《保健品行业自律公约》发布 多家保健品企业承诺维护行业有序发展"，载 https://www. sohu. com/a/243717040_ 267106，最后访问日期：2019 年 3 月 11 日。

年的销售额约 2000 亿元，其中老年人消费占 50%以上。而且，据业内估计，保健食品市场的年销售额还有很大的上升空间。近年来因保健食品质量与安全问题引发的事故层出不穷，因食用保健食品致伤致死的事件也不胜枚举，社会各界在质疑保健食品质量安全的同时，也拷问着保健食品市场的监管之责。[1]

在我国，保健食品的监督长期处于改革与调整的过程中。1996 年，《保健食品管理办法》发布，"保健食品"第一次有了明确定义：表明具有特定保健功能的食品。即适宜于特定人群食用，具有调节机体功能，不以治疗疾病为目的的食品。同时，一系列的评价程序、检验方法、技术规程、规定要求出台。也在这一时期，保健食品开始实行批准文号管理制度，即保健食品企业须为产品申请批准文号，在获批产品外包装标注"国食健字"字样，为天蓝色帽形，业界称"蓝帽子"，批准文号为"卫食健字"，终身有效。很长的时期内，具有蓝帽子标准的保健食品由原食药部门监管，而其他普通食品冒充保健食品或假劣保健食品则由原工商或质监部门管理。但原工商和质监部门一度也认为，这不属于自己的监管打击范围。政府职能的交叉使保健食品企业"暗自窃喜"。[2]

2005 年，《保健食品注册管理办法（试行）》发布，批准文号终身制不复存在，注册与退出机制的完善使国家对保健食品的管理由被动变为主动。2015 年修订的《食品安全法》将保健食品纳入特殊食品实行监督管理，明确保健食品的功能和成分应当与标签、说明书相一致，并对其广告作出规定。2015 年起实施的《食品安全国家标准 保健食品》中对保健食品的定义更改为：声称并具有特定保健功能或者以补充维生素、矿物质为目的的食品。即适用于特定人群食用，具有调节机体功能，不以治疗疾病为目的，并且对人体不产生任何急性、亚急性或慢性危害的食品。

据统计，截至 2018 年 5 月，我国经相关部门批准注册的"保健食品"只有 9900 种，地方各级部门批准的各种"食字号""健字号"等相关产品却高达 5 万种之多。许多企业利用监管的漏洞，大肆生产销售概念模糊的"保健

〔1〕 万静："法制日报：直击权健事件之后的监管之责"，载 https://tech. sina. com. cn/it/2019-01-09/doc-ihqfskcn5410706. shtml，最后访问日期：2019 年 1 月 9 日。

〔2〕 "争议中的保健品市场，如何监管?"，载 http://baijiahao. baidu. com/s? id=1599409342034179148&wfr=spider&for=pc，最后访问日期：2018 年 5 月 3 日。

食品"。监管部门如何加大力度做好保健食品监管工作，划分各部门职责，是未来保健食品市场监管面临的重要问题。

此外，随着保健食品销售模式日益多样化，除传统型模式（产品经过多级批发商到达零售终端）外，新出现了网络销售、电话销售、会议销售、健康咨询等多种新型销售模式。网络销售门槛低，监管部门难以对相关产品进行必要的检查，消费者也无法在购买之前对其质量进行验证。电话销售、会议销售、健康咨询等方式隐蔽性强、流动性大，易形成监管盲区。

以基层保健食品销售为例，据统计，在湖南省娄底市，经监管部门备案许可的保健食品专营店有 1005 家，销售保健食品的药品批发经营户有 10 家，药店有 1259 家，共 2274 家具有合法资质的保健食品经营户。然而实际上，全市 13 210 家食品销售主体和 6634 家餐饮服务主体基本都涉及了保健食品经营，全市实际经营保健食品的商户超过 2 万户。这就带来了一个问题：基层保健食品经营者主体规模小、退出成本低，大多没有长远规划，经营行为短视，从业者水平参差不齐，普遍缺乏保健食品相关知识。据悉，基层的食药系统监督举报电话 12331，曾多次受理保健食品会议销售投诉，执法人员接到电话后当即奔赴现场，但销售人员已离场，诸如此类"打游击"式的销售方式给查处带来巨大困难。而且基层保健食品夸大功效宣传的现象普遍存在，这些无证无照的"山寨保健食品"销售企业，配以养生保健讲座、礼品赠送、会展销售等形式，进行保健食品非法广告宣传，将各种"证照""批文"扩印张贴，骗取消费者信任，最后高价销售，获取暴利后迅速离开。这些对于监管力量薄弱的基层执法部门来说，监管起来明显捉襟见肘。

要从根本上解决保健食品非法营销骗老、坑老等市场乱象，还要将这类监管常态化，走专业监管的道路。作为一类特殊商品，保健食品类型复杂、品质良莠不齐，具有一定的特殊性和专业性，没有专业的监管机构和队伍，很难取得常态化的监管效果。要切实加强打击食品药品违法犯罪的力量，必须建立一支专门的执法队伍，积极开拓监管手段与途径。[1]

（三）完善保健食品市场监管的法律规范体系，提高违法成本

2018 年，一篇文章披露，一名患有癌症的 4 岁女童因其父亲相信权健公

---

[1]　万静："法制日报：直击权健事件之后的监管之责"，载 https://tech. sina. com. cn/it/2019-01-09/doc-ihqfskcn5410706. shtml，最后访问日期：2019 年 1 月 9 日。

司的产品，服用该公司的"抗癌产品"后病情恶化离世。此外，该文还直指位于天津市武清区的权健公司涉嫌虚假宣传、传销等诸多问题。随后，天津市委、市政府责成市场监督管理委员会、市卫生健康委员会和武清区相关部门成立联合调查组。"权健事件"联合调查组进驻后，经过调查取证发现，权健公司在经营活动中涉嫌传销犯罪和虚假广告犯罪。公安机关已于2019年1月1日依法对其涉嫌犯罪行为立案侦查。同时，相关部门依法查处取缔不符合消防安全规定的火疗养生场所，开展集中打击清理整顿保健食品乱象专项行动。"权健事件"不仅将权健公司带入了舆论漩涡，在将权健创始人以及其产品、销售模式推向公众视野的同时，也再度"点燃"了对中国保健食品市场乱象的热烈讨论。

宏观来讲，目前大健康意识在中国居民中不断深化，但是民众所具有的专业知识尚未与健康意识同步，消费端很难具有专业的甄别能力，这才导致市场上出现大量的保健食品公司，而这些公司还能大面积快速引诱消费者。就保健食品行业而言，这是一个暴利行业，在暴利驱动下，一些小、乱、差的企业进入这个行业并成了害群之马，使得行业处于非常混乱的局面。此外，在审批方面，目前有相关的法律法规，但是具有落地性的法规还不够完善，导致部分企业生产的产品良莠不齐，很多产品夸大功效，操作模式游离于合法与不合法之间，都需要进一步规范。

目前，我国虽然有《保健食品注册与备案管理办法》《食品安全法》《消费者权益保护法》等法律法规的支撑，在保健食品生产、销售、宣传等各环节都有涉及，但是在落地方面还缺乏标准体系。因此，针对我国保健食品行业需要尽快建立完备的法律和标准，用制度规范来改变保健食品领域违法成本过低的现状。

对于保健食品而言，根本性的问题在于其法律层面的身份定位问题。在2009年制定《食品安全法》期间，对于是否该将保健食品纳入食品安全法管辖范围，相关专家就有不同意见。有些专家认为，保健食品应该按照食品管，保健食品这个概念没有存在的必要，更没有单独审批的必要，如果产品有保健功能，就应该放到药品里面管理。但是最终的结果是，2009年的《食品安全法》中保留了保健食品相关的概念——声称具有特定保健功能的食品，立法上对其进行了模糊化的处理。将保健食品纳入食品范畴管理，虽然从法律层面上制约了其声称预防或辅助治疗的可能，但同时也放松了对其的监管力度和要求。而对于带着"保健"色彩的食品，保健食品企业虽然表面上不能提任何的功效作用，但是实际宣传上却会变着法子来口口相传它们的"疗效"，从而误导消费者。这也是保健食品一直被人诟病"虚假宣传""夸大宣传"的原因，也是保健食品采取会销、直销这种营销模式的原因。

2014年，国家食品药品监督管理总局开始定期对保健食品进行风险监督抽检，一旦发现不合格就网上公布，并专门设立特殊食品司承担这一职能。2015年，《食品安全法》进行了修订。此次修订将保健食品纳入特殊食品进行监督管理，明确"保健食品的功能和成分应当与标签、说明书相一致"，并对其广告作出规定。《保健食品注册审评审批工作细则（2016年版）》中规定，证明食品的保健功能，需要进行专家评审。但是，这些措施还远远不够，根本性的问题并没有解决。2015年起实施的《食品安全国家标准 保健食品》中对保健食品最终的划分范围仍然是食品，生产要求与食品行业标准一致，只是多增加了一道卫生部门的审批程序。而在这个关键的程序里，保健食品需要做的只是跟食品一样进行色泽、气味、理化指标、污染物等的审查，专家的评审也只是通过对提交上来的材料进行理论分析，《保健食品管理办法》所要求的保健食品认证需要"经必要的动物和/或人群功能试验，证明其具有明确、稳定的保健作用"则由第三方机构出具。

在如何从法律层面上定义保健食品这方面，美国提供了前车之鉴。FDA通过法律的形式对膳食补充剂的分类与定义进行了明确的划分。在《膳食补充剂修正法案》中FDA继续对膳食补充剂进行细化定义：①可在饮食之外对人体有益处的食品；②含有一种或几种营养物质（如维生素、矿物质、植物成分或其他成分）；③可加工成胶囊剂、片剂或液体剂等适合消费者口服的剂型；④在产品外包装正面应标明"膳食补充剂"字样。

如何完善保健食品相关政策法规、强化执法力量、提高违法成本、加大对保健食品涉嫌欺诈行为的执法力度是我国保健食品市场未来发展需要首先考虑的重要问题。国家市场监督管理总局应加快步伐，完善保健食品检验、动态监管机制；利用官方权威渠道和大众媒介，加大新发布的保健食品相关法律法规的宣传力度并扩大其宣传覆盖面，并通过建立惩罚性赔偿制度，改变保健食品领域违法成本过低的现状；充分发挥法律的震慑作用，使心存侥幸者不敢碰触法律红线；同时，应建立权威的健康信息发布平台，及时、动态报道我国保健食品监管情况。

面对保健食品市场乱象，我国业已有所关注与重视，在 2019 年全国食品安全监管重点工作电视电话会议上，国家市场监督管理总局副局长孙梅君提出，2019 年食品安全监管要把校园食品、保健食品作为重中之重，抓好大型企业、大宗食品、小微主体食品安全，以婴幼儿配方乳粉、餐饮服务业、农村市场为重点，提升食品质量安全水平，通过巨额处罚、数罪并罚、联合惩戒，加大处罚力度，提高违法成本。

（四）加强对消费者维权的保障，提高消费者维权意识

目前我国已成为全球第二大保健食品消费市场，并且消费规模逐年扩大，但我国的保健食品市场仍处于发展初期，随着经济水平的不断提高和保健食品消费意识、习惯的养成，消费者购买保健食品的种类、频次也大幅增加，未来我国保健食品产业发展空间巨大。居民收入水平的提高以及老龄化程度的加深均给我国保健品行业的发展带来了发展动力。从居民收入增长变化来看，总体上我国居民人均收入水平保持了稳定的增长，2017 年全国居民人均可支配收入 25 974 元，比上年增长 9%，高于 GDP 的增长。随着居民收入的增长，其在医疗保健领域的消费支出也逐年增长，近年来，我国居民人均医疗保健支出及其在居民消费支出的比重均呈逐年上升趋势，2017 年的医疗保健支出金额和占比分别为 1451 元和 7.92%。2014 年中国保健品市场规模突破千亿，2017 年中国保健品市场规模逼近 1500 亿。[1]。

中国消费者协会向社会发布的《信用消费与消费者认知调查报告》显示，受访者对当前生活水平比较满意，预期消费水平总体向好，超过六成受访消费者对未来一年消费总体充满信心；59.7% 的受访者对当前的消费环境比较或非常放心；64.6% 的受访消费者对未来一年的消费比较或非常有信心。但其中，对保健品类产品的不满意率达到 28.6%，在各类消费商品和服务中最为突出。"品质不如意"是消费者对商品/服务不满意的主要原因，线上消费的失信或违法情况较线下实体店更加多发。此外，"产品信息不真实"是消费者较为集中的反映，占比超过 30%。"商家信誉差"等"信用缺陷"也是造成消费者对现有消费商品和服务不满意的重要原因。通过中国消费者协会的

---

〔1〕 "中国保健品行业市场前景广阔，国内外保健品企业对市场和消费者争夺将进入白热化阶段〔图〕"，载 http://www.chyxx.com/industry/201809/681166.html，最后访问日期：2018 年 9 月 29 日。

调查可以看出，医疗保健是让消费者难以"放心消费"的重要领域。

不法商家往往打着治疗疑难杂症、感恩答谢惠民工程、政府补贴、消费维权等幌子，利用国家机关、医疗单位、学术机构、行业组织的名义，以专家、知名人士、医务人员和消费者身份对商品做虚假或引人误解的宣传，通过虚假打折、"雇托儿""饥饿营销法"等手段制造"现场抢购"的营销氛围，诱导消费者按所谓的"疗程""优惠"大批量购买产品。甚至有的打着各种社会组织和消费维权的旗号，声称能帮助消费者追讨被骗买保健品的款项，诱使消费者落入"连环骗"的圈套。

面对保健品市场乱象，政府部门必须强化监管执法，在坚决打击假冒伪劣、虚假宣传等各类消费者反映集中的失信及违法违规行为的同时，加大失信联合惩戒力度，开展守信联合激励，着力构建以信用为核心的新型监管机制。广大经营者应坚持"消费者优先"，在经营中打造品牌、传递诚信、塑造信用，营造尊重消费者监督、重视消费者意见的良好氛围，努力打造更加便利、安全、放心的消费场景，加大保障消费者维权的力度。

美国已经在这条路上努力了多年，美国的消费者保护法律制度建立较早，从 20 世纪就开始进行一系列消费者运动，到如今已经形成了成文法与判例法并重，联邦立法与州立法相结合，综合运用民事、刑事、行政法律手段，覆盖几乎所有消费领域的消费者保护法律制度。美国没有消费者保护基本法，而是由众多单项的成文法和长期积累的大量判例构成的消费者保护立法体系。这也正是其成功之处所在，多项长期积累的判例取代了一蹴而就的基本法，使得法律能够尽可能地落到实处，切实保护消费者利益。另一个不得不提的重要原因就是民间组织的努力，除政府外，民间机构会免费为消费者提供法律帮助并向政府提交意见或建议，这在极大地简化消费者投诉渠道的同时，也使得消费者的权益进一步受到保护，在很多美国的消费者机构内，投诉事件不分大小，全部同等对待，真正地诠释了"消费者就是上帝"这句话。

近年来，中国的消费者权益保护机制也在逐步完善，2019 年《市场监管总局关于保健食品标签管理相关规定的公告（征求意见稿）》中特别指出，保健食品标签应当设置投诉服务电话信息区，标注投诉服务电话、服务时段等信息；投诉服务电话字体不应小于"保健功能"的字体大小；注册或备案的同一保健食品的投诉服务电话应当唯一；保健食品生产经营企业应当保证在承诺的服务时段内接听、处理消费者投诉、举报，并记录、保存相关服务信息至少两年。

第三节　日本保健市场综合治理考察与经验借鉴

1962 年，自日本首次提出功能性食品概念后，随着政府与民众健康需求的推动，其保健功能食品市场经过长足的发展，在市场结构和制度层面已趋于完善，目前日本整个保健功能食品市场处于一个高速平稳扩张的状态。根据富士经济对日本国内保健功能食品（功能性标示食品、特定保健用食品等）进行的市场调查，2018 年日本保健功能食品市场规模已达 7115 亿日元，并呈继续增长趋势。相比之下，我国的保健食品行业虽起步较晚，但发展势头迅猛，近年来，随着"大健康"理念的兴起，保健食品市场的复合增长率逐年递增，2016 年我国已经成为全球第二大保健食品消费市场。但是我国的市场成熟度及产品的平均市场规模还有待提高。因此，通过对日本保健食品市场进行考察，重点关注日本如何对其保健功能食品市场进行管控治理，对提升我国保健食品市场的治理水平、维护保健食品市场安全稳健化发展具有一定的现实意义。

一、日本保健功能食品市场的法律治理

厘清如何通过法律实现对日本保健功能食品市场的治理，需要关注两个问题：一是日本是如何通过法律对其食品市场进行治理的；二是日本针对保健功能食品市场有何特别法律治理措施。关注这两个问题盖因保健功能食品虽具有维护健康的独特性，但其仍属于食品范畴，如无特别制度安排，依然受日本有关食品法律规范的约束。故在谈论日本对保健功能食品市场的法律治理时，我们首先应关注日本当下食品市场共通的法律治理手段，再审视针对保健功能食品市场特别的法律治理手段。

（一）日本保健食品市场的一般法律治理

在日本，保健食品虽然具有保健特性，但实属于食品范畴。因此在市场中，它的生产、加工、包装、标识、广告、流通、销售等各个环节若无特别法律规定，依然受一般的与食品有关的法律规范调整。也即只有整体把握日本食品法律监管体系，才能了解日本保健功能食品的规制逻辑。

1. 相关法律法规

日本有关食品的立法最核心的是《食品卫生法》和《食品安全基本法》。1947 年，日本政府首次制定《食品卫生法》，希望通过从公共卫生的角度进行必要的规定并采取相应措施来确保食品安全，防止因饮食而引起的健康危害。其后多年它一直是日本最重要的有关食品安全的法律。直至 21 世纪初，日本频发重大食品安全事故，《食品卫生法》侧重于强调食品生产过程监管，以保障食品卫生来保障食品安全的局限性规制理念显然无法满足社会对制度的需求，亟待更全方位保障食品安全的法律出台。由此，2003 年日本制定实施了《食品安全基本法》，该法围绕食品安全，通过明确国家、地方公共组织、食品相关企业以及消费者的责任义务，贯彻了从"田园"到"餐桌"全方位的食品安全监管理念，成为日本目前保障食品安全最重要的法律。当然，除《食品卫生法》和《食品安全基本法》之外，还有与之相关的其他法律法规共同配合保障日本食品市场安全。例如，涉及食品标识的有：《健康促进法》《食品标识法》等；涉及食品原料的有：《农药管理法》《植物防疫法》《家畜传染病预防法》《屠宰场法》《家禽屠宰商业控制和家禽检查法》等；涉及食品生产者的有：《制造物责任法》等。

2. 日本食品市场的法律监管框架

目前，日本对食品安全的监管部门有厚生劳动省、农林水产省以及消费者厅。三者的职责基本按照食品从生产、加工到销售流通环节来明确。厚生劳动省主要负责对加工、流通环节的食品安全进行监督管理，农林水产省主要负责日本生鲜农产品生产和粗加工阶段的安全性，[1]而消费者厅则主要负责对食品标识规范的监管。对保健功能食品来说，其从生产加工到流通销售正是主要由此三部门进行监督管理。

就具体监管职能而言，厚生劳动省在监管职能上是对农林水产省的补充和延续，其下设的药品食品安全局需根据内阁府食品安全委员会风险评估的结果制定食品在加工、销售流通领域的安全标准并按制定的标准对食品进行检查监督。[2]不仅如此，它还兼具对食品制造设备进行卫生检疫，对包含进

---

〔1〕　徐飞："日本食品安全规制治理评析——基于多中心治理理论"，载《现代日本经济》2016年第 3 期。

〔2〕　董晓文："日本食品安全监管法律制度的新发展及其启示"，载《世界农业》2017 年第 4期。

口食品、保健功能食品在内的所有食品流通的安全进行监督指导以及发布食品安全信息情报等职能。农林水产省通过其下设的消费者安全局来负责食品安全。消费者安全局主要负责制定农产品的产品标准并依据标准对农产品的生产阶段进行监督管理。为此，其建立了农产品质量安全调查分析机制、可追溯性机制等多项监管机制。此外，它还具有办理农产品认证并对认证产品进行监督管理、发布农产品安全风险信息、受理消费者投诉等职能。消费者厅是根据《消费者厅和消费者委员会设置法》由日本内阁府成立的一个以保护消费者为核心任务的独立职能部门。就食品问题上，该机构主要承担着对消费者进行食品安全教育、受理消费者反馈信息以及对食品标识的标准制定和监管职能，而目前日本保健功能食品的标识审批备案监管也主要是由消费者厅负责的。以上三个监管机构虽能相互协调配合，但也只能在各自职能权限范围内承担食品安全风险监管职责，并无相互制衡监督机制。为确保食品安全监管机构能充分科学发挥其食品监管职能，保证食品市场的良好运行，日本内阁办公室还按照《食品安全基本法》的要求设立了食品安全委员会，该委员会高度独立，负责对食品进行风险评估，对食品安全监管部门进行监督指导以及协调消费者、食品安全管理部门、地方公共团体进行风险沟通等事宜，进一步保证了政府对食品市场监管规制的科学性和有效性。

3. 法律责任

为保证法律政策的顺利实施，确保监管的有效性，日本规定了较为严格的法律责任。监管部门对违反《食品卫生法》的主要责任人最高可判处三年有期徒刑并处 300 万日元（折合人民币约 15 万元）罚款，对法人最高可罚款 1 亿日元（折合人民币约 500 万元），并规定其永远不得从事食品行业。此外，按照权责统一性的要求，失职的监管主体也需要承担相应的法律责任，故对于违反《食品卫生法》规定的指定检查机构的官员或职员，可判处其 1 年以下有期徒刑或 100 万日元以下罚款。

（二）日本保健食品市场的特别法律治理

日本保健食品虽受一般有关食品法律规范的约束，但鉴于其关乎健康的独特性，仅靠一般的食品法规范显然无法满足社会对制度的需求。自 1962 年首次提出功能性食品概念后，日本于 1991 年对《营养改善法》（2002 年被废止，现为《健康促进法》）第 12 条进行了修订，在特别用途食品中增加了特定保健用食品的内容，第一次以法律的形式明确了特定保健食品的地位。此后，为了满足消费者的信息需求、更好地保护消费者安全，日本主管医疗卫生和社会保障的厚生劳动省于 2001 年制定并实施了专门的保健功能食品管理法规——保健功能食品制度。该制度对保健功能食品做了标识性分类，将其分类为特定保健用食品与营养功能食品，并对二者的审批、上市等分别作出了详细的监管规定。此后很长一段时间内，日本保健功能食品仅限于特定保健用食品和营养功能食品。2013 年，面对人口老龄化进一步加剧、医疗支出剧增的严峻形势，日本首相安倍晋三提出了"扩大健康和预防服务的可能性"的增长战略，日本政府开始探讨研究放松功能食品的市场准入，以期吸引投资，扩大保健食品市场规模，让国民通过自我保健削减医疗支出。由此，随着《食品标识法》等一系列法规政策文件出台，功能性食品标识制度于 2015年登上日本保健功能食品市场的舞台，功能性标识食品成为继特定保健用食品和营养功能食品之外的又一种保健功能食品。以下，日本保健食品市场的特别法律治理主要是根据上述两种制度安排针对三种不同标识类型的保健功能食品在审批许可上市上的特别管理。

1. 特定保健用食品

在日本，特定保健用食品是指有科学证据表明有助于维持和改善健康并已通过有效性和安全性审查，经消费者厅厅长许可批准后，标示具体保健用途的食品。[1]根据保健功能食品制度，特定保健用食品又可分为特定保健用食品、特定保健用标示降低疾病风险型食品、特定保健用规格标准型食品以及附带条件的特定保健用食品（详见表1）。

表 1〔2〕

特定保健用食品类别	定义	标识
特定保健用食品	获得《健康促进法》第 26 条第 1 款所规定的许可并对以特定保健为目的的服用者来说，通过服用能达到所标示保健功能的食品。	

---

〔1〕 刘洪宇等："日本保健功能食品管理制度及特定保健用食品批准情况概要"，载《中国药事》2012 年第 5 期。

〔2〕 资料来源于日本消费者厅官网。

续表

特定保健用食品类别	定义	标识
特定保健用标示降低疾病风险型食品	有效成分的降低疾病风险效果已经被医学、营养学验证，可降低疾病风险作为批准的标示项目之一的特定保健用食品。[1]	
特定保健用规格标准型食品	作为特定保健用食品的批准数目比较多，已经积累了较多的科学依据，有效成分等相关标准已经确定，无需经过消费者委员会的个别审查，通过事务局进行的规格标准是否适合等审查后，即可得到许可的食品。	
附带条件的特定保健用食品	有效成分的降低疾病风险效果已经被医学、营养学验证，可降低疾病风险作为批准的标示项目之一的特定保健用食品。[2]有效性依据虽不能达到特定保健用食品批准的审查要求，经确认具有一定有效性，对标示内容进行限定的食品。	

特定保健用食品在日本实行的是个别审批许可制，由消费者厅主管。不同类别的特定保健用食品在上市前，须向主管部门日本消费者厅进行申报，由消费者厅对其进行安全性、功效性、法规相符性审查，产品通过许可后方可标示相应功能及特定标志进行上市销售。对于特定保健食品的申报，相关食品企业需要向消费者厅提交标示许可申请书、审查申请书并提供用于有效成分检测的样品。为此，日本消费者厅发布了一系列指导操作性文件，如《特定健康食品申请注意事项》《特定保健用食品的审查等操作及指导要领》等，严格规范了标示许可申请书和审查申请书应包含的内容，与一般食品申报相比，其内容和标准更加全面而严格。同时，消费者厅还公布了四类特定保健用食品分别的成分、剂量及相关检测要求，既保证了食品生产商能在申请特定保健用食品前对自身生产食品的形式、规格、成分、添加剂等有一个自查标准，也为消费者提供了一个对特定保健用食品的官方认知渠道，便于消费者对食品安全的监督。

---

〔1〕 刘洪宇等："日本保健功能食品管理制度及特定保健用食品批准情况概要"，载《中国药事》2012 年第 5 期。

〔2〕 刘洪宇等："日本保健功能食品管理制度及特定保健用食品批准情况概要"，载《中国药事》2012 年第 5 期。

　　日本消费者厅受理申报后，会对提交的材料进行形式上的审查，无误后将咨询消费者委员会和食品安全委员会，进行实质上的审查。委员会的审查顺序为：先由消费者委员会新开发食品评价调查会进行有效性审查，食品安全委员会新开发食品专门调查会进行安全性审查，再由消费者委员会新开发食品调查部会对有效性和安全性进行统一审查。消费者委员会审查完毕后，须将许可结果告知消费者厅，再由消费者厅统一厚生劳动省医药食品局及相关检测结果意见，确定许可与否（具体流程见图1）。通过许可的，消费者厅将下发批准证书，而后食品生产企业可在产品上标示相应的特定保健用食品标识。此外，为了保证行政效率，《特定保健用食品的审查等操作及指导要领》规定了严格的审查期限，一般特定保健用食品的审查期限为自受理审查申请之日起5个月，但若因提交的申请材料不完整，申请人更正的时间以及消费者委员会和食品安全委员会的审查期限不包括在内。而对于特定保健用规格标准型食品，因其无需进行个别审查，其审查期限为自受理审查申请之日起2个月。

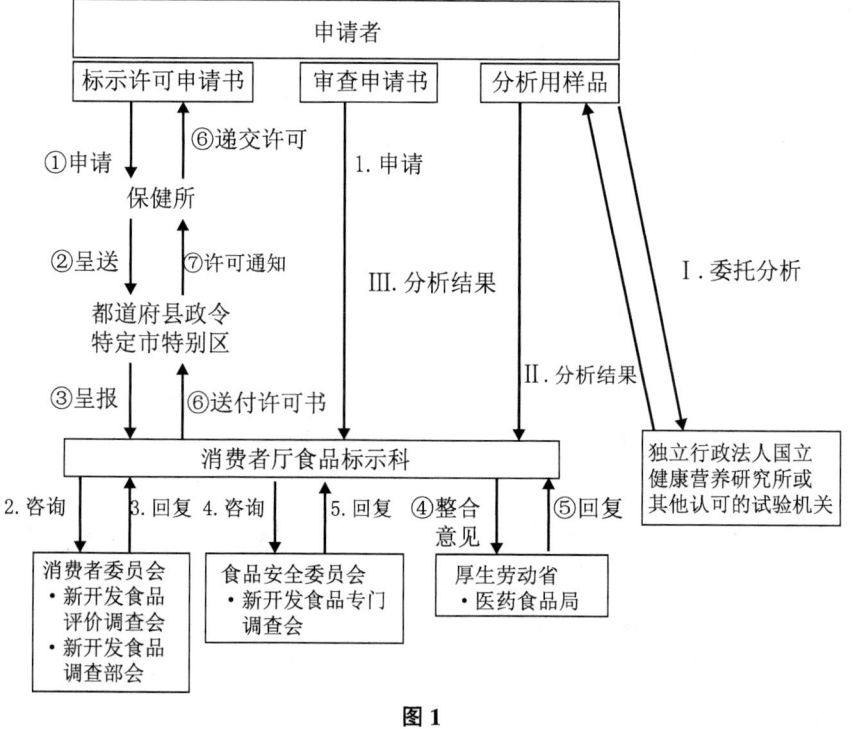

图1

2. 营养功能食品

营养功能食品是指用于补充特定营养成分并可以标示所含营养成分的一种功能食品。其中所含有的营养成分是指人机体内不可缺少的营养素，如钙、铁、维生素等。对于营养功能食品，日本采取的是备案制，即不需要进行许可审批，仅需要在消费者厅备案即可。这种将监管重点放在事后的备案制做法，一方面是出于营养功能食品的安全指数普遍较高，规格标准亦比较简单且易于把控的考量，另一方面则是在保证消费安全的前提下降低了营养功能食品市场门槛，达到促进营养功能食品市场的发展，提高居民自我保健能力的目的。

诚然，日本营养功能食品入市门槛较低，但也并非毫无制度约束。根据《健康促进法》第 16 条的规定，厚生劳动省于 2003 年制定了《营养功能标识标准》，公布了营养功能食品的标准、应标示的内容及原则。2009 年，因国民健康需求和国家管理职能的变动，日本消费者厅取代厚生劳动省成为保健功能食品的主管部门，并对《营养功能标识标准》做出了部分修改。到 2013 年，日本政府为实现"进一步扩大健康和预防服务"的战略目标，制定颁布了《食品标识法》及《食品标识标准》，重新定义《营养功能标识标准》并将其纳入上位法体系中，为规范营养功能食品市场提供了更坚实的法律后盾。但值得注意的是，根据《食品标识标准》补充规定第 4 条和第 5 条，新标准并未立即实施，而是有一个过渡期。对加工食品和添加剂，过渡期为 2015 年 4 月 1 日至 2020 年 3 月 31 日，对新鲜食物，过渡期则为 2015 年 4 月 1 日至 2016 年 9 月 30 日。需要注意的是，在过渡阶段中，一件营养功能食品的标签不允许出现混合食品标签标准和营养标签标准的情况。

3. 功能性标识食品

功能性标识食品是指适用于未受疾病影响的人（未成年人、孕妇、备孕期妇女和哺乳期妇女除外），其功能成分能达到维持和促进人体健康的目的（降低疾病风险除外），并根据科学依据在其容器和包装上贴上标签的食品（特别用途食品、营养功能食品以及会导致过量摄入营养素的食物除外）。2013 年，随着日本《食品标识法》及《食品标识标准》的出台，首次以法律的形式确定了功能性标识食品这一新标识食品，并将其划为保健功能食品中，随后日本消费者厅发布了《功能性标识食品通知指南》等一系列规范性文件，进而从上而下形成一套功能性食品标识制度，并于 2015 年正式实施。

功能性标识食品和营养功能食品一样，都实行备案制。按照《功能性标识食品通知指南》的规定，功能性标识食品生产企业只需于上市销售前60日向消费者厅提交符合与其声称的功能相符的科学依据进行备案即可，科学依据主要是指：①根据所有已有的能够证明有效成分有效性的论文进行综合评价，从而认为其具有有效性；②完成品的临床试验证明其具有有效性（须提前进行实验并形成论文）。具体操作上，食品生产企业首先应登录消费者厅的数据库填写相应资料并提交关于备案食品的报告文档。报告的主要内容包括：①关于备案食物适应证的内容；②食品相关公司的基本信息，如食品相关公司名称和联系信息；③食物安全性和功能性的信息；④有关生产、制造和质量控制的信息；⑤收集到的有损健康的信息；⑥其他必要的事项。提交资料完成后，消费者厅食品标签计划科会对提交的资料进行确认，形式上无误的，视为已履行完备案程序。若填写资料不完整或者存在如省略描述之类的问题，消费者厅食品标签计划科会通知提交者进行补充，该食品此时不会被视为已经履行完程序性备案义务。备案完成后，相关备案信息会发布在消费者事务局网站上，食品生产企业要确保功能性标识食品在上市销售前，其备案信息已经公开。此外，在对功能性标识食品进行销售时，还需要注意销售的功能性标识食品容器包装上应具备的标示的内容（见表2）。

表2

功能性标识食品标示内容	
应有标识	禁止标识
①"功能标记的食物"标识； ②相关成分的功能及科学依据以及具有该成分的食品的功能； ③营养成分量和热量； ④每日摄入量的功能成分含量； ⑤估计每日摄入量； ⑥备案编号； ⑦食品生产者的联系方式； ⑧摄入方法； ⑨服用的注意事项； ⑩需要特别注意烹饪或储存方法的，应注明相应注意事项； ⑪其他。	①声称能对疾病起治疗或预防效果的术语； ②根据《食品标识标准》第7条和第21条规定的有关补充营养成分的说明（但可以标示营养成分或热量的适当摄入量）、突出强调向消费者厅厅长报告的功能性成分以外的成分的术语（包括《食品标识标准》附录9第一栏中列出的营养成分）； ③消费者厅厅长批准、许可等引起消费者误解的用语（如消费者厅承认、××省推荐等用语）； ④《食品标识标准》附录9第一栏中列出的营养成分功能的术语。

目前，功能性食品标识制度适用的对象食品几乎涵盖了除酒精类产品的所有食品，不仅包括了加工食品、生鲜食品等，还包括了既有的营养功能食品。而这种标有新标识的食物，既不同于特定保健用食品具有严格的个别许可审批限制，也不同于营养功能食品对营养成分标准的严格把控，其入市门槛要比这两者更低一些，给当下日本食品产业带来了很大的实惠，不仅可以声称自己的产品具有某种保健功能，突出产品优势，对产品附加值的提升也有显著效果。

二、日本保健功能食品市场的其他治理考察

在对保健功能食品市场的法律规制方面，日本已逐渐趋于成熟，但仅依靠政策法律规制单一的治理，往往难以避免"政府失灵"的状况发生，易引发制度失衡和落空。正是注意到这一点，日本尤为重视多主体的协调共治，除运用制度权威协调保健功能食品市场外，日本还充分发挥了行业协会、消费者等其他主体的治理优势，共同维护保健功能食品市场的安全发展。

（一）行业协会治理

日本社会广泛存在的各类行业协会代表行业全体企业的意志，不仅可以向政府传达企业的共同诉求，协助政府制定和实施行业发展规划、产业政策法规，还承担着监督本行业的产品和服务质量、维护行业信誉的重要职能。目前，行业协会已成为日本多元社会治理的中坚力量。

在对保健功能食品市场进行治理上，日本尤其重视行业协会的作用。20世纪90年代初开始，日本厚生劳动省在着手制定特定保健用食品制度的同时，加大了对有关健康食品的行业协会的指导力度，涌现出诸多有关健康食品的行业协会，其通过协助政府制定和实施规制政策，充当消费者、保健功能食品生产企业与政府之间的沟通媒介，进一步推动和加强了保健功能食品市场的规范性和安全性。目前，行业协会中规模较大的有日本健康营养食品协会和日本健康与天然食品协会。接下来，笔者将以日本健康营养食品协会为例，以窥日本行业协会如何发挥其治理作用。

1992年，厚生劳动省省长允许重新整合日本营养食品协会，日本健康营养食品协会由此成立。至今，日本健康营养食品协会的会员达到690家，已成为日本最大规模的健康食品行业协会。从该协会的设立宗旨上来看，其主要致力于增强健康食品企业的守法意识、规范健康食品企业行为、提高健康食品产品质量，与政府和健康食品生产企业共同维护健康食品行业的良好运行。具体来看，在强化健康食品企业的守法意识上，协会网站上会定期发布有关健康食品（特定保健用食品、功能性标识食品、营养功能食品）、特殊用途食品的各种政策、安全信息，供协会成员和公众检索查阅。此外，它还会对各项政策进行研究分析，并对协会成员和公众进行知识普及。在规范健康食品企业行为、提高健康食品产品质量方面，其不仅依照政策法律为协会成员乃至整个健康食品行业提供相应的技术指导以健全其管理，还从公共卫生和健康的角度出发，在法律标准之上设立了一系列行业制度标准，并按标准对协会成员进行监管。目前，该协会设立的"认证健康食品（JHFA）"认证制度、健康食品安全自愿检查和认证制度、健康食品 GMP 认证制度得到日本社会的广泛认同，符合协会认证标准的协会成员均可以在其产品标签上印有相关认证标识，极大地提高了其产品的市场竞争力，亦间接带动了其他协会成员乃至日本整个健康食品生产业规范意识的提升。

以上，我们可以窥见，日本行业协会对保健功能食品市场的治理发挥着极大的优势作用。其不仅承接了政策规制的实施，降低了行政司法成本，还能通过行业的敏锐性优势灵活地设置行业标准并向消费者传达信息，很大程度上弥补了现行政策法规的局限性，提升了保健功能食品市场的整体治理水平。

（二）消费者治理

在日本，消费者作为保健功能食品市场的终端主体，同样承担着规制保健功能食品市场的责任。作为保健功能食品从生产到流通的最后一环，消费者的反馈是对制度和行业规制效果的直接表达，有助于政府和行业在不断审视的过程中更好地发挥其规制效果。正是基于消费者这种终端反馈能力，其成为日本保健功能食品市场治理中不可或缺的力量。而日本正是通过保证消费者充分行使其"反馈"权利来达到消费者对保健功能食品市场的有效治理的。

为保证消费者能积极发挥其建议监督作用，使其意见能得以充分表达，日本设立了消费者委员会。它是一个由社会人士自发组成的以保护消费者利益为目标的具有独立调查权的监察机构，隶属内阁府管辖。值得注意的是，其虽隶属内阁府管辖，但为防止消费者意志受到侵蚀，政府公务人员无法成为委员会的一员。具体到对保健功能食品市场的治理上，消费者委员会会定时搜集有关保健功能食品的市场信息和消费者的消费信息，向首相及相关省部提出建议。同时，消费者也可以主动对保健功能食品生产流通链上的各个环节提出监督意见并直接报告给消费者委员会，由消费者委员会将消费者意见直接传达给透明性较高的机构组织，并及时对消费者提出的问题进行调查反馈。此外，除消费者委员会这个意见沟通渠道外，日本厚生劳动省、农林水产省、消费者厅、食品安全委员会亦均为消费者提供了相关投诉、建议的通道，充分保证了消费者的建议监督权能得到多渠道的有效行使。

三、日本经验对我国保健食品市场治理的启示

如前文所述，日本对其保健功能食品市场从法律、政府治理再到行业、消费者治理，已形成了一套比较完备的治理框架体系，它的市场规模体量在此框架体系的支撑下，亦趋于平稳高速发展状态。在我国，"健康中国"战略的推进使健康生活的理念逐步渗入人们的思想中，民众自我保健意识的增强虽带动了我国保健食品市场的不断壮大，但近年来层出不穷的食品安全问题也暴露了日渐庞大的市场的脆弱性，它的规范漏洞和治理缺陷显然阻碍了其更长足健康的发展。故此，可以通过梳理中日之间对保健功能食品市场进行治理的异同，从日本经验中探寻我国保健食品市场治理的进路。

（一）中日保健功能食品市场治理异同

1. 中日保健食品的法律治理异同

从制度特点来看，在法律体系设计和法律监管上，我国和日本既具有相似性又存在一定差异。在法律体系设计上，我国和日本都没有制定专门的法律对保健食品进行调整，而是在专门的食品规范中列明了保健功能食品规制措施。但相较于日本通过多部法律共同配合规制保健功能食品从生产许可到销售流通的全过程，并自上而下形成了较为完整的保健功能食品规制体系而言，我国对保健食品的上位法调整仅有《食品安全法》作出的几条原则性规定，具体的规制调整措施都交由行政法规、规章及相关规范性文件来完成，规制效力上略显不足。在法律监管上，两个国家均设立了一个监管机构对保健食品进行专门监管，其他食品监管机构配合协助其开展工作。中国对保健

食品的专门监管主体是国家市场监督管理总局及地方的市场监督管理局下设的特殊食品安全监督管理部门，其负有掌握保健食品的安全形势，拟定和实施保健食品注册、备案和监督管理的制度措施，组织查处有关保健食品重大违法行为的职责。日本与之相对应的监管主体则是消费者厅，二者在职能权力上基本具有一致性。然而不同的是，虽然两国均赋予了相应监管机构监管保健食品的职能，但为了更好地保证监管机构正确行使自身职能，日本还设立了食品安全委员会专门监督监管机构的工作，更具监管科学性。另外，在监管方式上，由前文可知，日本是按照法律对保健功能食品的分类实施类型化监管，不同类型的保健功能食品在监管方式上有所差异，这样既保证了对容易造成安全隐患的产品进行严格把关，又减轻了对安全性能较高的产品的行政审批压力。而鉴于保健食品在中国仍是一个较笼统的概念，并无分型，在对保健食品的管理上，主要按照保健食品中是否使用《保健食品原料目录》规定的食品原料以外的原料来划分注册和备案程序，这种划分方式虽然能够更好地在许可阶段保证产品的安全性，但是缺乏行政效率。

2. 中日其他治理方式异同

中日两国在对保健食品市场进行治理时，都强调了行业协会和消费者的作用，但在治理实践中，日本更为重视二者的治理能力，其发挥的余地更大。就行业协会而言，对比日本健康营养食品协会和中国营养保健食品协会可发现，两个国家的行业协会其实都承担着协助政府制定和实施行业发展规划、产业政策法规，监督本行业的产品和服务质量，沟通消费者，宣传、普及保健食品安全知识等职能。然而在相似的权责体系下，由于日本政府的大力推动，日本已树立起较强的行业权威性，行业协会的认证标志已经成为保健功能食品市场竞争能力的加分项。然而，我国的行业协会公众认可度不高，其能力没有得到很好的体现。在发挥消费者的治理作用上，中日两国的基本策略也是类似的，两者都是在加强对消费者保健食品知识普及的同时开拓消费者监督建议渠道以保证消费者能积极主动地行使其建议监督权利。但现实是，尽管我国已经打开了多条诸如中国消费者协会，监管部门的投诉平台、热线等意见表达渠道，但中国消费者较弱的维权意识以及意见反馈机制的不到位都导致了消费者的治理作用在我国没有得到很好的发挥。

（二）我国保健食品市场治理可行性进路

通过梳理两国之间的治理差异，针对我国目前保健食品市场治理的缺陷，日本部分优秀经验或许在助力我国进一步加强对保健食品市场的治理上有一定作用。

1. 法律明确保健食品概念，探索类型化监管可能性

事实上，目前我国在法律上尚未对保健食品的概念作出一个清晰的规定。《食品安全法》第 75 条第 1 款仅规定了："保健食品声称保健功能，应当具有科学依据，不得对人体产生急性、亚急性或者慢性危害。"并未对保健食品是什么、什么样的食品属于保健食品作出清晰界定。纵观我国有关保健食品的规章制度，仅有 1996 年制定的《保健食品管理办法》对保健食品下过具体定义：保健食品系指表明具有特定保健功能的食品。即适宜于特定人群食用、具有调节机体功能、不以治疗疾病为目的的食品。然而这种低层级的部门规章能否成为行政法规乃至上位法的解释依据还有待商榷。故当下我国有必要从上位法上明确保健食品的具体概念，这样才能为后续的监管提供明确的监管对象，保证监管的顺利实施。

鉴于我国目前还没有一个明确的保健食品概念，我国目前保健食品的监管对象主要是"声称具有特定保健功能"的食品，按照其是否使用《保健食品原料目录》里的食品原料对其进行相应注册或备案监管。这种以食品原料安全程度"一刀切"的分类管理方式似乎难以兼顾保健食品的安全性和有效性，也给相应的监管机构带来了不小的工作量，加大了企业的时间成本。为此，我国可以借鉴日本，在明确保健食品概念的前提下，鉴于保健食品保健功能方式上的可类型化，对保健食品按照其对健康的干涉程度做出分类，再按照不同类型采取不同的监管方式，确保国家既能对容易造成安全隐患的产品进行严格把关，又能适当发挥行政监督与企业自律相结合的市场经济特点，提高行政效率，减少企业额外的时间成本，促进行业发展。

2. 充分发挥行业协会的治理作用

发挥行业协会的治理作用是推进我国治理能力体系和治理能力现代化的重要环节。而对于我国保健食品市场来说，行业协会的治理作用显然被低估了。保健食品行业协会作为政府与保健食品企业、消费者的桥梁和纽带，理应承担起政府想做但无精力做、单个企业做不到而消费者、市场需要的事情。但现实是，我国保健食品行业协会过多地受制于政府管控，俨然成为政府的一个小部门，未能肩负起其以中立的角色去管理保健食品行业的责任，导致消费者看不到行业协会的中立性、权威性。为此，我国的保健食品行业协会

管理要转变思路，在强调行业协会对政府的辅助作用的同时，也要重视行业协会所代表的行业内企业的共同利益。只有通过弱化当下政府对行业协会的管制，树立行业协会自治自立的中立形象，才能让行业协会的优势充分发挥出来。

3. 提高消费者的维权意识，重视反馈机制

消费者是共建共治共享的社会治理格局的中坚力量，作为利益相关者，消费者在维护保健食品市场安全上具有独特的信息优势。现实中，由于我国消费者的权利意识不够、维权意识不强以及政府投诉建议反馈机制不及时等问题，大多数消费者对保健食品安全治理难以有效参与。如此，国家应通过权威信息平台定期向社会进行浅显易懂的食品安全知识普及，强化每一位消费者参与食品安全社会治理的意识，提高其参与食品安全社会治理的能力。此外，政府还要重视对消费者咨询、举报、投诉、建议信息的反馈，及时对其咨询、举报、投诉、建议做出回应。为此，政府部门可以充分利用当下的互联网信息平台优势，开通消费者参与保健食品安全社会治理的便捷渠道，保证消费者的意见能得到最及时高效的反馈，提高消费者参与保健食品市场治理的积极性。

第四节　澳大利亚保健市场综合治理考察与经验借鉴

在澳大利亚，关于保健食品一类的产品被冠以"补充药品"之名。根据澳大利亚1989年《治疗产品法》规定：含有草药、维生素、矿物质、营养补充剂、顺势疗法和某些芳香疗法制剂等成分的药品被称为"补充药品"，并在1990年《治疗产品管理规定》中明确了其具体范围，即该法规附表14中列出的有效成分：氨基酸，木炭，胆碱盐，精油，植物或草药材料（或合成材料的替代品）种类（包括植物纤维、酶、藻类、真菌、纤维素和叶绿素的衍生物），顺势疗法制剂，除疫苗外的全部或提取的微生物，含有矿物盐和天然矿物质的矿物质，粘多糖，非人动物材料（或合成产生的材料的替代品，包括干燥材料、骨和软骨、脂肪和油以及其他提取物或浓缩物），脂质（包括必需脂肪酸或磷脂），由蜜蜂产生或从蜜蜂身上获得的物质（包括蜂王浆、花粉与蜂胶），糖、多糖与碳水化合物，维生素和维生素原。

一、澳大利亚保健食品的监管部门

（一）治疗产品管理局

治疗产品管理局（TGA）是澳大利亚补充药品监管的职能部门，其成立于 1989 年并负责执行《治疗产品法》，现隶属澳大利亚健康和老龄部。关于补充药品的监管工作，主要从四个方面进行：①对上市前产品的审批；②对企业生产质量管理规范的认证；③通过抽样、不良反应报告、检测活动及公众的询问对已上市产品的管理；④对产品进行风险管理，判定、分析以及评价产品的风险和收益。

（二）非处方药处

非处方药处的管理内容也涉及补充药品范畴，相较于 TGA 起补充作用。其监管职能下辖两个部门：①非处方药品评价中心，负责非处方药品的上市前评价及上市后的监管工作；②补充药品办公室，负责辅助医学药物上市前评价、上市后检测及广告出口相关工作。

二、澳大利亚保健食品相关法律法规

澳大利亚补充药品主要受四部法律法规的约束：①《治疗产品法》。其是对国内及进口生产和使用的治疗性药品（包括补充药品）的质量、安全性及功效性等进行管理的全国性法令，是澳大利亚与其他国家和地区进行治疗性产品贸易的重要依据。②《管理规定》。其是在《治疗产品法》的基础上制定的行政性法规，对治疗药品的生产流通等有具体规定。③《治疗产品广告条例》。其对治疗性药品广告宣传及其他推广工作作了专门的规定，以对社会负责为原则，并确保这些产品能够适用。④《良好生产操作规范》。其对补充药品的生产、储存（包括设施、场地环境）、原料等作出了具体规定，以确保各类补充药品的品质，对消费者负责。

此外，于 2004 年 8 月颁布实施的《澳大利亚补充药品管理规定指南》还对补充药品的审批流程作了具体规定，主要包括补充药品的注册、表列、原料评审、一般指导方针和政策性文件及指南等内容，使补充药品在这方面的薄弱局势有所改变。

三、澳大利亚保健食品注册登记审批程序

澳大利亚治疗产品注册登记数据库（ARTG）的建立作为补充药品进行审批管理的一项重要举措，加上风险分析机制的引入，TGA 建立了一套独有的审批管理体系，即对于绝大多数风险较低且未声称治疗功能的补充药品在 ARTG 中被归为登记类产品，另外一小部分风险较大的补充药品被归为注册产品。

（一）风险认定

根据相关法律规定，一个产品的风险大小通常取决于四个方面：①产品成分中的毒性大小；②产品是否被用作治疗、预防严重疾病或缓解症状；③产品的应用是否可能导致严重的不良反应；④产品持续使用或自身使用不当是否可能导致不良反应。

（二）登记

对于风险性小的补充药品，且所有组成成分均已通过 TGA 审批并作为低风险性医药产品使用的，在 ARTG 中被称为登记类产品。因此，只需要制造商证明该补充药品是有资格登记、符合生产标准和目的合法药品即可，而不需做质量、安全性及功效性评估。补充药品登记共七步，所有申请程序均在网上完成，完成网上申请全过程后，即可等待最后的审批。程序主要包括：①获取 eBS（TGA's eBusiness Service）与在线申请门户网站的账户信息；②在 eBS 申请门户网站上输入药品的详情；③申请在 eBS 申请门户网站上通过验证，成功通过验证并不代表该产品已被 TGA 批准，也不代表该产品满足列表的所有要求，申请人的责任是保证所申请的产品满足列表药品所有的法规要求；④提交，成功通过验证后，申请人签署强制性声明担保，表明该申请符合列表药品所有要求，所提供的所有资料正确；⑤支付申请费用；⑥TGA 对申请进行处理，包括分配 AUST L 编号及颁发药品列表证书，生成"列表条件"信件，启动针对是否符合列表条件的随机合规审查选择程序；⑦完成，药品的申请者将接获电子邮件通知申请已完成并获得 AUST L 编号，接收到来自 TGA 的"列表条件"信件，可以销售产品。

（三）注册

根据所含成分或治疗适应证，已注册药物被认为比所列药物具有更高的风险。药品必须在 ARTG 上注册，其中包含允许用于所列药物的成分，含有符合毒药标准附表或有关附录条件的成分，必须是无菌的，有迹象表明不允许在列出的药物中使用的。在获准进入 ARTG 之前，注册药物须经 TGA 严格评估，以确定所提出的药物是否符合质量、安全性和有效性的要求。具体注册程序如下：

第一步，确认需要注册的补充药品，获取访问 TGA 商业服务的客户账号和密码。

第二步，检查成分与核对附表。在准备申请注册补充药品之前，申请人需要确保其活性成分仅被指定为活性成分，如果配方中含有至少一种非补充药品活性成分，药物将通过替代途径（OTC 或处方药）进行评估并遵循相应的注册程序；对于新的专利成分，需要专有成分 ID 号来完成申请并按照第九步来注册，如果专有成分是新的，即不在代码表中，应当提交完整的专利成分通知表以获得专利成分 ID 名称；检查补充药品是否符合除附表 4、附表 8、附表 9 之外的其他列表中所列项目的条件。

第三步，确保有效的 GMP 许可证明。申请者需要有效的证据证明补充药品的制造商在每个制造步骤中都遵循了 GMP。针对这一点，对于国内制造商而言，应具备 GMP 许可证副本，对海外制造商而言，应准备 GMP 许可正本。同时申请者应当保证从申请到完成注册整个过程的 GMP 许可的时效。

第四步，确定申请类别。根据风险登记补充药品的申请有五类，第一类风险最低，第五类风险最高。数据要求和目标评估时间随着评估和风险环节程度的提高而增加，申请者应当认真参阅已注册补充药品应用类别或向 TGA 进行注册补充药品申请类别的咨询。对不符合申请类别所需数据的申请，TGA 将依法不进行评估。

第五步，准备有效申请。在规划申请注册补充药品时，申请者需要确定并理解相关的技术、法规要求和指南。标准申请应当包括：①用于补充药品的一般文档要求、附函、与申请类别相关的通用技术文档；②质量、安全性和有效性的摘要；③RCM3、RCM4 和 RCM5 的质量数据；④RCM4 和 RCM5 的非临床安全性；⑤RCM4 和 RCM5 的临床功效。

第六步，限制性表述的豁免。申请者请求在标签上使用受限制表述应当豁免而作为申请的一部分。在 ARTG 上注册补充药品前，不得使用限制性的表述。

第七步，申请文件的数据要求。申请者应当按照指南要求提交所需的相关数据。具体参照步骤五的标准申请材料。对于不合格的数据形式及不完整的信息，TGA 将不予接收并拒绝评估。

第八步，安排提交前会议。申请者可以在提交申请新的注册补充药品之前安排提交前的会议。讨论将侧重于申请者提出的申请的结构、关键问题的识别以及方法的适用性，这一点有助于申请者提交高质量和完整的档案。在这个过程中，TGA 不会将评估作为会议的一部分，也不收取会议费用。

第九步，完成并提交申请。在此步骤中，申请者应填写申请表并提交申请已注册补充药品。在提交申请表后，申请者可以通过业务服务监控申请程序。对于提交的申请，申请者可以随时撤回申请，直至做出决定。

第十步，支付费用。在申请注册补充药品时，TGA 将同时向申请者开具申请费和评估费。

第十一步，筛选申请。TGA 将通过步骤四、步骤五、步骤七、步骤十筛选申请以验证其是否符合管理和技术要求。对于有效申请，申请者将收到书面通知；对于细微错误或不足，申请者应当在一定期限内进行修改；对于无效申请，将扣除申请费用并退回评估费用，申请者也将收到无效说明。

第十二步，申请评估。在这一步骤中，为了注册补充药品，TGA 将进行评估，并根据《治疗产品法》第 31 节要求申请者相应提供信息。具体评估内容包括：有关补充药品的质量、安全性和有效性及表现的数据信息。对信息请求回复的同时记录评估中的各项有意义的发现。质量评估包括：成分特性、杂质和稳定性等质量数据；制造流程和 GMP 合规性；质量控制，以确定药物的质量是否一致；确定药物的稳定性数据在其建议的保质期内具有适当的质量。安全评估包括：使用历史、药理学和药代动力学、药物相互作用、毒理学、临床试验、不良反应报告。功效评估：对拟议适应证的详细评估、申请者打算为药物提出的任何索赔。补充药品介绍，即 TGA 评估药物介绍的所有方面，包括遵守各种法律要求，确保对药物及其建议用途的清晰度。专家咨询委员会建议，即可以决定寻求专家咨询委员会的建议，如补充药品咨询委员会（ACCM），并通知申请者。允许申请者有机会为委员会的考虑提供意见。咨询委员会流程通常会延长评估时间范围。

第十三步，决定。通过对申请者提交的申请材料的审查和相关内容的评估，并结合专家咨询委员会建议，TGA 将最终结果以书面形式发送给申请者。

第十四步，完成注册。对于决定允许注册药品，将给予注册决定书。决定书本函将包括根据《治疗产品法》第 28 条对申请者的药品注册的标准和具体条件。如果申请者不遵守前述任何一个注册条件，其补充药品可能会根据《治疗产品法》第 30（1）（da）条从 ARTG 中取消。决定书还将要求其在 TGA 创建 ARTG 条目之前确保所有药物的详细信息都是正确的。登记生效日期应从注册证书制定日期开始计算。对决定不注册药品，决定书将包括做出决定的原因和有关申请者寻求审查决定的权利的信息。

四、澳大利亚保健食品标签广告及功能声明管理

（一）标签

1. 字样主体

在字样主体上，同样需要区分注册类与登记类补充药品。对于通过质量、安全性及功效性评估的注册类补充药品，在被纳入 AUST R 类别后，在产品标签上也需要标明 AUST R 特殊字样；对于风险性较低的登记类补充药品，则需要在标签上标明 AUST L 字样。

2. 其他内容

除上述字样主体外，对于标签的其他内容应当根据《医疗用品规范》进行标示。具体内容包括：产品名称、所有有效成分名称及其含量、辅料信息、批号、失效日期、警告、储存条件、直接的用途、功能声称。

（二）广告

1. 一般规定

在澳大利亚监管补充药品广告的目的是确保其营销、保证产品质量。补充药品的广告依据相关法律的规定进行，并涉及 TGA 治疗用品广告代码委员会（TGACC）和澳大利亚自我药物产业（ASMI）等部门。为确保符合为公共利益制定的标准，在特定媒体上针对消费者的补充药品广告需要得到卫生部秘书代表的事先批准。

2. 禁止性规定

补充药品的广告（包括药品标签和包装中的信息）不得明示或暗示包含《治疗产品广告法》附录 6 第一部分中规定的禁止的表述。此外，除非根据该法案事先批准，否则补充医学广告不得明确或暗示《治疗产品广告法》附录 6 第二部分规定的限制性表述。如果赞助商希望宣传限制性表述，包括药物标签，必须事先获得《治疗产品广告法》第 42DE 条的批准。申请必须以书面形式，且必须提供理由说明使用的必要性。经批准和允许的限制性表述的通知在 TGA 网站上公布。

（三）功能声称管理

为保证补充药品市场的稳定，促进其发展，同时也为了降低消费者自行用药的风险，《治疗产品法》规定登记类补充药品可以做包括维持人体健康、促进人体健康、有营养支持作用、减轻非严重疾病的症状、协助治疗非严重疾病或缓解症状、降低非严重疾病或症状的风险程度的功能声称。根据该法案规定，赞助商应在上市前提供使用该功能声称的有效证据，该证明可以是新的研究成果，也可以是证明某种物质已用于医疗领域三代及以上记录的传统使用证据文件。对于注册类补充药品，应当按照功效评估结果进行合理的功能声称。依据《列表补充药品声称的支持证据指南》，基于支持声称的证据，声称分为传统类声称和科学类声称，而这两类又进一步划分为"非特定的"或者"特定的"两个子类型。

1. 传统类声称

传统类声称属于现代常规医学以外的认可范畴，包含了很多与药品相关的健康习惯、方法、知识体系，传统类声称必须说明该产品对于健康的积极作用。由于其基于长期的使用历史及某个地区的传统经验，并不是基于科学依据，不能暗示临床治疗上的有效作用。《列表补充药品声称的支持证据指南》中指出，传统中医药和西方草药等都属于传统药品中的一类。对于传统类声称，某种传统药品的使用剂量以及配方通常已被多次改良。传统类声称所需要提供的证据需要表明该药品的活性成分，证明其对于某种疾病的治疗作用至少已有 75 年的传统使用历史。证据可针对某个列表补充药品或其中与宣称相关的某个成分，并至少包括以下内容：该药品或其活性成分使用时间、在前述时间段内的治疗作用/用途、使用的持续性、使用的地理范围、使用历史被记录在国际认可的传统医学证据来源。当某种列表补充药品中含有多种传统成分，这些成分来源于不同地区，结合成一个新的配方时，所提供的证据必须包括将这些成分组合成新配方的理由以及每个成分的传统使用剂量等。

2. 科学类声称

科学类声称属于现代常规医学范畴，由科学文献（如临床研究或系统性的评价）支持，例如："有助于缓解普通感冒症状""有助于维持健康的免疫系统"。对于科学类声称，需要提供的证据为可量化的数据，并且通常包含人体临床试验报告、人类流行病学研究、动物试验以及其他细胞学或药理学研究成果。基于科学证据的可度量性，在有数据支持的前提下，科学类声称可暗示临床疗效。具体证据可以包括：系统评价、临床研究报告、同类机构发表的文章以及药典和专著。如果仅有非临床研究、细胞学或毒理学研究报告，则并不足以作为充足的依据来支持科学类声称。

当产品中同时包括上述两类声称，需要提供支持两者的证据。

3. "非特定的"声称

"非特定的"声称指一般健康作用，如维持健康、舒缓不针对某种疾病的症状以及一般维生素/矿物质营养补充作用。需要注意的是，维生素/矿物质等营养素补充作用仅限用于科学类声称。需要提供的支持证据应包括描述性报告、实例或者来自相关专家委员会的报告。来源于药典、专著或者其他参考资料的支持证据也可用于支持"非特定的"声称。

4. "特定的"声称

"特定的"声称指超出一般健康作用的宣称，如增强健康、降低患某种疾病的风险或频率、处理或舒缓某种疾病的症状、宣称某种特定的治疗作用，需要提供科学的证据来支持"特定的"声称，如随机对照试验或者不同国家的人群研究资料数据。

五、澳大利亚保健食品营业许可

对于获准在 ARTG 中登记注册的补充药品，赞助商应当在获得 TGA 颁发的生产许可证后，才能进行相应的生产经营活动。根据《治疗产品法》规定，无论是国内还是海外赞助商，都必须严格遵守澳大利亚药品良好生产规范，具体办法是，TGA 在申请许可之后、获得许可之前的这一时间段内，定期对赞助商进行实地检查，以确定其对 GMP 的执行程度。

六、澳大利亚保健食品上市后的监管

作为世界上公认的药品监管严格、市场准入门槛高的国家，澳大利亚对补充药品的监管力度不仅体现在上市前的审批过程中，还体现在上市后的一系列监管手段（主要针对登记类补充药品）上，具体包括响应式监管、目标审查、随机审查、产品不良反应监测、不合规药品监管行动等。

（一）响应式监管

所谓响应式监管，是指 TGA 等部门通过有效参与和要求赞助商提供相关信息，激励商家自觉遵守 GMP 的机制。有关部门支持这种机制是基于三个原因：①无罪推定原则，即赞助商应当能合法合规从业；②着重于违规风险较高的领域；③高频率的接触和有效的交流培训加强其遵守的自觉性。

（二）目标审查

为满足目标审查，TGA 会利用基于风险的方法选择可疑或潜在缺陷的特定类别药物。优先类别包括：①从 ARTG 中移除的新药物；②根据过去的合规审查，没有历史信息赞助的药物；③出现不合规问题的药物。普通类别包括：①可能对消费者构成直接或潜在的健康风险；②可能严重误导公众，特别是那些对健康有影响的药物；③涉及新出现的或新的问题；④如无 TGA 干预，产品问题可能会越发普遍；⑤公众或媒体评论和关注的焦点；⑥具有国际意义；⑦可能导致利益相关者失去对管理局或治疗产品的信心。

（三）随机审查

随机审查是指 TGA 利用计算机算法随机选择一部分列出药品进行审查，也称为随机抽查。其目的是划定今后目标审查的合规性问题的范围，鼓励赞助商确保药品合规性。

（四）产品不良反应监测

作为补充药品监管的又一亮点，药物警戒计划中提出，除了药品管理局咨询委员会有关专家向 TGA 报告不良事件，TGA 也鼓励卫生专业人员和消费者报告产品的问题，同时还要求赞助商必须向其递交有关可疑药物不良反应报告用以防止补充药品不良后果所带来的后续问题。

（五）不合规药品监管行动

1. 通知

TGA 应当告知赞助商已发现的产品缺陷和合规审查评级结果，并提供给赞助商合理的机会对调查结果进行反驳。

2. 移出 ARTG

根据《治疗产品法》规定，对出现以下情形的补充药品，TGA 可以在不通知的情况下，将其从 ARTG 中移除：①存在死亡、严重疾病或严重伤害的风险；②该药品不具备"上市资格"，比如其中含有所列药品不允许的成分；③制造产品的人员不具有制造许可证；④该药品含有 1901 年澳大利亚海关法禁止进口的物质；⑤赞助商未能在 20 个工作日内提供所需信息。

3. 产品召回

对于存在公共安全隐患，即药品质量、安全性、功效性与呈现方面存在问题和缺陷的补充药品，应当及时予以召回。

4. 违法犯罪规定

根据《治疗产品法》规定，对于进口、出口、制造及销售未在 ARTG 中或已从中移除的补充药品，可能承担刑事（《治疗产品法》第 19B 条）或民事（《治疗产品法》第 19D 条）责任。对于宣传相关产品的行为，也属于违法行为[《治理产品法》第 42DL（1）条和第 42DKB（1）条]。

七、澳大利亚可供我国保健品市场综合监管的经验借鉴

（一）上市后多样化监管方式的设立

在我国，对于保健食品在获准生产经营后的监管，相关部门实际所采用的手段比较单一，不符合生产规范擅自添加非法原料、使用劣质原料的事件时有发生，对公众生命健康构成威胁。澳大利亚作为世界公认的药品监管非常严格的国家，在这一方面，其国民乃至其他国家和地区的公民对其保健食品有着较高的信赖，这很大一部分源于其对上市产品一系列的监管手段。

对此，笔者建议，在我国保健品市场监管方面，应改变完全由有关部门主导的监管模式。首先，应该从生产经营者入手，加强其有关社会责任和道德的教育，激励其自觉遵守 GMP 的规定。同时，重视社会监督，鼓励公众举

报不合规的生产经营行为。其次，有关部门变被动为主动，提高专项检查、随机抽样检查频率，对于不合规的行为，应当主动提醒其矫正或予以处罚。

（二）规范功能声称，进行合理广告宣传

对于我国保健食品市场而言，生产经营者为了能有更多创收，在产品宣传上确实下足了功夫。在现有明确规定可以使用且只能使用的 27 项功能宣称下，产品功效虚假宣传现象屡见不鲜，在这样的情况下，被误导、欺骗，甚至造成身体损伤的消费者不计其数，而其中绝大部分消费者通常保持沉默，使保健食品宣传的管理停滞不前。在澳大利亚，补充药品的功能声称除了一般的增强身体机能、改善身体状况等，可以进行一定的治疗声称，范围增大的同时，面临的监管也会更加严格，除必须提交功效的有关证据或产品使用记录进行认证外，上市后 TGA 会通过不良反应监测，要求生产经营者提交不良事件报告，也鼓励其他专业和非专业的人员报告相关内容，同时还赋予消费者投诉产品广告宣传的权利。

对此笔者建议，可以适当放开功能声称品类的范围，但为保护消费者的合法权益，必须加强该方面的监管力度。产品上市前，严格审查产品声称功效与实际功效的符合程度，对于出入大的功效声称，不授予营业许可并记录在案，上市后，有关部门应当进行定期检查，同时可以以一定奖励机制鼓励消费者进行投诉报告。

（三）管控销售渠道

随着我国保健品消费量的提升，保健市场的销售渠道也五花八门，除了传统药店、商超、专卖店等店铺销售，还有直销、会议销售、名录销售、学术销售等形式，乘着电子商务发展迅速的东风，保健品的线上销售渠道在近几年也有了快速的发展。保健品混杂的销售格局带来了诸多弊端，打着科技幌子和健康概念针对老年消费者的骗局层出不穷，如违法违规的会销、讲座销售以及贩卖劣质仿冒保健品的电商销售等，这对行业的信誉以及消费者的利益都造成了巨大的影响。在澳大利亚，保健品的销售渠道相对单一，主要是通过保健食品店、药店、连锁超市以及电商销售。虽然电商在逐渐地获得澳大利亚的市场份额，但为了降低风险，TGA 建议消费者尽量不要通过网络渠道订购药品。违法违规的会销现象在澳大利亚几乎不存在，其中缘由除了消费者对于保健品有深入的认知，还在于 TGA 完善的上市后监管体系与保健品行业的良性发展。

对此笔者建议，可以适当建立社区咨询点，为消费者提供科学养生、法律咨询等服务，尤其是针对老年人普及传统中医和保健品知识，增强其防范意识和辨识能力；普及投诉举报程序，鼓励社会对违法违规的营销活动进行监督举报，使营销活动同时受到消费者和行业机构的监管；规范保健品销售渠道，建立销售渠道标准规范，针对欺诈风险较高的会销实行备案制，同时建立行业信用系统，使欺诈违法企业没有生存空间。

（四）与海外监管机构建立合作关系

我国保健品监管起步较晚，但随着近年来新政策的不断出台和监管力度的不断加强，行业逐渐向规范化转变，在这个过程中，充分分析国外监督管理模式对我国有着重要的启发作用。在澳大利亚，TGA 是 ACSS（澳大利亚—加拿大—新加坡—瑞士）联盟的一员，其目标是使消费者及时获得高质量、安全有效的治疗产品。TGA 认为治疗产品全球化的趋势和新技术的迅速出现使得各国的监管机构越来越需要频繁沟通，加入联盟确保了各国采取一致的现代化方法来评估服用治疗产品的风险和益处，缩短了治疗用品审查流程时长，使消费者能够更快地获得所需的治疗用品。除此之外，TGA 还是多个国际药品监管机构联盟成员，这些联盟的目的都是促进各国监管机构间的协作和融合，通过建立共享的平台为自己的监管机构提供有效的替代方案。

对此笔者建议，监管机构可以建立双边甚至多边国际合作交流机制，提供政策法规交流、检验评价比对与互认的机会，由此避免与他国重复的临床试验。此外，通过参考国外成熟保健品监管体系，我国可以尝试简化复杂审批过程，提高新药注册效率，落实"放管服"要求，打造不仅符合我国国情，还能得到国际认可的监管制度。

第五节　韩国保健市场综合治理考察与经验借鉴

随着生活水平的逐渐提高，韩国国民的健康观念和意识增强的同时，其国内健康功能食品市场也呈扩大趋势。不仅仅是老年人，越来越多的年轻人加入这一行列，很快便掀起了一股健康功能食品热潮，在这样的态势之下，市场乱象的情况也越发严重。2015 年 4 月的"白首乌事件"，引起了社会的强烈反响，最终将消费者拉回到现实。对此，韩国食品药品安全部等相关部门迅速采取了有效的手段，加强从审批到生产再到销售各个环节的监管，加大对违法违规行为的惩治力度，并于当年一并修订了《健康功能食品法》。鉴于此，笔者将简要陈述说明韩国健康功能食品现行审批监管过程中所采用的措施与制度，在韩国经验的基础上提出对完善我国保健品市场监管的相关建议。

一、韩国监管部门

韩国现负责健康功能食品主要监管工作的部门是韩国食品药品安全部，于 2013 年 3 月通过整合食品药品监督管理局（KFDA）的职能而成立，并由其下辖的食品安全政策局、规划和协调总局、客户风险防范局、进口食品安全政策局、食品和消费者安全局、药品安全局、生物制药和中草药局及医疗器械安全局共八个部门负责健康功能食品的申请许可、安全性和功效性的评估审查、监督检查等各个过程，以此来保障健康功能食品的安全，确保公民健康，促进健康功能食品行业的发展。[1]

除此之外，韩国健康膳食补充剂协会负责健康功能食品中产品的标签与广告的监管工作，食品安全信息部门进行异常案例管理工作，负责接收案例和构建数据库。

二、韩国健康功能食品相关法律法规

关于健康功能食品管理的相关法律法规，以 2004 年为分水岭。在此之前，这类食品被韩国《食品卫生法》（FSA）归类在了普通食品范畴，自然也没有严格的审查与评价体系。

于 2004 年 1 月正式实施的韩国《健康功能食品法》（HFFA）将其作为新的监管类别从普通食品中分离出来，并在这一新的范畴内，以一般健康功能食品与特定健康功能食品进行分类，进而采用不同的审批方式。

同时，根据法律在实施过程中的需要，韩国国会及相关部门也相继出台了一系列配套的管理法规，如《健康功能食品功能性原料批准条例》《健康功

---

〔1〕　田明等："韩国健康功能食品管理研究及对中国的启示"，载《食品与机械》2018 年第 8 期。

能食品法实施条例》《健康功能食品法典》《健康功能食品法执行法令》《健康功能食品功效评价》和《健康功能食品标签标准》等，并进行了不断的修改与完善。

三、韩国审批与监管

（一）备案与注册管理程序

根据韩国《健康功能食品法典》的规定，韩国食品药品安全部以产品是否完全符合法典所列出的 95 种健康功能食品原料作为一般健康功能食品与特定健康功能食品的区分标准，对于前者，即完全落入该范畴的食品采取备案管理制度，对于后者则进行注册管理，并需要上市前审批。

1. 备案程序

对于法典所列的由 95 种原料得到的一般健康功能食品，可以不需要进行安全与功效评估，但生产商、销售方须将终产品及其标签和广告等材料递交给韩国健康膳食补充剂协会进行形式审查。在审查过程中，根据审查专家组要求对可能产生混淆的材料进行补充修改，必要时还需提交原料相关信息的材料。

对于通过审查的终产品，生产商需在当地食品药品管理局进行备案，一般国内的产品需要 3 个工作日，进口产品则因为商检而需要 15 个工作日。[1]

2. 注册程序

对于非法典所列原料终产品，应当向韩国食品药品安全部申请核准注册为特定健康功能食品。据统计，截至 2018 年 12 月 7 日，共有 23 695 个特定健康功能食品通过注册而上市。申请注册步骤分为三步：

第一步，原料成分标准化、安全性及功效性评估。在标准化评估中，申请者应提供其使用的制造方法下该成分的产量及变化量等一切有效的材料，对于尚未鉴定出的成分，应以特定品管成分的数据进行代替；关于安全性评估，其内容涵盖功能成分最大摄取量或可接受每日摄取量的测定；在功效性评估中，韩国食品药品安全部引入科学证据评估分级系统，对于申请材料中

---

〔1〕 田明等：“韩国健康功能食品管理研究及对中国的启示”，载《食品与机械》2018 年第 8 期。

所列的各项功能，评估专家会进行相应的功能类型及科学证据质量与强度的实验，通过汇总实验结果的数据并进行对比分析来判定原料成分功效性。以上评估工作，应当在韩国食品药品安全部收到相关申请材料后 120 个工作日内完成。对于通过评估的原料成分，韩国食品药品安全部会将结果予以公告，并授予申请者功效成分证书。

第二步，产品规格评审。在原料成分及其安全性与功效性评估通过后，为获得生产资格，韩国食品药品安全部需要在收到申请者递交的包括功效成分分析与验证方法、稳定性数据、纯度等材料后的 90 个工作日内对原料终产品的规格进行评审，确认其生产卫生规范[1]。

第三步，产品备案。对于经前述程序获批的原料，生产商可以进行相应的生产、使用与销售活动，并在上市前向韩国健康膳食补充剂协会提交标签和广告的审查材料，在当地食品药品管理部门备案。

（二）健康功能识别管理

根据各产品相应的功效，韩国《健康功能食品功能性原料批准条例》第 16 条第 1 款规定，食品药品安全部应根据第 15 条对成分的评价结果，具体参照附表 4 所示的详细功能情况将其作如下分类：营养素功能识别、降低疾病风险识别和其他功能识别。

1. 营养素功能识别

所谓营养素，是指在健康功能食品中具有可以给机体提供能量，构成、修复组织及生理调节功能的化学成分。该类识别适用应参考膳食营养素参考摄入量。

2. 降低疾病风险识别

通过医学领域相关研究表明，此类产品的功效是对具有与降低患病风险或改善健康状况关系的一类健康功能食品的认定，但不得表述为具有预防和治疗某种疾病的功效。其认定的条件是所递交的数据必须显示某种疾病的风险降低，且确保的科学依据水平达到科学适应性的程度。目前韩国市场上仅有木糖醇降低龋齿风险和维生素 D 降低骨质疏松风险两种。

3. 其他功能识别

这类健康功能食品，即对人体的正常机能或生物学活动有特殊效果，对

---

〔1〕 杨宇："保健类食品分类情况浅析"，载《中国卫生法制》2014 年第 2 期。

健康功能的改善或维持做出贡献的认定。依照相应的审查，可分为三类：其一，具有某种或某些功效；其二，改善或减少某种及某些症状，增加机体相应的能力；其三，基于第二类的描述，但缺乏相关的实验结果加以验证。

（三）标签管理

根据韩国《健康功能食品法》和《健康功能食品标签标准》规定，对于上市的健康功能食品，其标签应当包括健康功能字样、产品名称、含量、一般成分、功效成分信息、储存条件、生产日期及保质期、生产厂家及地址和使用方法等基本信息，同时还应标明产品用途、功能识别、非药品说明和其他必要的注意事项。对于进口产品，必须使用韩文标示上述信息。

（四）营业许可

对从事健康功能食品制造业的人员，每一个营业地点都要取得韩国食品药品安全部的许可。

1. 经营限制解禁

有下列情形的，根据韩国《健康功能食品法》第5条第3款第2项、第9条第1款规定，不得获得营业许可：①撤销营业许可未满6个月的从业人员，拟在有关营业地点经营同类业务；撤销营业许可未满1年的从业人员，拟经营被撤销营业许可的同种业务。②拟取得营业许可的从业人员无行为能力或被法院宣告破产。③对收到停止经营的处罚通知或关闭通知后打算从事同一类型的业务没有进行相关举证的，具体参照第32条第1款和第5条第2款。

2. 质量管理人的设立

从事生产经营活动的从业人员，在自身不具有质量管理人资格的情况下，应当聘任质量管理人。质量管理人的资格标准及职务等相关的必要事项，参照韩国《健康功能食品法执行法令》第4条规定。

3. 健康功能食品安全与质控培训

从业人员应当提前接受安全卫生教育，有合理理由的可以在开始营业后依规定进行。

4. 良好制造规范

健康功能食品生产经营活动的从业人员应当遵守韩国食品药品安全部发布的优秀健康功能食品制造及质量管理标准，以保证优秀健康功能食品的制造和质量管理，同时食品药品安全部必须定期对优秀健康功能食品制造标准的遵守与否进行调查和评价。

（五）监督管理与处罚

在获得营业许可之后，被许可人应当规范自己的生产与经营行为，同时也要受到韩国食品药品安全部等相关机构的严格监管和社会各界的舆论监督。

1. 监管

（1）质量管理人制度

对于获得许可的营业人员，根据韩国《健康功能食品法》第 12 条的规定，应当设立质量管理人，并履行以下职能：①确保保健功能食品的稳定性；②对产品和原料进行质量自检，进行质量管理；③生产设施和产品的健康管理；④指导、监督、教育和培训员工；⑤其他应当履行和遵守的事项。对于玩忽职守的质量管理人，应当责令营业人员将其更换，并向韩国食品药品安全部申报。

（2）消费者请求检查制度

根据韩国《健康功能食品法》第 20 条第 2 款规定，除了消费者以多次请求检查名义阻碍生产和有不能检查的条件存在时，食品药品安全部部长、特别自治市市长、济州特别自治道知事、市长、郡守、区长等在接受消费者卫生检查等方面的要求后，应在 14 天之内进行相应的检查工作，并将检验结果予以公告。

（3）异常案例管理制度

根据韩国 2018 年 12 月正式实施的异常案例管理制度，食品药品安全部可以在相关产品出现重大异常案例后，要求生产者通过使用注意事项的形式在其产品包装上标出潜在的危险性，以此来确保消费者的生命健康安全。

2. 处罚

（1）决定作出主体

对于不符合法律规定的行为，韩国食品药品安全部部长或者特别自治市市长、济州特别自治道知事、市长、郡守、区长将会作出责令其改正的决定，必要时还会进行相应的处罚。

（2）违规行为

根据韩国《健康功能食品法》第二章营业规定及第三章第 17 条第 2 款、第 18 条第 1 款；第四章第 21 条第 1 款、第 2 款，第 22 条，第 23 条，第 24

条第 1 款、第 2 款，第 34 条第 1 款之规定，违规行为主要有：不符合标签一般标准，虚假、夸张或负面的标签或广告，未尽质量控制自检义务，未达良好产品制造标准，未达产品记录跟踪管理备案标准，销售有害产品、违反产品生产标准的产品、违反标签标准的产品和近似标签产品的行为。

（3）行政处罚

根据韩国《健康功能食品法》第八章之规定，对于具体的违规行为，从业人员将受到包括扣留与销毁产品及其制造工具、设施强制改建、吊销营业执照、责令停业、查封营业场所和罚款等相应的处罚。

四、对我国保健食品综合治理的启示

（一）备案与注册制度的改进

根据我国《保健食品注册与备案管理办法》第 9 条、第 45 条的规定，我国同样采用保健品注册与备案相结合的审批模式。在注册管理中，要求申请者向国家市场监督管理总局一并提交审批所需要的材料，这一点并不能很好地适应我国保健食品市场的监管现状。作为中医药文化大国，中药保健食品占据市场较大份额，如果对每一种新成分、新组方的中药保健食品均采用注册管理制度，将大大降低中药保健食品从研发到上市的效率。

因此，笔者建议，对于该类保健食品，可以借鉴韩国食品药品安全部在注册管理中所适用的递进模式[1]，采用折中主义，对新型中药保健食品的申请，根据已有产品所具有的成分，一般只进行安全性与功效性评估；对用量严格把控以及配伍禁忌等类型的中药保健食品的申请，在必要时才进入产品规格和标签与广告的审查。

（二）功能识别制度的完善

根据我国《食品安全法》75 条第 2 款的规定，保健食品原料目录和允许保健食品声称的保健功能目录，由国务院食品安全监督管理部门会同国务院卫生行政部门、国家中医药管理部门制定、调整并公布。但目前仅存在包括维生素与矿物质元素的营养素功能识别目录，很明显，这样的制度较为笼统，

---

〔1〕 田明等："韩国健康功能食品管理研究及对中国的启示"，载《食品与机械》2018 年第 8 期。

可能会引发消费者因缺乏相应的专业知识而出现误认、误购的现象，同时也给有关部门带来监管上的困难。

对此，笔者建议，可以引入韩国食品药品安全部在健康功能食品功能识别上所采用的分类方法，明确我国现有保健食品功能所属范围，制定合理有效的功能目录。同时，根据社会需求，可以另确立中药保健食品专有营养素与功能目录，解决我国保健食品市场的"双向难"问题。

（三）生产与销售两手抓

对于我国保健食品市场而言，目前最大的问题就是相关部门对生产与经营过程的监管呈现疲软状态。针对市场乱象，如劣质原料的滥用、功效的肆意夸大，甚至是诱骗、强制消费者购买等，监管部门往往只能采取善后措施，非常被动。

对此，笔者认为应该建立一套完整的监管体系，从经营者内部入手，引入质量管理人制度，必要时，可由相关部门进行指派，把控从原料到产品的生产全过程。质量管理人应定期向有关部门递交管理现状及建议，对于不符合规定的生产行为，也可以直接向生产者提出；对于外部监管，有关部门应增加不定期检查的频率。同时可借鉴韩国在 2018 年 12 月起正式实施的异常事例标识命令制，即对出现异常事件的保健食品，相关部门可以视情况要求生产者在其产品包装上加注异常标识，并在一定期限内不予撤销。

针对销售这一环，可以在加大惩罚力度的同时，实行严格的连带责任承担制度。对每一层经销商而言，其在获得该类保健食品的销售许可后，不仅应当对出现在自己销售这一环的产品问题承担责任，还要对下一层经销商的销售活动负监督管理义务，对出现的产品售后问题承担连带责任。这就要求每一层经销商在确保产品运输、贮存和销售中的质量的同时，还必须严格把控下一层经销商在销售活动中的相关行为。

第六章

保健市场综合治理思路

第一节　保健市场综合治理共性思路

一、综合治理改革理念：实现保健市场治理从政府规制走向公共治理

习近平总书记强调，理念引领行动，方向决定出路。理念是行动的先导，一定的发展实践都是由一定的发展理念来引领的。发展理念是否对头，从根本上决定着发展成效乃至成败。实践告诉我们，发展是一个不断变化的进程，发展环境不会一成不变，发展条件不会一成不变，发展理念自然也不会一成不变。首先要把应该树立什么样的发展理念搞清楚，发展理念是战略性、纲领性、引领性的东西，是发展思路、发展方向、发展着力点的集中体现。发展理念搞对了，目标任务就好定了，政策举措跟着也就好定了。贯彻落实新发展理念，涉及一系列思维方式、行为方式、工作方式的变革，涉及一系列工作关系、社会关系、利益关系的调整，不改革就只能是坐而论道，最终到不了彼岸。习近平总书记的论述深刻揭示了"理念"对于监管工作的重要性。因此，对于保健市场的监管也要树立正确的治理理念，实现治理理念的合理转型。

根据《国务院关于印发"十三五"市场监管规划的通知》（国发〔2017〕6号）提出的"顺应现代治理趋势，努力构建'企业自治、行业自律、社会监督、政府监管'的社会共治新机制"，以及国家市场监督管理总局等13部门《关于开展联合整治"保健"市场乱象百日行动的通知》提出：各地各部门要进一步提高政治站位，切实增强"四个意识"，坚持政府领导、部门联动、行业自律、公众参与、社会监督、综合治理的工作原则，充分认识开展"百日行动"的重大意义，坚决打赢这场攻坚战……笔者认为，对保健市场综合治理理念应进行改革，实现对保健市场治理从政府规制走向公共治理。

传统的市场监管具有"条块分割、多头管理、各自为政"的特点，部门之间职能交叉，不能有效达成信息共享和协同合作，并且由于政府是唯一监管主体，传统市场监管缺少社会的协同合作。推进协同监管、促进社会共治是政府市场管理方式转变中的重要内容，政府需建立起部门联动、政企合作、社会参与的纵横多维协同监管机制，确保监管全领域、全过程、全对象覆盖。横向构建社会共治维上，协调不同监管机构，引入社会力量，加强与相关行业协会以及行业主导企业间的协作联动，启动"信息互换、执法互助、监管互认"机制，开展并联审批、联合执法、行业宣言、标准制定等行动；纵向构建过程维上，开展资质监管、业务监管、行为监管、服务监管等，覆盖市场主体从准入、经营到退出的整个生命周期，实现全过程监管。通过横、纵交叉的多维机制建设，建成完整的综合监管体系网，实现监管全覆盖，提升无缝监管的能力和水平。

监管不只是主体向对象施加影响，同时也是双方沟通互动的过程。传统监管方式往往是命令—服从式，信息单向流动，监管者与被监管者缺少双向沟通与互动，极易引起被监管者的不满情绪和抵触心理，无法产生良好的监管效果。在多维协同监管中，建立监管前导机制，搭建起灵活的监督信息反馈渠道，可以有效消除被监管者的抵触情绪。监管者通过提醒、约谈、告诫等监管手段，对有潜在违法性的市场主体给予预警提示，对有轻微违法行为的企业给予告诫，及时对严重问题进行反馈和提醒，督促企业加强经营管理，将可能出现的严重违法行为消灭在萌芽阶段，防范市场运行风险。前导机制是实现合作式监管的利器，监管者与监管对象双方在该机制下以诚相见，平等相待，坦诚沟通，充分交换意见，以理服人，非正式达成共识，有效降低了市场监管成本，提高了监管实效，可谓监管与服务齐头并进，一举两得。[1]

在对政府规制的研究中，学界往往会有意无意地强调行政的作用，强调命令—控制型的行政规制工具，强调行政的高权性和行政相对人的服从性。但是，除了市场失灵，政府或规制同样会失灵。因此，应理性看待政府规制的限度与不足，避免"规制万能主义"，不能将行政规制视为解决社会问题的"万灵丹"，有必要从政府规制走向公共治理，探求通过多中心、多主体、多

---

〔1〕　丁水平、林杰："市场管理改革中事中事后监管制度创新研究——构建'多位一体'综合监管体系"，载《理论月刊》2019 年第 4 期。

层次的合作治理，来实现行政任务。合作治理强调从传统的行政管理向公私伙伴关系和治理网络的转变。在行政治理过程中，不同主体有着不同的立场、知识、信息、资源和能力，有着自己的优势与不足，很难完全单由某个主体来完成行政任务，也很难由不同主体各自独立地来完成行政任务。因此，合作治理的重心从科层结构转向多中心治理网络，它强调多元主体的合作与参与，以合作性、互动性更强的方式，形成相对更为持续、更为稳定的关系，通过不同主体来共享、动员和聚合分散的资源，协调利益和行动，进而实现行政目的。具体而言，监管者可以为生产企业、经营企业设定监管规则，可以通过沟通交流、宣传教育、公告、新闻发布会、专家咨询会、行政指导、信用体系等方式，来引导企业、行业协会、媒体、专家等不同角色对保健市场监管法律和政策的认知，从而正确引导他们下一步的行动。监管者还可以通过资源的配置、权利义务的配置，达到治理网络中不同主体之间的均衡。从政府规制走向公共治理，探求通过多中心、多主体、多层次的合作治理，有赖于政府内的协同治理体系，有赖于改进行政规制机构的规制能力，改进相关行政部门的跨部门协作能力，让政府真正发挥组织领导之责。合作治理更有赖于社会主体的参与，有赖于企业责任的践行、行业协会的自我规制以及公众对规制治理的参与。[1]

具体到我国保健市场综合治理的实践而言，应该强调行政规制、企业自我规制、行业协会自律等多元主体参与的治理网络，构建合作治理新型体系。由于保健市场监管涉及面广，内容复杂，没有哪一个主体有全部监管、管好的能力。传统的市场管理依靠政府的单一监管，监管力量远远不够，监管资源远远不足。新形势下，市场监管必须要有新的作为，拓展新的合法性力量，在挖掘现有监管潜力的同时，发展新的监管能力，改变以往仅仅依靠政府单打独斗的监管格局，形成社会共治。其核心问题就是需要探讨政府规制中的合作治理，特别是分析不同主体在规制中的角色、合作治理中规制机构的作用、规制机构与各级人民政府之间的合作、规制机构与其他行政机构之间的合作，尤其是政府、企业、行业协会、媒体、专家与公众之间的合作治理。倡导一种由国家掌舵、众人划桨的制度安排，把企业、社会组织、公众等纳入监管体系之中，改善市场主体、社会力量与政府的关系，争取他们的信任

---

[1] 宋华琳："论政府规制中的合作治理"，载《政治与法律》2016年第8期。

与支持，形成合力监管。监管部门要以职能转变、管理创新为抓手，创新市场管理体制，改变管理方式，优化管理流程，推动部门协同、社会支持、市场配合，将行政执法、政府服务、社会监督、市场评价有机结合，着力构建政府监管、行业自律、企业自治、社会监督、公众参与的"多位一体"的透明、高效、便捷的大监管格局。形成政府、行业协会、社会专业组织、企业、社会舆论以及公众等多种主体参与的综合性市场监督管理基本框架，建立起适应全球化浪潮和现代市场经济的"横向到边、纵向到底、关口前移、重心下移"的市场监管模式，形成上下联动、内外互动、多元参与的综合监管模式，实现"资源共享、协同运作、主体全覆盖、实时监控、快速反应"的管理目标。监管主体始终坚持以问题为导向，有效履行市场管理中基础性、综合性的主体责任。在完善的监管制度下，依靠信息共享、资源共用、业务联动、监管互助等手段，充分运用各种方法和技术，对市场主体进行全范围、全过程、全时段动态监管，实现政府主导、部门协同、社会共治的统一化、常态化、主动化和专业化。[1]

二、法律和标准建立健全层面：确保保健市场综合治理有法可依

（一）完善保健市场法律法规体系

法律法规是管理和监督保健市场的基础和依据。我国保健市场的相关法律法规尚不成熟，没有统一的、基础性的、综合性的法规，整个法律法规体系缺乏系统性和协调性。一些不法商贩利用法律的漏洞，影响保健市场健康发展。因此，我国需要尽快建立保健市场法律法规体系，规范企业生产，做到"有法可依"，明确各个行政执法主管部门全面负责保健市场的研发、注册审批、生产、经营、标签说明、广告宣传、安全监管等责任，明确保健市场行业管理的归属部门、监督责任主体及市场准入等事项，出台保健市场行业的管理办法及其对服务行业从业人员资格管理和行为监督办法，规范保健市场行业，确保整个行业正常运行和成长。[2]

---

〔1〕 丁水平、林杰："市场管理改革中事中事后监管制度创新研究——构建'多位一体'综合监管体系"，载《理论月刊》2019年第4期。
〔2〕 参见中国保健协会、中共中央党校课题组发布的《中国保健产业发展战略、体制和政策研究》。

首先应当考虑的是完善保健食品法规标准监管体系。我国是世界上最早对保健食品实施立法管理的国家之一。从目前的统计看，中华人民共和国成立以来，已出台的涉及保健食品的行政性和技术性法规近 400 部，这些法律法规涵盖了所有的品种和绝大部分环节，形成了具有中国特色且比较完整的法规体系。尽管我国已经建立了比较完整的保健食品安全监管法律法规体系，但仍有进一步完善的空间。保健食品一直是国家严管的产品，但是其法规标准体系的更新跟不上机构改革的速度。一是长期以来的多头管理体制，致使政出多门，这些部门出台的法规之间缺乏衔接和相互协调，使公众和行政相对人在了解和执行法规时产生困难。经过机构改革后，保健食品的管理归入国家市场监督管理总局监管，进口保健食品还涉及海关总署的管理。两个管理部门下面有 9 个司与食品、保健食品有直接关系，还需在实践中进一步探索更科学的保健食品监管制度。二是立法中对科学技术的基础性作用重视不足，主要强调的是行政方法和手段。三是过于强调以制裁为特征的"强法"，忽视以强调纲领、政策和原则为特征的"软法"。四是技术性法规中有些内容（如标准、工艺规范等）更新较慢，与科学技术的发展和现实的需求存在显著差距。部分法规标准较为老旧，如《保健食品标识规定》《保健食品良好生产规范》等都是 20 多年前制定发布的，已经与现行的《食品安全法》《保健食品生产许可审查细则》存在矛盾，容易导致各地监管尺度不一，从而引起企业在执行上的困惑。

　　建议系统梳理现有保健食品法规和标准，查漏补缺，尽快建立一套完善的保健食品法规标准体系。从具体内容上看，近期完善现有保健食品法规标准体系至少应当包括三个方面：

　　第一，保健食品注册与备案方面。当前我国保健食品注册与备案配套的技术法规还不完善。对改变工艺的实质等同，建议引入变更管理指导原则，明确实质等同的范围，进行分类分级管理，明确不同类别的判定依据。针对目前保健食品注册周期长问题，建议将更多国内外应用较为成熟、成分单一、功能明确、安全资料成熟的原料，包括中草药原料，尤其是药食同源的原料纳入保健食品原料备案目录，快速支持市场的需求。

　　第二，标签管理方面。国家卫生健康委员会、国家市场监督管理总局陆续发布了一些有关标签方面的管理法规、通告、技术指导原则、问答等，分别对产品命名、说明书、功能评价、不适宜人群等作了规定，但其内容相对零散。因此，笔者建议参考预包装普通食品、婴幼儿配方乳粉等其他类别产品，整合现有不同途径、不同法律效力的文件，明确保健食品标签的基本要求、设计要求、功效宣称等，更好地指导企业和地方监管部门开展工作。

第三，保健功能方面。为了促进行业良性发展，近期监管部门加强了对保健食品保健功能声称清理整合的管理，建议监管部门具体问题具体分析，分步实施。对于拟取消的功能，应给予企业过渡期进行生产策略调整和包材消耗；对于有待进一步研究论证的功能，部分予以保留。建议允许企业根据新规定完善补充新的资料，证明产品安全有效即可保留。个别产品重新评估存在问题的，进行取消处理。聚焦安全，放开功能，支持企业采用创新的功能评价、安全评价方式方法。目前现有的保健功能已经不能满足消费者的需求，很多消费者喜欢从国外购买保健食品，一部分原因是国外保健食品的保健功能的种类和功效成分丰富，能满足消费者的需求。因此，建议监管部门在着力保证保健食品安全的基础上，放开保健功能，由市场需求决定功能的发展，让企业、研究机构、高校等第三方机构团体开展保健食品功能的开发，满足消费者日益增长的消费需求。

在体系建构方面，笔者建议构建以《食品安全法》为指导，以《保健食品监督管理条例》（该条例历时四年起草、几易其稿，最终因故"流产"，使保健食品丧失了"单独立法"的历史机遇，但笔者认为在时机成熟时有必要再单独立法规范）为核心的法规体系。《食品安全法》的出台，使我国食品安全法律体系有了"母法"，为建立和完善食品安全其他方面的法规提供了指导原则。针对保健食品的安全与监管，亟待国务院尽快出台《保健食品监督管理条例》。《保健食品监督管理条例》是保健食品安全及其监管的核心法规和依据，是保健食品安全及其监管这一领域的"上位法"。制定《保健食品监督管理条例》应充分考虑和吸取近年来我国食品安全特别是保健食品安全监管的实践经验和研究成果，吸取国际社会成功有效的方法，吸取新的科学方法和监管理念，也要充分考虑可操作性，考虑与现行有关法规的衔接配套，充分发挥《保健食品监督管理条例》的作用和功效。《保健食品监督管理条例》的出台将推动我国保健食品安全和监管法规体系的建设，会有一系列与之衔接配套的法规、规章、规范性文件甚至司法解释出台，来进一步丰富和完善我国保健食品监管的法律法规体系。

从动态发展角度看，在未来进一步建立和完善我国保健食品监管法律法规体系过程中，应有目的、有意识、主动地实施对保健食品生产经营全过程、全要素的监督管理，使保健食品从研发到上市全过程的监管实现有法可依、有章可循，为保健食品安全及其监管奠定一个科学严谨、全面完整的法制环境。在进一步完善保健食品监管的法律法规体系中，既要制定现行食品安全法律体系强调以制裁为特征的"强法"，也应该制定以强调纲领、政策和原则为特征的"软法"。法律法规要涵盖全要素和全过程，既要重视实体法的制定与完善，也要重视程序法的制定与完善，要严格服从上位法，并避免与同层次法规相冲突，做好各项法规之间的衔接与协调工作，做到有法必依，执法必严，违法必究。此外，应进一步完善保健产品相关法律法规，制定严格的责任追究制度，通过立法工作对保健产品会议营销的准入条件、操作规范等作出明确规定，以便于在监管中有章可循、有法可依，加快健全和完善保健产品市场监管的法律法规体系。

有关保健产品和保健服务方面法律法规体系建立健全方面，后文将有专门阐述。

（二）建立健全保健类标准体系

标准的建立是有效监管的基础，保证保健食品、产品和服务的质量需要有完整的标准体系。目前，我国在保健食品、保健用品的生产、流通、消费环节都有一些相应的标准，但是存在部分内容交叉重复和标准缺失的问题，当务之急是要整合现有的标准，国家、行业、企业分级制定适用于不同范围的标准，填补标准的空白，比如原料标准、生产工艺标准等，并保证标准的有效实施。因此，政府要推动标准的科学化进程，与国际接轨，强调以风险评估作为基础制定标准，组织专家学者开展保健类原料及食品添加剂、产品和服务标准研究工作，从而提高技术标准的科学性和可操作性，推动行业的高水平发展。保健类生产和服务企业也要及时更新企业标准，企业要保证其标准不低于国家标准。随着行业的发展，技术水平不断提高，国家标准也在不断调整和规范中，企业必须自觉跟进，积极按照新的标准组织生产经营和服务。[1]

1. 健全保健食品标准体系

以保健食品为例，从历史上看，由于保健食品的特殊性，在保健食品中

---

〔1〕 卓佳："多元共治理论下我国保健食品安全监管模式的研究"，云南大学 2015 年硕士学位论文。

许多植物类原料、辅料等常采用药品标准，而部分原辅料的标准有些指标则依从食品标准管理，由此造成的标准之间矛盾或不完全匹配现象时有发生。虽然经过多个部门历时多年的努力并初步建立了保健食品安全标准体系，但仍然存在诸如标准总体水平偏低、不同标准之间存在矛盾和交叉、缺少某些标准等问题。特别是因多部门管理的历史原因，造成了虽然质量标准繁多，但安全标准不足的状况，迫切需要尽快梳理现行保健食品安全性标准，构建保健食品的标准体系，完善保健食品安全标准。

构建和完善保健食品安全标准体系可从以下方面开展工作：

第一，构建保健食品安全标准体系。构建保健食品安全标准体系的首要任务就是确定其体系中应包含哪些与安全关联性最显著的标准。笔者认为，保健食品安全标准体系应包括的主要标准有：原料安全标准、产品注册标准、检验检测标准、技术评价标准（规范）、许可程序标准、生产准入标准、其他通用标准。通过这一安全标准体系的构建，只要保健食品的生产经营符合上述标准，其安全性就是有保障的。

第二，建立保健食品安全标准委员会，提供组织保障。为了构建科学统一的保健食品安全标准体系，可单独或在相关机构内部设立一个保健食品安全标准委员会，在政府主管部门的领导和监督下，负责对保健食品安全标准的制定或修订。

第三，建立保健食品安全检测数据库。可以在各试验机构和注册检验机构既有工作的基础上，建立保健食品安全检测数据库，为建立安全标准体系提供支持。数据库还可包括原料数目录、配方清单等内容。

第四，及时开展风险评估。根据标准制订的计划，及时地、有步骤地、分批分期地开展对安全标准有重要和关键影响的要素，如原料、配方、工艺等的风险评估，为标准奠定坚实的基础。

第五，清除不符合现行强制标准的产品。为维护标准的权威性和严肃性，对于不符合现行强制标准的产品，应下决心坚决予以清除。有些保健食品系多年前获准上市，其质量标准和生产企业的条件可能已不符合现行的强制性标准要求和现行法规的规定。这类产品在清理换证和再注册过程中，一律不予批准，但允许其通过整改等方式获得再注册资格。

2. 健全保健服务标准体系

以保健服务（中医药保健服务）为例，国务院对中医药保健服务业的发展高度重视，开展中医药保健服务标准认证工作，加强保健服务体系建设对推动养生保健服务发展具有重要意义。加强保健服务标准化工作对于深入实施"健康中国"国家战略和落实《中医药健康服务发展规划（2015—2020年）》精神、加强和改进中医药保健服务、推动我国保健服务业健康发展具有重要意义。

在过去几年里，标准化体系规划建设初步成型，国内标准化工作不断取得突破，完成了保健服务要求、分类、规范等8项内容。全国保健服务标准化技术委员会积极开拓相关标准化科研工作，承担了国家市场监督管理总局、国家卫生健康委员会、国家认证认可监督管理委员会认证认可技术研究所等相关课题研究工作，成立了保健服务通用标准工作组、保健按摩器具国家标准工作组、母婴保健服务国家标准工作组、体重控制国家标准工作组，为今后我国保健服务标准化工作打下了坚实的基础。[1]

今后，在中医药保健服务标准体系建设方面，一是要统筹规划，形成合力。在中医药保健服务标准化规划研究、标准化工作机制方面下功夫，统一思想认识，提高系统思维，加强顶层设计，建立工作协作机制，形成保健标准委员会组织、专家委员会提供技术支撑、社会组织和保健服务机构具体实施的标准化工作协作机制，理顺各方职能，调动各方积极性，形成强大的工作合力。二是要突出重点，分类推进。重点推动中医药保健服务基础和管理标准的出台，加快推进保健服务认证标准等业务标准的研制，推动标准对保健服务链条全覆盖。三是要开拓创新，务求实效。在中医药保健服务标准研制、标准宣传贯彻、标准化保障等方面，开拓思维，加强创新，提高标准的实效。2018年，国家中医药管理局根据《中医药法》第44条的规定，为促进和规范中医养生保健服务发展，在深入调研、广泛听取意见和建议、对重点问题反复深入研究的基础上，起草完成了《中医养生保健服务规范（试行）》（征求意见稿），向社会公开征求意见。该规范仅适用于非医疗机构及其人员提供的中医养生保健服务。医疗机构提供的中医养生保健服务按照《中医医院"治未病"科建设与管理指南（修订版）》等规定执行。期待国家中医药管理局早日正式实施该服务规范。

---

〔1〕 "全国保健服务标准化技术委员会'进一步完善保健服务标准化体系'"，载 http://www.sohu.com/a/77159293_ 119638，最后访问日期：2021 年 9 月 21 日。

通过保健服务类标准体系的建立健全，可以实现后续各级各地市场监管部门针对保健服务市场乱象开展针对性、精准性的监督管理。

三、监管主体优化层面：提升保健市场监管主体监管能力

（一）综合执法加强部门间协同监管

综合执法是指市场监管领域某一行政执法部门，依据一定的法律程序在合理的管理幅度范围内，综合行使多个行政执法部门的法定职权的行政执法制度。推进综合执法要解决职责交叉、分段监管、多头执法的问题，建立综合监管体系，发挥各种监管资源的综合效益；要按照有统有分、有主有次、履职到位、流程通畅的要求，建立横向协作、纵向联动的市场监管综合执法管理体制机制，提高市场监管综合执法效能。在对保健市场主体进行执法的实务中可以发现，单靠一个部门进行执法，往往具有很大的局限性：一方面对同一个执法对象往往存在涉及多个市场监管部门职能的违法行为，常常会发生一条产业链涉及多个市场监管部门职能的情况；另一方面，保健市场监管部门在办理案件过程中，常常遇到产品销往外地，需要进行调查取证的情况，对一些违法情形简单的案件，如果全部由当地的质监部门派出执法人员到外地取证，不仅执法成本高，效率也很低。

事实上，保健市场的监管除了涉及卫生部门及其市场监管部门，还涉及公安、卫生防疫等部门。在地域管辖上，不同地域之间也涉及协作监管的问题。管理的部门越多，链条越长，执法效率就越有可能低下，难以形成合力。各个环节的执法衔接不畅，以致出现执法成本高、执法效率低等现象，治理保健市场乱象需要相关监管部门以及有关区域的执法力量做好监管衔接，建立综合执法机制。

具体来讲，可从以下几方面着手：其一，通过立法建立常态化的综合执法机制。要通过立法的方式明确各部门在综合执法过程中相互配合的责任，让综合协同执法成为常态化机制。同时还要出台相关措施，包括梳理各职能部门的权责清单、实操中的具体协作机制等。[1]其二，执法环节要建立并优化综合执法的运行机制，加强与各成员单位间的沟通。协调好保健市场各监

---

[1]　刘勋："保健品监管需综合执法"，载《检察日报》2015 年 9 月 28 日，第 6 版。

管部门的职能关系，使保健市场监管工作能够覆盖全面。上级监管部门除下放职能和向下级单位转达上级监管部门的监管要求外，还应及时提供法律以及技术上的支持。在应对大型监管事件时，做好各下级间的协调调度工作，把相对独立的下级机构联动起来，共同协力。其三，要明确各级市场监管机构的事权分工机制，按照"三定"方案的规定，省、市（区）、县三级市场监管机构都具有监管的职能，但在监管工作实务中，受部门职能、人员专业技能水平、装备保障等因素所限，各级保健市场监管机构的监管能力和工作特点是截然不同的。因此，进行职责明晰、权责一致的事权划分是十分必要的，这既有利于发挥各级监管机构的优势，又有利于让各级监管机构明确其监管的重点。在事权划分中，要坚持合法性与合理性有机结合，合理划分职责边界，强化层级监督。要坚持权责一致和上下协调相结合，实现监管工作业务全覆盖、衔接无缝隙，进一步提升监管工作的效率，避免重复监管。同时应该理顺上下级单位及部门之间的衔接流程，精简报送内容，避免双方将过多的人力物力耗费在政府内部各类繁多复杂的文书报送上。可以充分运用先进技术手段，促进上下级之间纵向的信息交流，强化基层机构层面上横向的信息共享。通过优化多方的信息共享和交流的方式与渠道，增加各级监管工作的时效性、合理性。要注意建立市场监管部门之间的案件协查机制。通过案件协查机制，本地监管部门向外地有关市场监管部门发出协查函，由当地市场管理部门派出执法人员进行调查取证，并将有关调查情况和证据、笔录等邮寄至当地监管部门，可以大大提升执法的效率，降低不必要的执法成本。[1]

（二）加强执法与监管部门之间的协作

对各级保健市场监管部门而言，最核心的职能就是两个方面：监管和执法。特别是在当前采用集中执法的模式下，要提升执法工作的效果，首先就要加强监管与执法的协作，重点要发挥以下几个方面的作用：

第一，要通过质量监管，有效扩展执法的案源信息。目前保健市场极其庞大，涉及的市场主体成千上万，单纯依靠一个地区的几十个执法人员，想从数量庞大的市场主体中发现有违法行为的相对人，其难度无异于大海捞针。

---

〔1〕 吴杉："优化地方政府质监执法机制和方式研究——以青岛市质监执法工作为例"，青岛大学2018年硕士学位论文。

从执法工作实践来看，想要有效地发现保健市场企业的违法行为，一方面依赖于受理人民群众关于质量违法的投诉举报，更重要的是依赖于日常的质量监管。要通过保健市场监管部门与执法部门之间有效的协作，建立畅通的信息渠道，保健市场监管部门将在日常监管中发现的可能存在违法行为的信息线索及时通报给特定执法部门，由执法部门调查核实，对确有违法行为的企业依法进行查处，从而大大加强保健市场执法工作的针对性。

第二，要通过严格执法，有效提高保健市场监管的威慑力和有效性。按照我国的法律法规体系，很多市场监管部门的监管工作不具备有效的强制性手段，在日常监管特别是在对不需要审批许可的领域进行管理时，有些相对人不服从管理，甚至有可能在经济利益的驱使下暴力抗法。这时就需要借助执法部门，通过严格的执法工作，对保健市场企业的违法行为严厉查处，提高相对人的违法成本。

第三，通过保健市场执法和质量监管的协作，优化执法后处理工作的效果。从保健市场执法工作实践中看，大部分保健市场经营企业之间，其信息往往都是互通的，对其中几个违法企业进行有效查处，就能对整个保健市场行业产生震慑作用，督促企业的经营者更加重视质量管理工作。同时还要通过保健市场执法和质量监管的协作，优化执法后处理工作的效果。按照执法的办案程序，对相对人作出处罚决定并执行完毕、责令当事人纠正违法行为后，就结案了。但相对人在案件办结后，是否能认真遵从整改的要求，避免违法行为重复发生，这一点难以保证。这就需要执法部门在案件办理结束后，及时将相关信息通报给质量监管部门，让他们在日常监管中对有关企业和个人进行重点关注，加大监管巡查的频次，给相对人施加一定的压力，从而避免相同的问题重复出现。对于反复违法的相对人，也要建立相关的市场退出机制，由质量监管部门通过其行政手段注销、吊销相关许可资质，实现质监执法和质量监管的合力。[1]

第四，推进保健市场综合执法和联合惩戒。协同监管是各类市场监管主体依据法律法规的规定，通过跨层级、跨地域、跨系统、跨部门、跨业务等互联互通的方式，形成优化、协同、高效的配合联动机制的一种监管活动。

---

〔1〕 吴杉："优化地方政府质监执法机制和方式研究——以青岛市质监执法工作为例"，青岛大学 2018 年硕士学位论文。

协同监管是新时期市场监管的必由之路，加强部门间协同监管是提高市场监管科学化的重要举措。而综合执法是协同监管的最佳路径，是保健市场监管的重要内容。综合执法是指市场监管领域某一行政执法部门依据一定的法律程序在合理的管理幅度范围内，综合行使多个行政执法部门的法定职权的行政执法制度。推进综合执法要解决职责交叉、分段监管、多头执法的问题，建立综合监管体系，发挥各种监管资源的综合效益；要按照有统有分、有主有次、履职到位、流程通畅的要求，建立横向协作、纵向联动的市场监管综合执法管理体制机制，提高市场监管综合执法效能。联合惩戒则要求市场监管领域各相关行政执法部门对当事人违法违规信息进行记录，其他行政执法部门在日常履职过程中根据信息记录对当事人行政备案、行政许可、行政确认、行政给付等行为实施相应限制。

（三）建立健全监督执法部门的上下级联动机制

随着市场经济的不断发展，保健市场越来越大，涉及产品的数量越来越多，种类越来越复杂。这导致保健市场的监督执法工作涉及的范围更广、影响更大，不可能仅单纯依靠某一级执法机构。因此，必须要整合多级监督执法部门的力量，凝聚执法合力，实现优势互补和无缝衔接，才能最大限度地实现"纠正违法行为、消除安全隐患"的监管目的。保健市场多级监管机构的联动机制应主要包含以下几个方面：

第一，构建信息通报和共享机制。要打破各级监管部门的信息屏障，通过建立录入统一的监管系统等信息化手段，加强监管信息的共享，从而提高监管的效能和针对性。上一级保健市场监管机构查办的案件，应及时将相对人的有关信息和违法行为通报给下一级保健市场监管机构，以便于下一级监管机构对相对人进行跟进监管。下一级机构查办的案件，同样应及时到上一级监管机构进行备案汇总，以便于及时发现存在的行业性、区域性、普遍性问题，在监管工作中就可以有针对性地开展专项整治，以便于在各个地区推广好的经验做法。

第二，要明确各级监管机构的事权分工机制。按照"三定"方案的规定，省、市（区）、县三级保健市场监管机构都具有监管的职能，但在监管工作实务中，受部门职能、人员专业技能水平、装备保障等因素所限，各级保健市场监管机构的监管能力和工作特点是截然不同的。因此，进行职责明晰、权责一致的事权划分是十分必要的，这既有利于发挥各级监管机构的优势，又有利于使各级监管机构明确其监管的重点。在事权划分中，要坚持合法性与合理性有机结合，合理划分职责边界，强化层级监督。要坚持权责一致和上下协调相结合，实现监管工作业务全覆盖、衔接无缝隙，进一步提升监管工作的效率，避免重复监管。

第三，各级保健市场监管机构应进行有效的联动监管。随着经济的发展，保健市场监管对象逐渐从中小企业转变为一些规模较大的企业。因为此类企业往往规模大、人员多，所以对其进行监管检查时，要想取得较好的效果，往往需要一次性投入较多的监管力量，通过进行合理的分工，同时对生产场所、库房、调度室、实验室等关键部门进行检查，避免关键证据灭失。而单一的保健市场监管机构难以达到这种要求，这就需要各级保健市场监管机构进行有效的联动监管，以集中力量实现突破。当遇到疑难案件时，受监管经验、监管装备和监管能力所限，单一的保健市场监管机构难以进行有效推进，这时也需要通过多级保健市场监管机构间开展监管会商，商讨对违法行为如何进行定性，研究下一步的侦查方向和取证重点，以便于甄选出最优的监管方案，提升质监监管的效果。

第四，构建多级保健市场质量技术监督监管机构之间的案件移送机制。各级保健市场监管部门在案件办理过程中，随着案件调查进程的不断深入，可能逐渐发现查办的案件不在自己部门的管辖范围内或者不属于本部门事权划分的领域，此时，就需要用移送机制将该案件移送给有管辖权、适宜来查办该案的部门。在移送机制中，尤其需要注意的是，在移送案件时前期取得的证据和有关的涉案物品亦应一并移交，通过有效的移送机制，就能使得案件更好地推进下去。[1]

（四）构建跨部门信息共享机制

建立政府信息资源的跨部门共享机制，是部门间开展有效协调与合作的前提。政府信息共享有助于打破政府信息资源的"孤岛"，使不同行政部门共享必要信息，能更全面、更充分地掌握规制信息，更好地了解规制事务和规制对象的全貌，有利于政策形成和执行层面的协作。目前在中国，上下级行

〔1〕　吴杉："优化地方政府质监执法机制和方式研究——以青岛市质监执法工作为例"，青岛大学 2018 年硕士学位论文。

政部门之间系统内的信息共享工作开展得较好，而不同职能的行政部门之间信息共享程度相对较低。具体到保健市场跨部门信息共享问题上，具体要做到以下三点：

第一，应尽量以立法的形式明确规定保健市场所涉不同部门必须共享的政府信息，为相关部门设定政府信息共享义务，各级政府和行政机关亦应着力建构保健市场所涉政府信息共享的技术平台、标准规范、工作程序和管理制度。[1]

第二，要构建完善智慧监管体系，必须建立起跨部门、跨系统的信息共享数据平台。新时期，市场管理需应用信息技术推动监管创新，加强监管部门的电子信息系统基础设施建设，加快建设以信息交换枢纽为主要功能的信息共享和服务平台，建成大数据融合中心。按照统一的标准和规范，推动监管部门间数据资源和信息系统的融通整合，形成信息更新、共享的长效机制，实现互联互通，共享互用。

第三，依托信息共享与服务平台，将各保健市场监管部门的信息互联，实现市场主体准入、经营、退出等各领域和环节信息的共享，为各大主体顺利开展市场监管工作提供充分的信息资源和强大的技术支持，强化对市场主体经营活动全过程的跟踪、监督和管理。扩大部门间信息交换，实现监管在全部环节和领域无缝对接，在较高程度上实现监管的信息化运作。强化数据共享应用，实践操作中推行监管数据网上行，依靠数据发现问题，提高防范化解风险的能力，全面提升事中事后监管效率。通过信息共享与服务平台，监管主体可以便捷地与监管相对人进行交流沟通，及时传达有关政策法规，告知相对人监管情况、企业状态等相关内容，对企业潜在的违规行为给予及时提醒，引导企业依法合规经营，显著提升监管服务水平。监管相对人通过使用信息共享与服务平台直接接收和报送相关信息，降低工作繁杂程度，并利用平台数据库及时查询企业运行状态，确认安全风险。行业协会、社会专业机构可以利用平台上企业动态监管数据，进行挖掘分析和综合评估，研判市场趋势，预测行业风险，为成员企业和社会公众提供有价值的咨询服务。公众也可以快捷、便利地查询企业经营信息、信用信息，开展社会监督。总之，平台建设使得不同监管主体共享信息，提高了市场监管的自动化程度、

---

[1] 宋华琳：“论政府规制中的合作治理”，载《政治与法律》2016 年第 8 期。

透明度和便利性。[1]

（五） 加强执法队伍建设

监管人员是保健市场安全工作的实际执行者，其素质的高低影响到具体工作的实施，所以加强人员培训管理尤为重要。一方面要加强培训的统筹工作，要提高相关人员的整体素质。在提高整体监管人员专业素质和业务水平的同时，更要把培训落实到个人。另一方面，人员培训也要与时并进，教授可操作性强的知识。做好保健市场监管人员的专业知识培训和教育，在了解一线监管人员需求的前提下，结合监管形势，有针对性地设计培训内容，提高培训内容的实用性。结合现时相关政策，可以通过人员培训的机会，教授并推广食品快速筛查技术，提高日常监管的靶向率，为监管人员应对快速变化的食品经营行业情况配备更先进的监管能力，筑牢监管基础。根据市场的发展规律、城市人口的增加趋势，相应地调整保健市场监管的人力资源，确保有足够的监管人员支撑保健市场监管工作的顺利开展。国家市场监督管理总局各基层机构处于监管重心，更应该保障其人力资源的配置。监管人员与辖内人口比例低、监管队伍缺口大的情况需要得到重视。应积极地建设保健市场监管队伍。通过适当扩大公务员编制、招聘政府雇员甚至购买社会服务等方式，缓解基层保健市场监管编制少、人员不足的问题。此外还应积极提高基层监管人员的薪酬待遇，留住专业人才，减少工作人员流动性，降低雇员流失率，使监管队伍保持一定的稳定性。[2]

日常管理机制的运行离不开监管人员，对于保健市场监管人员来说，要定期展开业务技能培训，不仅要提高监管人员的业务技能，还要提高监管人员的履职能力，这样才可以更好地为保健市场监管工作出力。此外，除了对原有的监管人员进行培训，还要为保健市场监管力量队伍注入新鲜血液，这样才可以保障监管人员长期、稳定地展开监督和管理工作。因此新人才的选拔和培养也十分重要。在人才选拔的过程中，应当挑选工作能力强、富有责任感、富有上进心的人才，对其进行系统化、专业化的培养，使监管队伍在发展的过程中不丧失生机和活力。对于监管队伍的内部纪律也要严加管理，

---

〔1〕 丁水平、林杰：“市场管理改革中事中事后监管制度创新研究——构建'多位一体'综合监管体系”，载《理论月刊》2019 年第 4 期。

〔2〕 李贤浩：“佛山市顺德区食品安全监管问题研究”，华南理工大学 2017 年硕士学位论文。

一旦监管队伍中出现以权谋私、违法乱纪等不法现象，要进行严惩；对于工作态度消极的监管人员需要对其进行激励，提高其监管工作的积极性，为保健市场的监管工作创造一个积极、公正的发展环境。这样才可以实现治理力量的凝聚。从另一个角度来说，治理力量的凝聚也是保健市场工作发展的重点。因为如果没有足够的治理力量，保健市场监管也只是一句空话，所以在保健市场监管的过程中，不仅要注重监管的实质性效果，还要吸引新的力量，让这些新的力量和原有的力量进行凝聚，壮大监管人员的队伍，提升监管的力量。

在日常工作中，监管人员要有更专业的知识、高水平的技能、超群的素养，才可以更好地开展监管工作，为良好的保健市场提供必要的保障。要进一步强化监管人员的业务培训工作，加大人才培养力度，提高监管人员的业务能力，打造一支专业性强、综合素质高的人才监管队伍。应合理利用各大高等院校、专科院校丰富的培训资源，以现代化的标准对保健市场监管人员展开一系列高强度的培训工作，培训额定内容主要是日常监督和管理工作、检验检测工作、风险监控工作、保健市场应急处理工作等。在培训的过程中，要定期开展轮训等多种训练，切实提高保健市场监管人员的监督管理能力和其业务水平。[1]

此外，应提供保健市场立法机构与监管机构之间、保健市场监管人员与保健行业之间交流的途径和机制。一方面，通过保健市场立法机构与监管机构持续交流，准确传达立法背景和精神，执法人员深入了解法规制定的初衷和执行方法，就实际执法问题与立法机构探讨，推动有关保健市场的法规更好地落地执行。另一方面，应鼓励监管人员到先进保健类企业中了解企业智能化技术、信息化管理方式、实际生产遇到的多样化情况，共同探讨实施和解决方案，共同规范保健市场行业发展。

四、社会共治机制构建层面：提高保健市场综合治理效率

（一）树立多元化社会监管理念

随着社会经济结构的复杂化，传统监管模式中政府包揽了过多过重的监

---

〔1〕 张科子："宁波市镇海区食品安全网格化管理研究"，宁波大学 2017 年硕士学位论文。

管责任，从而导致政府压力加大和效能低下，也影响了第三方监管主体的培养和发育。生产经营者第一责任人的自我约束机制和外部惩戒制度的乏力更是降低了法律的权威性和遵从性，难以彻底改变食品经营者违法成本低、失信收益高的局面，给消费者的人身和财产安全带来严重危害。为了解决保健市场监管中存在的公共服务分散不均、监管力量相对不足和微观环境复杂多变，以及法律责任偏轻、重典治乱威慑作用尚未得到充分发挥，消费者对政府监管能力的信心难以提升等严峻问题，要树立多元化社会监管理念，构建政府监管、企业自律、社会协同、公众参与、法治保障的社会共治格局。

多元主体参与可以发挥诸多不可替代的社会作用，比如有利于全能型政府向有限型政府转变，弥补政府失灵的缺陷，减少保健市场安全监管的行政成本，提升社会自治水平和推动相关法律法规的建立健全。但是，多元主体协同参与固然需要政府简政放权，并不意味着"弱政府"，而是"强政府"。[1]实现社会共治市场经济环境主要依靠市场进行资源配置，市场的功能日趋增强，政府的作用日益减弱。相应地，新形势下的市场监管已经扩大为社会管理问题，监管依靠政府但不局限于政府本身。因此，要打破传统的监管工作思路和方式，拓展监管力量，引入多方主体参与，突破单纯依靠政府自身力量单打独斗的监管局面。

充分运用协同治理理念，积极整合政府、企业、社会和公众各方力量，构建保健市场参与式协同管理新格局，实现社会共治。事中事后监管充分吸纳保健行业协会、社会组织、企业、公众等多元主体广泛参与，主体间相互依赖、相互支持、取长补短，构成一个有机统一的保健市场监管体系。各主体发挥自身独特的作用，采取一致行动，构建起一种网络式的合作治理模式——社会共治，形成政府监管、行业自律、社会监督、企业自治、公众参与的全社会各种力量协同监管，产生巨大监管合力。社会共治在充分发挥市场机制作用的前提下，以"政府掌舵，众人划桨"使命为引领，调动社会各方参与共治的积极性和主动性。以"共损共荣、利益共联"理念为指导，让每个主体都以主人翁的姿态参与监管，由对政府负责转变为对自己和社会公

---

〔1〕　刘群英、李震静："党的十八大以来食品安全社会共治及其法治化的基本经验与趋势展望"，载《福建江夏学院学报》2018 年第 5 期。

众负责。社会共治有效弥补了政府监管的不足，提高了保健市场监管的质量和效率。[1]

保健市场新形势下，市场管理面对的是一种全新业态，产业的交叉融合使得管理异常复杂，诸多市场问题突破了部门界限，超越了行业范围，跨越了政策领域，传统的"内部"问题日益无界化，演变成需要多主体协同治理的复杂难题，涵盖多个政策领域，涉及众多管理部门，跨越不同地域区县。依据政府现行的部门职能划分，行政主导的市场管理往往部门间看似职责明晰、分工明确、各司其职，实则监管内容条块分割。在应对复杂的市场问题时，易出现多头管理、遇事相互推诿、责无人负、管理主体间缺乏有效沟通和协调、管理方式单一、缺少社会参与等弊端。各自为政的"碎片化"监管体系显然不足以满足新兴市场发展的需求，内部分裂的监管局面逐渐暴露出各种弊端与漏洞，甚至成了市场发展的障碍。现代治理理论的兴起拓展了政府改革的视角，成为引领市场管理体制改革的指引。现代治理理论倡导打破层级之间、部门之间和区域之间的界限区隔，调动政府、企业、社会组织、公众等主体的积极性，实现政府间、部门间、组织间的横纵向立体多维度合作，寻求多主体共同协作解决复杂公共问题，促使跨领域、跨部门的管理问题迎刃而解。因此，在保健市场管理改革创新过程中，政府需要发挥引领作用，通过联合、协调不同管理部门，调动、激励全体保健类企业支持，鼓励、引导各界社会公众参与，培育、发挥各种社会组织力量，形成上下联动、内外互动、多元参与的多位一体监管格局，构建起一种立体网络式的综合监管体系。充分利用保健类行业协会、社会组织及公众的作用，借臂生力，弥补政府监管力量的不足。[2]

对保健市场进行监管，尤其是更加注重事后监督的分类监管，需要社会全员的共同参与。而在公众参与保健市场安全监管时，就需要政府让渡一部分的行政权力给社会公众，赋予他们一定的决策权。需要借助政府的力量，加强政府对社会组织、行业协会的监管，规范他们的行为，同时要加强行业的自律，以防损害保健市场安全公共利益。纵观发达国家保健市场监管模式，

〔1〕 丁水平、林杰："市场管理改革中事中事后监管制度创新研究——构建'多位一体'综合监管体系"，载《理论月刊》2019年第4期。

〔2〕 丁水平、林杰："市场管理改革中事中事后监管制度创新研究——构建'多位一体'综合监管体系"，载《理论月刊》2019年第4期。

对保健市场实行备案制或与行政审批相结合的备案制的国家有一个共同的特点，即企业与行业协会的自律性较高。因此，不能仅靠单一的监管解决所有的问题，而应跳出监管依赖的局限，建立与之相应的辅助制度，弥补监管制度的缺失。[1]

（二）严格落实保健类企业主体责任

2019 年 3 月，在针对保健市场诸多乱象进行"百日行动"的背景下，国家市场监督管理总局局长张茅就"加强市场监管 维护市场秩序"相关问题回答中外记者提问。张茅局长提出在今后的监管中，要做到六点：①对食品安全坚持"四个最严"；②加强科普宣传，改革保健品注册制度；③落实企业主体责任，扩大企业自我声明的范围；④政府的榜单上只有"黑榜"没有"红榜"；⑤减少政府对保健品功能的界定，不为企业背书站台；⑥依法宣传，不能夸大宣传。张茅局长提出未来的改革目标就是落实企业主体责任，扩大企业自我声明的范围。对于"百日行动"，张茅局长提出该行动不应局限于百日，必须长期进行，同时加强科普宣传，改革保健品注册制度，更多地由企业自我声明、自我承诺、实事求是。

按照"谁受益、谁承担"原则，保健类企业从保健市场中获取了利益，那么保健企业就应当承担起对消费者和社会的安全成本。再者，相比于政府以及第三方机构，保健类企业对于自身的情况最为了解，并且可以直接指挥从业人员，对于减少产品质量安全事故起到至关重要的作用。因此，保健类企业作为落实保健责任的主体应做到：

第一，树立忧患责任意识，落实质量自查。保健类企业应进一步增强规范生产经营行为的紧迫感和责任感，强化企业主体责任。首先，保健类企业应积极与政府市场监管部门签订产品质量安全生产和合规销售承诺书，认真履行承诺书上的规定。在企业内部，在岗职工要根据自己的岗位安全职责填写《安全承诺书》，通过签订《安全承诺书》让每一名职工都明确自己在安全生产和合规销售活动中的职责。其次，保健类企业应通过签订安全目标责任书的形式，将安全生产责任分解落实到基层单位和部门，基层单位、部门再以责任书形式落实到班组，班组落实到岗位和职工个人。最后，保健类企

---

〔1〕 袁雪："保健食品分类监管法律制度研究"，西南大学 2015 年硕士学位论文。

业应根据法律法规，制定企业内部的安全规章制度，并定期对从业人员开展法律法规解读活动。也可以邀请相关领域专家，定期讲解保健类产品安全事故或违规销售等相关案件以及处罚机制，提高从业人员的忧患意识。比如，云南省药品监督管理局针对会议营销乱象丛生的突出靶向问题，选择在人口密集度高、保健食品消费输入性集中地区的曲靖市组织召开食品、保健食品会议营销企业约谈会，并重点集体约谈食品、保健食品经营企业和会议营销有关平台负责人 110 余人[1]，与 52 家企业负责人签订了《保健食品经营企业质量安全承诺书》，7 家酒店负责人签订了《曲靖市会销保健食品场地出租承诺书》，现场发放了统一制作的保健食品监管信息公示牌，对会议营销食品、保健食品容易出现的违法行为提出了要求，强调了企业第一责任人必须承担的责任。长春市市场监督管理局集体约谈全市保健食品、化妆品生产企业，27 家企业法人及质量负责人参加会议[2]。会上宣读了《长春市保健食品化妆品生产企业集体约谈意见书》，并提出四点约谈意见：一是要深刻认识违法违规生产经营后果；二是要切实履行主体责任，严把产品质量关；三是要摆正质量安全和企业利益的关系；四是要开展一次全面深入彻底的自查和整改。

第二，完善保健类企业安全生产和经营奖惩机制。市场经济条件下，要做好安全工作离不开经济杠杆的调节作用。保健类企业对生产经营各环节进行的安全考核应与从业人员奖金待遇挂钩，考核过程必须要做到公平、公正、公开，突出重奖重罚的原则。若发生重大事故或违规，严格执行"一票否决制"，并依照事故性质及应负责任的大小，追究法律责任。

第三，诚信经营，切实规范保健类企业经营行为。保健类企业应主动自查自纠标签非法声称、非法会销、违法广告等情形，约束经销商和合作伙伴的营销行为，加强对经销商、合作伙伴的交流与沟通，对其营销行为实行持续的观察与管理。尤其是对取得直销牌照的保健食品生产企业，要进一步加强末端管控，强化对营销人员、经销商、宣传资料的监督管理。此外，员工作为企业经营行为的实施者，保健企业应充分认识到其保健专业素养和诚信

〔1〕 参见国务院食品安全委员会办公室发布的《全国食品、保健食品欺诈和虚假宣传整治工作简报》（第 35 期）。

〔2〕 参见国务院食品安全委员会办公室发布的《全国食品、保健食品欺诈和虚假宣传整治工作简报》（第 35 期）。

职业操守对于企业未来发展的重要性。保健企业应对其内部员工加强专业技能培训和诚信职业道德教育，使员工规范化开展生产和销售工作。

第四，严格实行保健类产品销售人员的资格准入制度。各保健类企业应明确销售人员的准入条件：必须具有相关的专业知识，在法律上无不良品行记录，实行职业资格考试制度；建立保健产品销售人员的培训制度，保健产品销售单位应定期对销售人员进行法律、法规、规章和专业技术、保健知识、职业道德等培训，并建立培训记录和个人培训档案，培训合格人员方可从事保健品的经营活动；完善相关法律法规，具体制定规范保健品销售人员行为的规范性文件，使执法人员在监管过程中有所依托，从而规范销售人员的经营活动。

第五，大力加强保健类产品的研发创新。当前随着保健市场"百日行动"活动的开展，一些保健类企业产品销量严重下滑，这主要是由于企业产品研发投入小，产品缺乏创新升级，并不是只要加大广告投入就可以解决的。保健类产品不只要有好的口碑、优质的用户体验，还要具备专业性。因此，保健类产品企业首先要考虑到的是消费者身体所需的产品，而不是考虑如何从概念营销角度出发，虚构概念，只重推广不重产品的经营模式。加强市场研发，产品组方科学合理，产品真材实料，才能保障保健类产品市场长期健康的发展。

（三）鼓励行业协会建立健全行业规范和自律机制

社会组织具有政府所不具备的优势，它的服务、干预、协调功能，可以有效避免政府和市场同时失灵。因此在保健市场多元共治模式中，行业协会是不可忽视的重要组成部分。这就要求政府进一步简政放权，通过放宽准入门槛、参与公共政策的制定等多种方式，推进行业协会参与保健市场安全治理，让行业协会有效地制约公权力和监督私权利，成为保健市场行业的利益表达者和自律监管者，弥补市场和政府失灵带来的缺陷。

强化保健行业协会重要功能是首要工作。我国的卫生行政管理部门要面对14亿余人口的疾病预防、食品卫生安全等工作，但由于监管科目多、范围广、人力资源有限，卫生行政管理部门并不能做到监管全覆盖。而中国保健协会的主体成分为业内企业，市场秩序的优劣与企业的生存环境息息相关。建议中国保健协会积极参与到保健产业管理体制中来，承担起相应的职能，协助政府推动保健产业的健康发展。具体可从以下几方面着手：

第一，充分发挥保健行业协会的专业优势。政府在制定好宏观政策的基础上，简政放权，充分发挥行业协会的优势，弥补监管漏洞与盲区，可以有效减轻政府负担和降低监管成本。由于对行业内部的技术、质量标准和市场信息状况等的认知优势，行业协会比政府部门更能准确地把握产业的发展方向，为企业发展提供信息。也可以通过分析行业的基本情况和存在的问题帮助企业及时向政府传达诉求。通过开展行业内部的调查研究，为政府部门决策提供建议，协助政府完善有关法律法规和各类标准，为产业规划提供调研基础。依托行业协会，在政府主导下负责组织保健服务行业专家制定行业标准，积极开展人员培训、学术交流、资质鉴定等工作，并负起协助政府制定行业发展规范的责任，加强保健行业自律。比如，在保健产品和服务的准入环节，可以考虑参考日本的体制，由保健协会和政府共同完成产品的市场准入。政府授权中国保健协会对保健产品和服务进行前期的技术检测和审核，提出初审意见，为国家行政审批部门提供参考。国家授权行业协会对保健产业的从业人员资格进行审查和评定，尤其是保健服务行业人员的资格认证，行业协会负责组织人才、技术和职业培训。

第二，充分发挥保健行业协会的约束自律作用。行业协会通过制定并实施行业公约发挥其约束作用，规范企业的生产经营行为。建议政府有关部门给予中国保健协会以"边裁"权，发挥其边裁作用，协助政府对保健产业生产、经营、销售管理中的行为进行监督。政府好比是足球场上的裁判，协会就是边裁。裁判有处罚权，边裁有监督权。边裁发现问题向裁判举旗示意，裁判决定是否处罚以及处罚力度。[1]通过非强制性手段对不自律的会员企业实施制裁，公平解决争端，避免恶性竞争，维护市场秩序，从而促进整个行业的健康有序发展。

第三，积极利用保健行业协会的亲民优势。由于行业协会的非官方背景，相对于政府，公众与行业协会之间有着更好的良性互动。由行业协会等非政府组织来承担保健市场安全知识的普及工作，公众更容易认同和接受，这可以促使公众更为理性地认识保健市场、提高产品辨别能力、树立保健市场风

---

〔1〕 参见中国保健协会、中共中央党校课题组发布的《中国保健产业发展战略、体制和政策研究》。

险意识，有利于化解社会风险、稳定民心。[1]

（四）充分发挥消费者协会监督维权作用

第一，各级各地消费者协会可主导拓宽消费者参与监管的渠道。消费者协会是保健市场的一个主要参与者，也是重要的监督者。目前我国消费者协会在保健市场的监督上还没有充分发挥作用，而拓宽消费者协会参与保健市场监管的渠道将有助于放大消费者协会的监管力量，保障保健类产品质量安全。在保健市场综合治理中，市场监管部门可以通过听证、征求意见等方式，让消费者协会通过参与公共政策和法律的制定，提高政策及法律的针对性与有效性。在保健市场生产、交换、消费环节甚至安全事故处置等环节，建立包括消费者协会在内的公众参与机制，保证公众全过程监督保健类产品质量安全。

第二，各级各地消费者协会可主导建立诉讼代表人制度。一般来说，保健市场受损害的消费者较多。这种涉及众多利益的群体性纠纷，若以单独诉讼模式解决，既不利于社会公平正义的实现，也不利于司法效率的提高，其已超出了传统诉讼所能解决纠纷的能力，因此，根据《中华人民共和国民事诉讼法》规定的诉讼代表人制度，推行保健市场的诉讼代表人模式，各级各地消费者协会对于在保健市场中遭受相同损失的消费者可以通过推选代表人的方式指导消费者进行维权和诉讼，这不仅能降低维权的成本，还可以提高消费者的维权力量。

第三，各级各地消费者协会可主导试行保健市场公益诉讼对消费者进行维权。消费者协会的职责之一是就损害消费者合法权益的行为，支持受损害的消费者提起诉讼。笔者认为，由于保健市场消费者多为老年人，其缺乏法律知识，维权意识较弱，对于这种弱势群体应给予特殊保护。各级各地消费者协会可发挥主导作用，在所辖地连同检察机关对保健市场中侵害和威胁公民生命、财产安全的不法行为，根据相关法律法规向管辖地法院提起公益诉讼，追究行为人或实施者的民事、刑事、行政法律责任，从而对消费者进行诉讼维权。[2]

---

[1]　卓佳："多元共治理论下我国保健食品安全监管模式的研究"，云南大学 2015 年硕士学位论文。

[2]　肖珍妮："浅析老年人保健食品权益维护的法律对策"，载《法制博览》2018 年第 12 期。

第四，各级各地消费者协会应不断建立健全投诉举报有奖制度。消费者协会的职责之一就是受理消费者的投诉，并对投诉事项进行调查、调解。2011 年国务院食品安全办公室发布了《关于建立食品安全有奖举报制度的指导意见》，作为食品安全法律实施过程中社会参与的重要举措，对食品安全法律的实施起到了积极的作用。[1] 但是在这些制度中，奖金、保密等方面的严重问题依然存在，这些问题在某种程度上抑制了消费者的积极性。因此，在今后的保健市场综合治理中，各级各地消费者协会可以通过借鉴食品安全有奖举报制度，不断建立健全保健市场有奖投诉举报制度，进一步发动广大人民群众对保健市场进行监督。

第五，各级各地消费者协会可连同所辖地市场监管部门有条件地实施消费者反悔权制度。当前很多老年人都是在保健类从业人员夸大或虚假宣传的情形下一时冲动购买的保健食品、产品和服务，经过子女劝说反悔后，才发现与销售者的买卖合同已经成立并生效，无法退款。针对这种情况，各级各地消费者协会连同所辖地市场监管部门可以有条件地实施消费者反悔权制度。《消费者权益保护法》第 24 条规定了消费者的反悔权，第 25 条则明确了反悔权适用范围，即采用网络、电视、电话、邮购等方式购买的商品，保健食品或保健产品这种流动式、访问式的商品不能直接适用此条款。为了弥补老年人购买保健食品或保健产品权利救济的缺失，建议在《消费者权益保护法》第 25 条中增加老年人购买保健食品、产品和服务反悔权，规定其相应的主体、行使范围与期限等。反悔权的主体应只限于老年人，适用范围应仅限于保健食品、产品和服务，行使期限可以参考该法第 25 条的规定，购买保健食品、产品和服务后可以在 7 日内无条件将未拆封的产品或有关保健服务退还给销售者。[2]

第六，各级各地消费者协会应逐步构建消费者权益保护体系。保健食品、产品和服务消费者权益保护体系就是以《消费者权益保护法》为依据，厘清部门间保健食品、产品和服务消费者权益的权责范围，建立部门间信息协调系统，采取相应措施，逐步推进"以社会化为主导，政府为辅"的保健食品、

---

〔1〕 涂永前："食品安全社会共治法治化：一个框架性系统研究"，载《江海学刊》2016 年第 6 期。

〔2〕 肖珍妮："浅析老年人保健食品权益维护的法律对策"，载《法制博览》2018 年第 12 期。

产品和服务消费者合法权益保护模式，以避免或降低消费者可能受到的损害。首先，消费者协会和市场监管部门可以联合建立部门信息协调系统。在保护消费者合法权益时，应按照"以工商管理部门主导，其他部门协助"的原则，保健食品、产品和服务主要监管部门肩负协助消费者申诉、举证以及规避合法权益受损等义务。各级各地市场监管部门和消费者协会可建立消费者合法权益保护信息系统，及时将本系统搜集的消费者合法权益受损事件的相关信息移交相关部门进行处理，并给予消费者相应的信息反馈。其次，消费者协会可以协调建立消费者与政府直接交流的渠道和机制。可以通过事先公告，举行定期与不定期相结合的政府工作人员与消费者的见面会等，协助建立消费者与政府直接交流沟通的渠道和机制，这不仅可以使政府了解更多的情况、掌握更多的信息，还可以使消费者知晓政府所做的各项工作，促进社会和谐。再其次，拓宽消费者与保健食品、产品和服务之间相关信息的搜集渠道。可以委托消费者协会专门通过各种方式和渠道搜集消费者反映的相关信息，及时将相关证据和信息移交给相关处理部门。最后，消费者协会可支持与协助消费者举证。监管部门应该配合、支持与协助消费者举证，同时可以委托或授权中介组织积极协助消费者协会举证，既维护消费者的合法权益，也为合法企业排除不良企业的违法竞争。

（五）引入专业社会力量参与保健市场日常监管

建议一方面积极引入社会力量参与监督，各级各地市场监管部门在落实有奖举报制度的基础上，充分发挥保健食品安全村居协管员熟悉居住环境优势，在宣传末梢的村居广泛开展宣传，张贴宣传画和有奖举报奖励公告。同时配合乡镇（街道）市场监管部门开展风险隐患排查治理，对发现隐蔽在居民楼、城乡接合部、城市写字楼、酒店、出租房屋内等场所从事违法会销、义诊等非法行为进行及时举报。

另一方面，当前我国专业技术社会力量不断壮大，社会责任感显著增强，各级市场监管部门可以充分利用专业社会力量协助政府监管。实践中政府携手社会力量共同监管保健市场的典型经验值得借鉴。例如，2017 年 11 月 15日，河北省食品药品监督管理局、公安厅与阿里巴巴（中国）集团有限公司以打击网络销售食品、保健食品欺诈和虚假宣传为切入点，签署《打击治理涉网食品药品领域违法犯罪合作备忘录》，依托信息共享，共同打击网络食药安全犯罪[1]，为各地政府携手社会力量共同监管保健市场提供了经验借鉴。河北省监管部门与社会合作的主要经验包括五个方面：

第一，建立信息沟通机制。共同建立经营主体数据信息交互通道，并进行数据共享。

第二，建立案件线索通报机制。阿里巴巴在日常工作中发现的违法线索，主动及时通报省食品药品监督管理局和省公安厅。

第三，建立舆情互通机制。在合作范畴内建立相关信息、舆情互通监测机制，及时分享，积极应对，正确引导。

第四，建立案件配侦机制。省食品药品监督管理部门和公安机关发现的食药安全犯罪涉网线索，阿里巴巴协助开展案件分析研判，提供网络数据支撑、落地支持等工作，为案件侦破提供数据支持，形成线上线下无缝对接的打击机制。

第五，协议还明确了三方建立业务领域培训交流机制，加强了案件宣传教育合作机制。

这种携手社会力量共同监管的模式十分值得各级各地市场监管部门在今后开展保健市场综合治理中学习和借鉴。

五、监管客体厘清层面：实现对保健市场从业主体精准治理

国家 13 个部门联合印发的《联合整治"保健"市场乱象百日行动方案》文件中指出：从 2019 年 1 月 8 日起，在全国开展联合整治"保健"市场乱象百日行动，明确和厘清了保健市场监管的客体。

（一）监管的重点行业及领域

《联合整治"保健"市场乱象百日行动方案》中指出，当前"保健"市场监管的重点行业及领域主要为：①与人民群众日常消费密切相关的行业和领域，如食品（保健食品）领域；②宣称具有"保健"功能的器材、用品、用具，如日用消费品，净水器、空气净化器等日用家电，玉石器等穿戴用品；③声称具有"保健"功效的服务。

---

[1] 参见国务院食品安全委员会办公室发布的《全国食品、保健食品欺诈和虚假宣传整治工作简报》（第 8 期）。

根据相关部门统计，2018 年保健食品监督抽检合格率达 98.3%，曾经突出的违法添加、造假现象被基本遏制，虽然虚假宣传仍是行业顽疾，但随着监管趋严、理念转变，这些现象会日益得到改善。根据笔者的实地调研和访谈发现，声称有"保健"功能的普通食品、假冒伪劣保健食品是当前应当重点监管的领域。乱象大多数由不规范经营引起，会销、传销、电话营销、旅游营销等模式是滋生夸大宣传、欺骗消费者行为的土壤，并不是由保健食品本身引起的。整治的重点应放在这些不规范的营销模式上，从人员、场所、宣传方式、价格上进行规范，杜绝违法行为的发生。

以北京市场监管工作实际情况为例：2019 年 1 月 23 日，北京市市场监督管理局针对保健市场中药领域开展了专项执法行动。首先召开了加强全市保健食品和直销企业监管工作部署视频会，围绕整治主要任务目标、重点内容、工作要求进行了再细化、再部署，确保责任落实到位。针对保健食品和直销企业两大重点整治领域，制定了专项工作方案，并以市市场监督管理局文件形式印发。在保健服务方面，自 2019 年 1 月 16 日开始，北京市中医管理局启动了中医养生保健服务乱象专项整治工作，在全市范围内严厉查处非法开展中医诊疗活动的行为，着重清理以"中医"名义开展的宣传行为，截止到 2019 年 4 月 12 日，全市共查处非法行医案件 40 件，罚没款 60.8 万元，专项整治工作持续到 6 月底。

以安徽省市场监管工作实际情况为例：安徽省严格直销企业管理，先后两次召开直销企业约谈会，指出存在的问题，提出整改要求，特别是对权健自然医学科技发展有限公司安徽分公司及安徽省康美来大别山生物科技有限公司（安徽唯一一家直销总公司）严加管控，实时关注；暂停办理直销相关审批、备案等事项，加强广告行业管理，2019 年 1 月和 2 月先后召开省属媒体及主要门户网站通报会，通报涉嫌违法广告线索并督促其整改；推进"无传销社区（村）、无传销网络平台"创建工作，认定命名无传销社区（村）12 127 个；推动保健食品安全源头治理，严把生产经营许可关，从严审核产品（配方）与注册、备案内容的一致性。目前安徽省共有保健食品生产持证企业 44 家。淮南市将"保健"品整治工作纳入养老机构安全管理工作内容，与养老机构等级评定、补贴发放相挂钩，促进养老机构加强安全管理；马鞍山市建立了基层卫生监督协管员巡查及报告制度，严防假借"中医养生保健"旗号开展非法行医的行为。

综上所述，各级各地市场监管部门在进行保健市场综合治理中，应早日明确重点监管行业和领域，有的放矢，将有限的执法力量聚焦到重点行业和领域，达到事半功倍的效果。

（二）监管的重点场所及区域

各级各地市场监管部门在开展保健市场综合治理过程中，应对下列重点场所及区域开展监管和整治：①存在会议营销活动的酒店；②易于举行"保健"市场推销活动的社区、公园、广场、车站、码头等人员密集场所；③销售对象主要为老年人等病弱群体的"保健"类店铺；④旅游景区、农村场镇、农村集市、城乡接合部等。以辖区城乡接合部、乡镇、城市客运节点等位置偏僻或流动人口量大的场所为重点，首先彻底摸排能够组织召开商务会议的宾馆、招待所和社区会议场所，其次对场所负责人进行行政指导约谈，告知其可能有一些不法商贩利用宾馆、招待所和社区会议场所从事违法经营活动。

以成都市市场监督管理局百日行动中突出重点开展排查为例：成都市市场监督管理局加强对会销重要场所和人员密集场所的检查，共检查酒店、"农家乐"、养老机构等场所 7525 个，检查社区、公园、广场等场所 11 011 个；积极推动"百日行动"进行业、进市场、进社区、进学校，通过机电、家居、食品、药品等行业组织，引导市场主体做行业秩序、市场环境的维护者和监督者；加强对"保健"市场经营主体的检查，共检查"保健"类店铺、直销企业 6820 个；重点抽查走访直销企业 18 家，对企业的经销商协议、直销员协议、直销员证等方面进行了检查和规范；加强对重点区域的检查，共检查旅游景区、农村场镇、农村集市、城乡接合部等区域 2623 个；严格落实网络实名制管理规定，督促属地主要网站及自媒体账号落实办网主体责任，及时处置网络有害信息，清理虚假信息（网络）246 条，关闭网站、APP、公众号 444 个，整改网站、APP、公众号 2 个。

以湖南省市场监督管理局百日行动中突出重点强化摸底排查为例：国家市场监督管理总局电视电话会议后，湖南省各地相关部门主动履职，积极组织执法人员对涉及保健类的市场主体，对重点区域、重点行业，以雷厉风行的积极姿态展开"拉网式"排查，全面摸排保健市场底数和情况，比如，总局电视电话会议当天下午开始，岳阳市工商行政管理局会同公安部门在市中心城区开展了 4 次较大规模的集中排查整治行动。2019 年 1 月 9 日清晨 7 时，常德市市场监督管理局分管副局长亲自带队对市城区部分保健食品销售店、医疗器械经营部等场所展开"地毯式"突击检查。此次行动，全省共检查社区、公园、广场等人员密集场所 5667 个，酒店等重点场所 9062 个，保健类店铺 14 392 家，排查旅游景区、农村场镇、农村集市、城乡接合部等重点区域 8586 个，清理虚假信息 405 条，整改网站、APP、公众号 69 个，关闭网站、APP、公众号 6 个，吊销食品经营许可证 7 户，吊销营业执照 4 户，捣毁制假售假窝点 49 个，移送司法机关案件 6 件。

因此，各级各地市场监管部门在进行保健市场综合治理中，应结合当地市场实际情况，早日锁定监管的重点场所及区域，将执法力量安排到最准确的场所及区域，实现精准打击，提升整治效果。

（三）监管的重点人群

一方面，应当重点对保健食品、产品和服务销售人员行为规范进行监管。由于保健食品、产品和服务与消费者的身体健康相关联，对于该行业的销售人员应当设立从业资质，通过行业协会建立资格标准，开展培训考核，通过考核持证上岗，并定期复审。上岗证在管理信息平台上可以查询核准。对于不符合标准和出现违规行为的人员，坚决撤销其上岗证件。

另一方面，目前购买保健食品、产品和享受保健服务的主力人群主要是中老年人，由于对身体健康的盲目追求，以及交易双方信息的不对等，这一群体的消费辨别能力较低，容易受到欺骗。因此，各级各地市场监管部门在开展保健市场综合治理中，应重点对中老年、老弱病消费者进行保健食品、产品和服务消费的行为重点关注。

（四）监管的重点违法行为

根据《联合整治"保健"市场乱象百日行动方案》，结合笔者实地调研访谈的情况，各级各地市场监管部门应重点对以下保健市场从业者存在的违法行为进行整治：

第一，虚假宣传、组织虚假宣传行为。比如，宣城市查办了一起"保健"食品会销案件。当事人宣城市康福滋源商贸有限公司通过赠送鸡蛋、麻油等小礼品吸引中老年群体聚集，通过健康讲座的形式宣传推介其经营的"胶原蛋白压片糖果""氨基葡萄糖片"等普通食品，采取刻意隐瞒、混淆等手段，拼接、伪造、编造所售产品具有治疗疾病及提高生理机能等功效，借此高价兜售，构成虚假宣传。宣城市市场监督管理局坚持依法从重从快处置，对当事人处以 120 万元罚款、吊销营业执照。

第二，虚假违法广告行为。比如，合肥市查办了一起"保健"服务领域发布违法、虚假广告案件。当事人安徽未名天合生物科技有限公司经营的健康体检、基因检测、自体免疫细胞储存等健康保健项目并非医疗诊疗行为，却在其发布的印刷品广告中宣传有"提高血脂代谢，提高肝脏代谢解毒能力，减轻体重，预防心脑血管、糖尿病、高血压、动脉硬化等重大疾病；激活活化细胞，改善内分泌"等疾病治疗功能，且在涉案广告中使用了"最先进""最完善""最顶端""世界顶尖"等绝对化用语，虚构了公司技术、机构、规模等方面事实，对消费者造成误导，违反了《广告法》相关规定。本案性质恶劣，直接侵害群众身体健康和切身利益，省长予以关注并作出批示。经相关部门调查后，对其处以 335 700 元的罚款，并责令停止发布一切违法广告。

第三，保健食品中非法添加非食用物质及宣传治疗作用的行为。比如，淮北市立案侦查一起在减肥产品中非法添加非食用物质并通过线上销售的典型案件。淮北市市场监督管理局接群众举报，发现当事人葛某某通过微信号销售"压片糖果""燃脂胶囊""植物瓦解片"等减肥保健产品，经检验，其销售的产品中含有国家明令禁止在食品中添加的"西布曲明"。执法人员顺藤摸瓜，对其上线朱某某的住所开展突击检查，查获大量无厂名厂址的前述产品。经查，朱某某所售商品均是通过微信从外省李某某、林某某处所订，由对方通过物流发货。因涉案金额大，涉嫌犯罪，淮北市市场监督管理局将此案移送淮北市公安局办理。目前，已抓获犯罪嫌疑人 8 人，涉及安徽、广东、江苏、贵州、河南多地，查获非法产品 1000 余盒（件），涉案产品交易记录货值约 500 万元。此案也被公安部定为挂牌督办案件，在全国发起了集群战役。

第四，制售假冒伪劣产品行为。比如，滁州市破获一起特大制售假冒"保健"药品窝案，涉案金额达千万元。定远县市场监督管理局在市场排查中发现该县某保健品药店内销售假冒的某品牌壮阳药，对涉案药店进行行政处罚后，将发现的其他涉嫌犯罪线索移交给了公安机关。公安机关成立专案组循线追踪，在安徽省多地陆续抓获涉嫌犯罪的 8 名市级医药销售经理，并在河南省洛阳市一偏僻村庄侦查发现了假药生产窝点，现场抓获正在生产假药的檀某某等多名犯罪嫌疑人，查获西地那非 40 公斤，假药 100 余万粒，假药包装盒 20 余万件。目前，涉嫌生产、销售假药的 22 名犯罪嫌疑人已被采取刑事强制措施，其中 2 人被依法批准逮捕。本案也被国家市场监督管理总局列为"百日行动"典型案例，向社会进行了公布。

第五，无证无照经营行为。比如，成都市查处成都鸿润铭琦商贸有限公司无证经营、虚假宣传案。当事人通过电话销售"阿拉伯血钻野燕麦"及"英国卫裤"过程中，其销售人员宣传其产品具有保健和治疗功能。销售人员用于销售"阿拉伯血钻野燕麦"压片糖果、"英国卫裤"的"话术"，即销售人员与客户沟通的语言范本：阿拉伯血钻野燕麦是目前解决男性性功能（前列腺）方面问题较专业的一个产品。这个产品是从阿拉伯进口过来的。现场当事人无法提供食品经营许可证。当事人的前述行为涉嫌虚假宣传，欺骗、误导消费者且无证经营食品。当事人欺骗、误导消费者的行为，违反了《反不正当竞争法》第 8 条第 1 款的规定，依据《反不正当竞争法》第 20 条的规定，责令当事人停止违法行为，罚款 22 万元。当事人未取得食品经营许可证经营食品的行为，违反了《食品安全法》第 35 条第 1 款的规定。依据《食品安全法》第 122 条第 1 款的规定，没收违法所得，罚款 25.554 万元。

第六，直销企业、直销员及直销企业经销商的违规直销及传销行为。比如，成都市新都区查办的江西驴道旅游文化有限公司和金成九在"香港摩天"跨境网络传销活动中收取传销资金重大案件等涉及"保健"市场、互联网广告、网购等多个领域的跨境网络传销案，分别罚没 3100 万元和 30 万元。

第七，价格违法行为。比如，江阴市市场监督管理局长泾分局在对辖区某保健品店进行执法检查时，发现店内保健品专柜上所销售的羊奶粉均无明码标价，涉嫌违反《中华人民共和国价格法》有关规定，经立案后查实，案发前当事人王某以 53 元/盒的价格购进羊奶粉 450 盒，其间该店把销售价格提升到 298 元/盒，但在销售过程中口头承诺以让利的形式以 123 元/盒的价格推销给上门体验的老年人，在检查时所售羊奶粉均无标注价格及商品的相关信息。

第八，故意拖延或无理拒绝消费者合理要求行为。比如，实践中存在对消费者提出的修理、重做、更换、退货、补足商品数量、退还货款和服务费用或者赔偿损失的要求故意拖延或者无理拒绝。

第九，相关企业或个人未经许可经营旅行社业务等行为。比如，实践中存在某些企业以免费旅游为噱头销售"保健"产品（服务），并组织消费者进行旅游活动。

第十，以"保健"为名开展的各种违法违规行为等。比如，宜宾市某商店当事人打着"四川电视台新闻频道首届虫草、燕窝养生文化节"名义搞"保健"商品促销活动。展厅宣传画上印着"四川电视台新闻频道首届虫草节燕窝养生文化节"、"成分含量越高，七年以上三七效果最好"、"三七活血第一，可治一切血病"等广告内容。当事人无法提供上述宣传内容的合法依据，也不能提供该展场经营药品的相关证照。

（五）监管的重点时段

第一，针对元旦、春节、五一劳动节、中秋节、国庆节、"两会"等传统佳节和特殊时段，各级各地市场监管部门应加强对保健食品、保健产品和保健服务从业企业进行重点监督检查和抽检。

第二，国际消费者权益日期间。各级各地市场监管部门可以在国际消费者权益日期间组织保健市场科普知识宣传进社区、进校园、进市场、进企业等一系列丰富多彩的宣传活动，引导广大消费者提高防范意识和识别能力。

第三，特定主题活动期间。比如，2019年9月9日发布的《市场监管总局办公厅关于开展2019年消费品质量安全"进社区、进校园、进乡镇"消费者教育活动的通知》（市监质监函〔2019〕1732号）旨在搭建消费者、生产企业、检验检测技术机构、行业协会、基层组织、政府监管部门之间的沟通互动平台，面向社区居民、乡镇居民和在校学生普及消费品质量安全知识，激发公众消费品质量安全意识，引导科学消费、理性消费、绿色消费；探索发挥社区基层组织等作用，逐步在社区、学校、乡镇、医院建立消费品质量安全风险信息监测点，推进消费品质量安全社会共治；发挥技术优势，更好地为消费者提供检验检测服务和质量信息服务，努力培育起一个由市场监管部门引导、有关各方积极参与、具有良好美誉度的消费品质量安全消费者教育公益品牌。

总而言之，各级各地市场监管部门应当坚持精准监管。针对保健产业发展出现的问题特别是法规滞后带来的突出问题，具体问题具体分析，坚持问题导向，实事求是，精准施策。

六、监管过程优化层面：构建保健市场长效监管机制

应同步实施职能加减法，增加、强化政府对市场的监管职能，减少、弱化政府在市场领域的审批职能，实现从"管制政府"向"服务政府"转型，"全能政府"向"有限政府"瘦身，转变政府职能，提升行政效能，激发市场活力。当前，保健市场的监管主体不清、"重审批、轻监管"的情况依然存在。因此，实现保健市场监管的关键是解决好由谁监管、怎么监管的问题，并构建保健市场的长效监管机制。

（一）事前准入监管

1. 加快立法，明确保健市场监管主体

保健市场所涉领域广泛，包括食品、产品和服务等，监管主体不仅涉及市场监管部门，还涉及卫生健康等诸多部门，权责交叉、争权诿责现象时有发生。因此，应通过立法，明确保健市场的监管主体，这是做好事前监管、事中监管和事后监管的前提性工作。一方面，在主管部门上，立法中应充分考虑保健市场专业性、复杂性等特征，本着对口监管的思路，严格按照"谁审批、谁监管，谁主管、谁监管"的原则，赋予各有关监管部门职权和责任。另一方面，在地域管辖上，针对全国统一大市场的新趋势，大多数保健市场企业实际办公地与注册地不一致的情况，立法中可规定建立实际经营地和注册地联合监管机制，以充分利用行政资源，免去跨地区执法的长途跋涉，大幅提高行政执法效能。

2. 多举并施，严格有关市场主体的准入监管

第一，从生产端来看，应严格限制保健生产企业市场准入条件，并严禁医疗器械、药品生产厂商及食品生产加工企业"挂羊头卖狗肉"，打着食品药品生产的旗号，变相进行保健食品生产。保健食品市场准入可参照 GMP 认证制度，规定市场主体准入的具体要求，制定统一的质量标准，严格市场准入。[1]这样不仅可以很好地保护正规生产企业的积极性，而且对提高保健食品质量、为人民生命健康负责大有裨益。

第二，就销售端而言，也应严格限制相关市场销售主体的"可售产品清

---

〔1〕　铁军、常文："保健品行业应'谁准入谁监管'"，载《吉林人大工作》2008 年第 2 期。

单"，并对其"禁售产品清单"加以明确，严禁市场销售主体从事超范围经营活动。比如，明令禁止医疗机构、养老院、零售药店、食品零售店等市场销售主体擅自增加或变相增加保健产品服务销售项目，对相关销售主体的"超范围经营行为"进行严厉打击。值得注意的是，针对保健行业的重点区域——老年人市场，依据相关行业许可规定，我国养老机构的经营范围中并不包含"销售保健产品和服务"这一内容，即使内设了医疗机构，卖"保健产品和服务"也超出了其执业范围，不应被纳入养老机构的"增值服务"项目中。[1]

第三，严格广告审查和准入。应建立严格的保健食品、产品和服务的广告审查制度。在发布广告前必须取得相关主管部门的广告审查文件方能发布广告，同时由新闻媒体依法进行审查。对违反广告管理的有关规定，夸大产品功效、宣传对疾病具有治疗作用、利用专家和消费者的名义对产品的功效进行保证等，依法禁止准入。

（二）事中日常监管

加强事中监管，防止"重审批、轻监管，不审批、不监管"的行为，形成"来源可查、去向可追、责任可究"的全生命周期、跟踪式监管新机制。

1. 推行"双随机、一公开"抽查制度

目前保健市场主体数量多，且大多是中小型企业，典型的监管行为是专项整治。而在保健市场领域，"重审批、轻监管"现象严重，使得该监管行为更加普遍。专项整治行动，也就是我们所说的"运动式执法"，是行政机关在特定时间集中人力、物力，重拳出击的执法方式。专项整治、集中治理的效果是显而易见的，在特定时期其对解决保健市场安全问题的治理起到了积极的作用，但是，就目前来说，仅采取这一种执法方式过于单一。过度依赖专项治理，政府服务职能倾向于预防式的被动管理，会忽视对食品安全的日常检查工作，造成"轻监管"的现象，而公众也会以政府抽检的次数与频率为依据来判断政府的监管情况。因此，要明确政府主管部门对保健市场生产经营企业的日常监管职责，更好地建立保健市场分类监管长效机制。[2]

---

〔1〕 孔垂炼："规范保健品消费，应从市场准入源头进行严控"，载《云南经济日报》2019年6月20日，第1版。

〔2〕 袁雪："保健食品分类监管法律制度研究"，西南大学2015年硕士学位论文。

　　创新日常监管是创新市场监管方式的重点。《国务院关于促进市场公平竞争维护市场正常秩序的若干意见》明确指出：建立科学监管的规则和方法，完善以随机抽查为重点的日常监督检查制度。日常监管抽查是指市场监管领域各相关行政执法部门采取定向或不定向抽查方式，随机抽取检查对象，随机选派执法检查人员，对企业的登记注册行为、信息公示行为、市场交易行为、市场竞争行为等进行行政检查的活动。日常监管抽查可采取"双随机、一公开"抽查的方式进行。

　　保健市场监管的"双随机、一公开"体制建设的顶层设计应包括但不限于以下内容：

　　其一，组织架构。明确统一的主管部门，形成统筹人、财、物、事的管理体制。建立跨部门联合"双随机"抽查机制，为推进跨部门联合"双随机"抽查工作，针对以往市场秩序中存在的"监管盲区"和职责交叉的难点、突出问题，统筹工商、食药、税务、质监、物价、劳动监察等职能部门，通过设立保健市场秩序监管联席会等组织进行领导，负责整合抽查任务、调配执法力量，开展跨部门联合"双随机"抽查。[1]

　　其二，业务体系。从整体业务出发，而不是从各个业务部门出发，对业务功能进行整理、规划和设计，制定方案、细化规则、打破分隔、加强协同。

　　其三，目标体系。以公正公开、加强企业自律、营造公平市场环境为目标，围绕以公众、企业等对象为服务中心，以惠企便民、激发市场活力、提高监管效率、加强廉洁自律等为原则，改进评价标准，建立目标体系，持续评估、分析和改进。

　　其四，数据体系。对数据的采集、处理、应用和管理活动进行规范，提出数据标准，营建统一、高质量的数据平台，形成覆盖事中事后监管全过程的数据链条，满足包括跨部门、跨行业在内的业务需求。

　　其五，技术体系。定义如何构建一个信息化环境为总架构服务，从而确保整体目标的实现。包含云计算、大数据、移动通信等各种信息技术、应用信息系统、基础设施和各种技术标准等。

　　其六，应用体系。依托数据平台和技术手段，围绕总体目标，从市场监

〔1〕　赵斌："创新三联机制 推进事中事后监管改革"，载《中国市场监管研究》2017年第11期。

管、公众服务、数据共享、联合执法、信用管理等多角度拓展应用体系。[1]

2. 建立保健行业信用监管体系

信用是市场经济的基石，是各类市场主体的生存之本、立身之道，也是有效开展保健市场事中事后监管工作的重要条件。加强信用监管，构建以信息归集共享为基础，以信息公示为手段，以信用监管为核心的监管制度，让失信主体"一处违法，处处受限"，进一步提高企业违法犯罪成本，强化信用约束作用。具体而言：

一是建立保健食品、产品和服务行业信用管理制度，包括监管体制、征信制度、评价制度、披露制度、服务制度、奖惩制度等，使该行业信用体系建设有法可依、有章可循。例如，吉林市保健食品监管就通过征求相关部门及企业的意见及时出台了保健食品经营质量安全信用分级管理制度，结合日常监督检查情况，建立企业诚信档案。[2]攀枝花市也对24家保健食品批发企业建立食品安全信用档案，将企业经营许可、营业执照、食品安全承诺书、年度食品安全状况自查报告、食品生产经营风险等级评定状况、日常监督检查情况、食品抽检情况、消费者投诉及处理情况等内容纳入信用档案。[3]

二是建立科学的综合性信用等级评价指标，从保健食品、产品和服务准入环节、原料采购环节、生产控制环节、广告宣传环节、经营销售环节的风险点出发，对保健食品、产品和服务企业甚至是对保健行业从业人员实施信用等级监控。例如，攀枝花市对全市700余家保健食品经营单位实施风险分级管理，在经营场所的醒目位置悬挂食品安全风险分级公示牌，公开风险动态评定等级、日常监督检查结果等10项信息，以生动的卡通形象代表不同的风险等级，方便消费者寻找"笑脸"消费。[4]

三是建立保健食品、产品和服务信息监测平台，实现全国各监管机构信息联网，促进政府信息公开，有效实现保健食品、产品和服务生产经营企业

---

〔1〕 郑开新、魏祯、游鄂平："质监'双随机'抽查机制信息化建设"，载《信息技术与标准化》2016年第8期。

〔2〕 参见国务院食品安全委员会办公室发布的《全国食品、保健食品欺诈和虚假宣传整治工作简报》（第37期）。

〔3〕 参见国务院食品安全委员会办公室发布的《全国食品、保健食品欺诈和虚假宣传整治工作简报》（第36期）。

〔4〕 参见国务院食品安全委员会办公室发布的《全国食品、保健食品欺诈和虚假宣传整治工作简报》（第36期）。

相关信用信息的及时采集、披露，合理利用政府监管资源。例如，攀枝花市依法依规对行政许可、监督抽检、案件查办等信息及时向社会公开，纳入全市社会诚信体系建设内容。[1]

四是鼓励监管部门带头采信和使用评级结果。借助行业法规完善调整的契机，把保健食品、产品和服务企业信用等级的采信纳入行业监管法规，积极推进企业信用意识的培育，同时可通过信用等级的采信有效分配监管资源，提升监管效力，从而更进一步推动行业信用建设。例如，吉林市保健食品监管中将诚信体系建设成果应用于监管工作实践中，根据上一年度监管对象的信用等级情况，确定本年度日常监管的重点对象，对于失信企业增加监管频次，并组织 2000 家保健食品经营企业负责人签订诚信经营承诺书，共建和谐互信的保健食品安全消费环境。[2]

五是加强对行业内企业的信用体系建设宣传工作，提高企业信用风险的防范意识。例如，吉林市保健食品监管中就会召集存在突出问题的企业约谈，以学法规、点问题、明危害、找根源、促整改的形式，以学习《食品安全法》等有关法律法规和国家市场监督管理总局打击食品、保健食品欺诈和虚假宣传整治工作有关文件的精神，告知企业规范经营的相关要求，讲评日常监管中存在的缺陷和问题，指明企业整改的方向，使企业消除抵触情绪，及时纠错，变被动接受监督转为主动诚信经营。[3]

六是继续完善和深化保健食品、产品和服务安全信用体系建设，建立统一的安全信用体系建设规划指导，从法制、体制和机制等方面建立和完善长效的保健食品、产品和服务安全体系，从根本上提高我国的保健食品、产品和服务的安全水平。

七是深入开展保健食品、产品和服务广告发布企业信用体系建设工作，提高对推进广告发布企业信用体系建设工作的认识，完善广告发布企业信用体系建设的各项工作制度，加大对广告发布企业信用体系建设工作的宣传力度。

---

〔1〕　参见国务院食品安全委员会办公室发布的《全国食品、保健食品欺诈和虚假宣传整治工作简报》（第 36 期）。

〔2〕　参见国务院食品安全委员会办公室发布的《全国食品、保健食品欺诈和虚假宣传整治工作简报》（第 37 期）。

〔3〕　参见国务院食品安全委员会办公室发布的《全国食品、保健食品欺诈和虚假宣传整治工作简报》（第 37 期）。

八是积极配合商务部联合国务院国有资产监督管理委员会的行业信用体系建设工作，大力支持中国保健协会正在承担的保健行业信用体系建设，发挥第三方优势，有效实现监管信息交流与互补，推动行业自律。信用评价是市场经济不可缺少的一种中介服务。信用评价作为信用体系建设中的重要工作，其属性就界定了第三方的重要作用。应充分发挥政府监管部门和行业组织的联动作用，尝试建立利益相关者共同治理的新机制，提高综合监管的效率。

九是提高大数据在保健市场行业信用监管体系中的运用。具体而言，首先，用大数据对市场主体进行全景画像，支撑以信用监管为核心的新型监管机制。保健市场主体的数据量越大，数据内容越全面、越准确，由此得到的信用评价越能客观地反映真实状况。因此，要全面归集市场主体信息，既要归集工商业务数据，也要整合政府部门数据，还要引入社会和互联网数据。将这些数据以统一社会信用代码为索引记于市场主体名下，梳理成以市场主体为核心，关联人员、商品、行业、区域、族谱等维度的全景信息视图。将登记注册、监督管理、行政处罚、投诉举报、商标发展、"守重"公示、商品质量抽检等各类业务数据全部归集到市场主体名下，并以"全国一张网"建设为契机，推进跨部门信息共享。其次，不断深化大数据在信用监管中的应用[1]。建立保健市场监管诚信档案，将信用信息作为重要考量因素，依据监管对象的信用状况、违法违纪情况、风险频度、日常经营抽检等指标，评定信用等级，按等级将监管对象分为不同类别，建立相应的预警机制、惩戒机制、激励机制，强化企业自律。将监管措施与企业信用状况挂钩，利用信用记录实施联合联动奖惩，形成"一处失信，处处受限"的联合惩戒机制。对被载入经营异常名录的企业、有轻微违法记录的市场主体及其相关责任人予以重点监管，对失信企业、严重失信企业依法予以限制或禁入，加大企业失信成本。对基本守信企业、守信企业则以激励和帮扶为主，促进企业守法经营。[2]

3. 构建保健市场应急管理体系

2006年，《国家突发公共卫生事件应急预案》《国家重大食品安全事故应

---

〔1〕 王元慧："用好大数据 当好主力军 提高市场监管现代化水平"，载《中国市场监管研究》2017年第1期。

〔2〕 丁水平、林杰："市场管理改革中事中事后监管制度创新研究——构建'多位一体'综合监管体系"，载《理论月刊》2019年第4期。

急预案》出台，标志着我国建立起食品安全的应急机制。根据法律规定，政府和食品生产经营企业都应逐步建立和完善安全应急制度，强化和完善食品安全的应急机制建设。

鉴于保健食品和产品的特殊性，可以制定应急中检验检测的相关规定，为事故的判断分析、应急方案的制定与实施、监督与评价等提供技术支持和技术解决方案。

根据事故严重程度的不同，所采取的措施也不一样。从近些年国际国内的实践来看，下架与召回是运用较多的方法。为及时控制和减少可能的损害，可在已有法规的基础上，完善保健食品和产品下架或召回的规定及相应的程序，并明确规定相关各方在各环节中的责任和义务。

为确保问题产品的下架和召回，还应建立健全产品的追溯机制。应强制企业逐步完善产品追溯机制，可供追溯的信息包括原料购买的基本信息（如原料产地、原料生产者、生产时间等）、生产过程基本信息（如生产的时间、车间、操作员等台账记录）、物流基本信息、经销商基本信息等内容，并规定企业必须将可供追溯的信息保留至少两年。对于保健食品和产品安全性风险的追溯，可制定《保健食品和产品全程追溯管理办法》予以规定。

4. 对于会销活动进行实时全程深度巡查

第一，各级各地市场监管机构对预先审核同意召开商务会议的经营活动，尤其是对商品推介会、新产品体验会、业务培训会等会议活动，安排执法人员进入会议活动现场。通过全程实查会议活动情况、现场指导会议活动，迅速发现和纠正在会议活动期间可能出现的夸大虚假宣传，监督商务会议是否履行了对商品质量、售后服务的承诺，并即时进行现场指导或纠正，预防或制止违法经营活动，有效避免可能出现损害消费者利益行为的发生。实际操作中，通过巡查，极大地预防了违法活动，达到了"挤水分"的效果。会议营销过程中，市场监管部门应要求会议组织者在会场明显位置展示经营许可证复印件，并不得在经营许可证许可场所以外的地方销售产品，经营许可场所应当根据国家相关规定（如消防要求）设定人数上限，并要求在会议营销场所安装联网电子监控，对活动全过程进行录影录音，影像资料必须保留6个月以上，以备监管部门随时核查。销售者不得在会议营销场所现场销售产品，消费者可以另外去体验店或者经营场所购买产品。

第二，实行保健市场促管巡查。各市场监管机构应将宾馆等纳入高危行业进行重点巡查监管，建立商务会议登记备案及巡查监管台账，以巡促管。同时，还应对未经备案的商务会议的商务宾馆、招待所和社区会议场所负责人再次进行行政约谈，并对巡查中发现的商务会议违法行为进行现场行政指导，重点巡查保健产品经销商进货查验和索证索票情况、进货发票和生产企业资质文件。

第三，规范会议营销产品价格。其一，要求会议营销经营者签订承诺书，承诺宣传内容的真实性等事项，销售产品价格要严格按照市场供求关系进行调节，应该明码标价，保障消费者的知情权。其二，对涉及虚假、夸大、高价销售保健品的经营单位，应当依照法律法规予以行政处罚，并记入经营者的信用档案，通过企业信用信息公示系统等方式及时向社会公布。至于因虚假、夸大、高价销售保健产品而被处罚的从业人员或企业，应当给予禁止再次从事该行业的行政处罚。对保健产品"会销"违反我国法律法规规定的，应当从重处罚。其三，明确保健品的定价机制，严格按照保健品定价机制进行日常监督管理。按保健品销售是否符合正常市场规律，销售价格是否严重偏离正常的定价机制来判断商家是合法的经营行为还是违法的诈骗犯罪行为。其四，规范保健食品价格，鼓励企业在标签上标识"建议零售价"。"建议零售价"可以作为企业的一种承诺、一种公开信息，有助于社会多方监督和共治。此外，应严厉打击营销中劝诱消费者过量购买和使用产品的行为，避免不合理的预付款。

（三）事后监管追责

目前我国法律对违法保健市场企业的处罚力度偏低，处罚方式单一，缺乏足够的震慑力。比如对保健市场违法广告的处罚，《广告法》规定处以广告费一倍至五倍的罚款，这对于违法广告的受益人来说没有起到处罚效力，即便按照《刑法》第222条规定的"广告主、广告经营者、广告发布者违反国家规定，利用广告对商品或者服务作虚假宣传，情节严重的，处二年以下有期徒刑或者拘役，并处或者单处罚金"，法定最高刑也只有两年有期徒刑，并且在实际审判中往往会使用管制、缓刑等非监禁刑，法定刑起点较低，不能很好地起到威慑犯罪主体的作用。

我国法律对保健市场企业责任的承担主要分为民事责任、行政责任和刑事责任。除行政监管和行政处罚体系外，还需要从民事权利救济和刑事惩罚的角度进行系统治理，把三大法律责任衔接起来，综合运用民事、行政和刑事手段，构建结构完整、功能互补、宽严相济的责任体系〔1〕。事后监管要遵循如下思路：始终保持严惩重处保健市场违法犯罪的高压态势，对违法生产经营者实行严厉的处罚，对失职渎职的地方政府和监管部门实行严肃的问责，对违法作业的检验机构等实行严格的追责。为此，可从以下两方面着手：

第一，立法层面完善处罚体系。民事责任方面，通过强化民事连带责任，增设消费者赔偿首负责任制，完善惩罚性赔偿制度。行政责任方面，加大对违法行为的惩罚力度，提高违法经营者的赔偿最高限额，增加生产经营者的违法成本，还可考虑设立资格罚。刑事责任方面，强化行政执法和刑事司法的有效衔接，防止"以罚代刑"。

第二，执法层面要创新执法方式，着力构建权益保护体系。消费者权益保护是完善保健市场监管体系的根本目的，建立健全这样一套监管体系，就是为了保护在市场交易的相关人中通常处于劣势一方的消费者的合法权益。具体来说：①要建立健全投诉举报制度，畅通投诉举报渠道。鼓励消费者用电话、信件、短信、网络等简便形式对违法违规行为进行举报和反映。对所反映的问题，不论大小，相关监管部门必须建立相应机制，及时进行查实并回复；对查证属实的，应严格依照相关法律法规对违法违规单位进行处罚，切实维护消费者利益。②要建立健全消费者与政府相关监管部门的直接交流渠道和机制。除向消费者协会反映以外，还应该畅通消费者与相关政府监管部门的联系渠道，食药、工商等部门的领导可举行定期接访活动，接受消费者对相关问题和情况的反映和举报。③要积极引导和帮助消费者进行有效举证。政府监管部门应积极主动帮助消费者对保健市场存在的质量、疗效问题和不实宣传广告等寻找有效的人证、物证。④要积极组织开展司法救助，特别是对一些困难群体维权过程中的司法救助。〔2〕

---

〔1〕　刘群英、李震静："党的十八大以来食品安全社会共治及其法治化的基本经验与趋势展望"，载《福建江夏学院学报》2018年第5期。

〔2〕　方建军、方昊骋："推进保健食品市场监管体制改革对策研究"，载《宁波经济（三江论坛）》2014年第11期。

七、监管手段与技术革新层面：提升保健市场综合治理能力

（一）发展现代化大数据信息监管技术

《国务院关于印发促进大数据发展行动纲要的通知》（国发〔2015〕50号）提出"打造精准治理、多方协作的社会治理新模式"。大数据时代，数据成为原始生产资料，成为一种具有经济和社会价值的新资源。通过对微信、微博、QQ、大众点评网、推特（Twitter）、谷歌、脸书（Facebook）等信息的分析，可以跟踪保健市场安全的社会舆情动态，发现保健市场监管工作的短板。

随着互联网技术的不断发展，互联网与各个领域的融合发展已经成为大势所趋，在"宽进严管"的新形势下，面对数量巨大、来源分散的各类数据，传统的质量监管和执法模式面临严峻挑战，这就要求我们在积极推动质监执法改革的同时，转变执法理念，运用互联网思维模式，主动探索互联网与质监执法的契合点，建立起用数据说话、用数据决策、用数据管理、用数据创新的"大数据"体系，这样才能更好地推动保健市场执法精准化，通过大数据建设实现保健市场执法的转型发展。

一方面，可以通过大数据建设推进执法从粗放化职能管理向精细化网格管理转变。网格化管理，是将辖区按照一定标准划分成单元网格，每个单元网格明确执法监管重点和具体的执法人员，从而更能落实责任到人，加强执法的有效性。但是，要实现这种精细化网格管理，最大的难度就在于网格数据的真实和可靠，这样才能给执法部署提供准确的依据，"大数据"建设就可以很好地解决这一问题。通过依托现代化的信息技术，基层市场监管部门可以将监管中获得的市场主体的数据录入统一的大数据平台，由系统对数据进行统一的梳理、分析和归类，从数据中得出每个网格的市场主体情况和产业状况，进而分析出执法和监管的重点，为精细化、针对性的执法管理提供依据。

另一方面，要通过保健市场执法的"大数据"建设，将执法从被动的响应性执法向主动的预见性执法转型。在过去，执法工作往往是根据投诉举报、媒体曝光的信息被动进行的，对一些行业性、区域性的潜在质量问题难以进行有效的查处和遏制。在保健市场执法"大数据"建设中，通过建立统一的

执法信息分级分析预警机制，对全辖区的热线投诉信息、执法处罚信息、质量监督抽查信息、行政许可信息等各种信息进行汇总，对这些行政执法大数据进行云计算，可以较为精准地在一定地域和领域内分析行政执法存在的问题和发展的趋势，进而确定解决问题的办法。比如通过云计算发现问题、解决问题，优化保健食品、产品和服务行政执法领域行政执法要素的配置，形成良好的结构，对特定地域和特定领域违法情况作出较为精准的预测，进而达到违法可控和违法预防等，让保健市场执法变得更加主动、更有预见性，从事后查处逐步变为事前、事中查处。需要注意的是，保健市场执法"大数据"建设，不应仅局限于本部门、本辖区，而是要在加强自身大数据建设的同时，积极与系统内其他地区、当地其他部门的大数据系统进行有效对接，形成各部门之间的数据共享，真正使保健市场执法工作融入当地政府"放、管、服"的大局之中，进而提升执法对市场管理工作的整体性，从而破解市场监管和执法中的诸多难题。在"宽进严管"的监管体制下，加强事中事后监管和执法更显重要，只有充分运用大数据的理念、技术和资源，才能降低执法成本，提高执法效率，完成对执法对象全方位全周期的管理。关于"大数据"格局下的保健市场执法，核心就是要提高大数据运用能力。高效采集、有效整合、充分运用政府数据和社会数据，健全运用大数据的工作机制，将运用大数据作为提高执法能力的重要手段，不断提高行政执法的针对性、有效性。[1]

基于政府电子化监管的便利、亲民为民执政理念的转变、监管执法信息化的发展趋势，以及当前社会各界对食品药品安全追溯的客观要求和网络订餐现象的出现，今后，各级各地市场监管部门有必要运用"大数据""互联网+"服务于保健食品、产品和服务的监管，提高治理的精准性和有效性，促进政府监管和社会监督有机结合，有效调动社会力量参与社会治理的积极性。具体而言：

首先，建设保健市场公共信用信息管理系统平台。政府利用互联网技术，建立健全保健市场公共信息管理系统平台，通过对保健市场违规失信的数据进行收集，建立黑名单制度。严厉处罚违法违纪、欺骗诈骗的企业，对黑名

---

〔1〕　吴杉："优化地方政府质监执法机制和方式研究——以青岛市质监执法工作为例"，青岛大学 2018 年硕士学位论文。

单企业进行重点监管。对市场中的各类单位实行动态的监管机制，管理监管对象信息并且对投诉的相关数据进一步分析，在此基础上建立预警机制。研发建立信用信息联动平台，运用大数据对经营者进行动态监管，通过智能分析抓取消费维权热点，锁定高风险商家，实现对违法行为的精准打击（该举措也为很多单位提供了重要数据信息，公共信息管理平台的建立也有效推进了信用体系的建立，其做法值得我们学习）。进行保健市场主体的全生命周期监管，通过大数据的运用，可以对市场主体的生命周期进行必要的监管，特别是和人们生命财产息息相关的市场主体，如食品等，利用大数据，可以实现对这些产品的全程跟踪，建立可查的明确的信息链，让企业的权责更加明确化，保障市场主体生产产品的安全性。从生产、经营一直到后续的监管，其动态都能够通过大数据的整合来实现，利用大数据还可以对市场中违法、失信、控诉等数据信息进行公开。与此同时，政府还可以引导企业进行资源公开，实现其经营数据以及物流数据的共享。[1]

其次，建设完整规范的保健市场监管和服务数据仓库。一是要充分归集工商业务数据、部门涉企许可和监管数据、政务共享数据，实现"主体+数据"的整合集成和高效利用。建立业务数据归集目录（标准），以登记注册、执法办案和消费维权数据为核心，将历史数据进行集中归集。二是归集政府部门数据。以市场监管信息平台、省公共信用信息平台为纽带，采集各政府部门的许可信息、处罚信息、信用信息等分散在各级各部门的涉企数据，将归集的数据进行清洗、整理、集成，建设形成"保健市场监管和服务数据仓库"，并将数据归集逐步转为常态工作，加强数据质量治理，确保数据更新及时准确。在此基础上，建设基于工商业务和政务数据的内部分析研判系统，以服务经济发展和市场监管为应用方向，探索推进融"工商业务研判、市场主体'画像'、经济运行情况综合分析"为一体的工商数据研判系统建设。建立以信息归集共享为基础、以信息公示为手段、以信用监管为核心的新型市场监管机制，其实质就是运用大数据进行监管。比如，江苏省工商部门在抓好内部数据归集、研判的同时，着手研究引入社会和互联网数据，以提高研判的客观性和科学性。今后，各级各地保健市场监管部门可以以数据采集目

〔1〕 杜鹏雄："大数据背景下市场监管智能化新举措分析"，载《现代营销（下旬刊）》2019年第1期。

录和应用需求为核心，明确建设思路和功能架构。通过采集整理市场准入、执法维权、监督检查等法律、法规、规章、司法解释、案例，以及理论研究成果，为智慧服务提供知识支持。深化对准入环境、竞争环境和消费环境"三大指数"的研究，力争未来能全部通过研判系统进行数据采集和评价，实现互联网案源情报线索的研判，为精准执法提供支持。[1]

（二）构建质量追溯系统

第一，利用大数据可以建立保健食品和产品信息追溯系统。利用大数据，建立食品和产品生产、加工、仓储、流通全过程的信息追溯系统，食品和产品通过编码，在每一环节进行责任主体定位，并将数据信息上传到保健市场信息平台。这样，一旦发生产品质量等问题，能够及时找到问题环节与责任主体，实施应急处理与相应惩戒机制。[2]

2015 年 12 月，《国务院办公厅关于加快推进重要产品追溯体系建设的意见》（国办发〔2015〕95 号）提出食品药品安全应"积极推动应用物联网、云计算等现代信息技术建设追溯体系"；2016 年 9 月，《国家食品药品监管总局关于推动食品药品生产经营者完善追溯体系的意见》指出：建立食品药品追溯体系是企业的主体责任，鼓励生产经营企业运用信息技术建立食品药品追溯体系，鼓励信息技术企业作为第三方提供产品追溯专业服务。各级食品药品监管部门不得强制要求食品药品生产经营企业接受指定的专业信息技术企业的追溯服务。药品电子监管码是我国政府在医药卫生领域实施电子监管，为每件产品赋予的标识，"一件一码"，可以说是商品的身份证。追溯数据信息可供消费者进行真假与质量查询，供政府进行执法打假、质量追溯和召回管理，供企业了解市场供求情况、渠道销售和涉假信息。对于保健市场来说，建立追溯机制也是十分有必要的。[3]

第二，利用互联网构建各种动态数据库，组建保健市场电子监管系统，防治保健市场领域的不正当行为。目前，媒体上充斥着各种各样的有关保健

---

〔1〕　石高平："市场监管大数据应用实践与思考"，载《中国工商报》2017 年 10 月 17 日，第 3 版。

〔2〕　和军、祝敏："基于大数据的政府监管创新"，载《中共杭州市委党校学报》2018 年第 4 期。

〔3〕　王广平、王颖："我国食品药品安全精准监管实施路径研究"，载《中国药事》2019 年第 4 期。

类产品的信息，大部分信息均属于企业及其"代言人"的自发行为，真实性、可靠性难以保证。只有通过官方构建起相互联系且实时更新的动态数据库来提供和发布信息，才能真正杜绝虚假信息的传递和保健市场领域不正当行为的发生。统一的编码标准和交换标准是进行信息交换和信息共享的前提，也是保健市场电子监管系统的基础工作。只有在整个保健市场行业推行统一的编码标准，才能实现数据库的构建及互联。统一的编码标准和交换标准应包括保健市场编码、保健市场原料编码、各个保健市场企业编码以及其他相关编码。而交换标准是建立在统一的编码标准的基础之上的，编码标准首先要参照各种国家标准来制定，然后进行推行标准的工作。交换标准是推行编码标准的有力手段，各地区、各保健市场企业按照统一的交换标准进行数据交换，既可真正推行统一的编码标准，又可节约保健市场企业的成本。

第三，构建保健类生产企业数据库。一方面，通过该数据库可以为监管部门对保健市场生产企业的监督检查提供依据和方便，帮助政府部门从宏观上制定相关政策，调控保健市场行业的发展方向；另一方面，该数据库的建立意味着保健市场生产企业必须更加规范自己的行为，从而杜绝非法行为、不道德行为的发生。广大公众可以通过官方网站查询数据库，自行了解企业的真实信息，以防被生产企业"自吹自擂"的虚假宣传蒙蔽。[1]从具体内容上看，应当包括两方面的内容：首先，该数据库应该包括所有上市保健食品和产品的详细信息（保健市场的名称、商标、批准文号、主要原料等），并附有相应图片，与保健食品和产品生产企业数据库链接，随时可调出每个保健食品和产品的不同生产厂家的情况。监管部门通过保健市场数据库和保健市场生产企业数据库能够全面掌握所有市场上流通的保健食品和产品的详细情况，查询方便、快捷，不仅方便保健市场的监督、抽查等工作，还可将结果实时反馈到数据库。该数据库的应用可为公众提供切实可行的比较方案，广大公众通过这一系统一方面可以了解购买的或将要购买的保健食品和产品的真实情况，另一方面，可以利用保健食品和产品有关的关键词查询到各个生产厂家进行比较，择优购买。其次，该数据库的信息应该包括所有的保健食品和产品经营企业成立的时间、经营者、地点、注册资金、允许经营的范围及保健食品和产品种类、认可的称号与相关称号解释的链接及从业人员的情况。数

---

〔1〕 吴云红等："保健食品的电子监管模式"，载《中药材》2009年第3期。

据库的建立不仅可以使监管部门提高对保健市场经营企业各个方面监督检查的能力，而且可以大大加强保健市场经营企业的自律性。公众可以在购买保健食品和产品前通过这一简单、有效的途径知道保健市场零售企业的真实情况，而不是单一地听信企业自己的宣传。

第四，构建保健市场交易流通数据库。建立保健市场交易流通数据库的关键是为每一种保健市场的每一个生产批号赋予一个唯一的"条码"，表明其身份（包括生产厂家、生产日期、生产批号、名称、质检信息等）。确保保健食品和产品从生产出来到消费者手中的每一个环节都在系统中生成一次实时链接的网上交易记录，否则就不允许交易。在中间流通环节中，交易双方凭密码或 POS 终端进入电子监管系统中，执行相关的操作就可以完成本次网上交易，形成交易备案。在终端交易时，消费者购买保健食品和产品必须出示身份证或其他公认的有效证件，将保健食品和产品的"条码"与消费者的身份证号码或其他有效证件号码绑定，由零售企业的终端将此次交易的信息实时上传到电子监管系统中，完成网上交易，同时消费者获得一个反馈信息。通过保健市场交易流通数据库，监管部门可以真正了解到每一个批号的保健食品和产品详细的流通过程，并据此数据库迅速、有效地进行保健市场召回及相关责任认定的处理工作。[1] 2019 年 7 月 15 日，中国新闻技术工作者联合会发布了《2019 年"王选新闻科学技术奖"项目奖奖励决定》，中国健康传媒集团有限公司"中国保健食品风险预警平台"获 2019 年"王选新闻科学技术奖"项目奖一等奖。中国健康传媒集团有限公司的舆情监测业务深耕食品药品舆情领域，现已构建起国内权威的食品药品舆情数据库之一，为多地监管部门和食品药品企业提供舆情分析和专业培训等服务。中国健康传媒集团有限公司积极建设中国保健食品风险预警平台和药品追溯系统，致力于保障百姓食品药品安全。

（三）构建风险管理与控制体系

保健市场风险管理与控制体系就是对保健食品、产品和服务"研发、准入、原辅料、生产、流通、消费"各个环节中可能出现的风险实施科学分析，对风险信息进行及时的交流，根据风险的不同程度采取相应的控制措施的管

---

[1]　吴云红等："保健食品的电子监管模式"，载《中药材》2009 年第 3 期。

理系统。从当前监管工作的需求看，保健食品、产品和服务风险管理与控制体系首先应侧重风险监测和风险评估两方面的建设。

为了保障消费者的健康和安全，防止不合格产品的危害、威慑和惩治不法行为、监督上市产品质量，应当开展保健食品、产品和服务上市后的安全性检验即风险监测工作。当前风险监测与评估的重点，是及时了解和跟踪产品和服务上市后的状况，将风险监测收集的情况和数据集中起来，并对其风险进行再评价，即风险评估，及时发现风险，消除隐患，减少损害。根据这一认识，笔者建议在全国保健食品、产品、服务生产和消费较集中的省（市）建立保健食品、产品和服务安全风险监测机构，开展对上市产品和服务的安全性监测，对市场份额大、关注程度高的产品和服务实时监测，进行分析，开展对高风险品种和服务的抽验，做好安全再评价工作，提高风险的识别和控制能力。对此，应规范保健食品、产品和服务的风险监测和风险评估，建立保健食品、产品和服务的安全性检验制度，及时出台风险监测和风险评估的管理制度、工作规范和相应的程序，通过风险监测和风险评估发现并控制风险，及时将高风险和有严重安全隐患的产品和服务逐出市场（下架或召回），保护消费者的健康与安全。

建立和完善保健食品、产品和服务风险管理与控制体系的几项措施有：

第一，成立"保健食品、产品和服务风险评估专家委员会"。风险管理与控制体系的建设需要一大批专家的支持和指导，目前，以保健食品为例，我国已成立了国家食品安全风险评估专家委员会，建议在这个委员会中专设一个"保健食品风险评估专家委员会"，该专门委员会根据政府主管的委托和自己的选题，专门对保健食品的相关风险进行监测、评估和界定，并将相关风险信息及时报政府主管部门，政府主管部门据此采取相应的风险管理和控制措施。保健产品和保健服务亦可参考此做法。

第二，建立和完善保健食品、产品和服务风险信息系统。应尽快着手"风险控制信息系统"的建设，并采取相应的措施，保证风险管理与控制体系的建立与完善，政府管理部门对风险应及时了解、及时应对，将风险置于可控的范围，保证消费者的安全。

第三，建立和完善保健食品、产品和服务风险预警系统。着手制定《保健食品、产品和服务风险预警管理办法》与《保健食品、产品和服务风险预警指标体系》，采取"蓝色、黄色、橙色和红色"四个风险预警等级，分别代

表一般、较重、严重和特别严重，随着颜色的加深，表明风险的严重性和紧急程度是递增的。

第四，确立"寻找风险"的抽查原则。采取严格监测方式，变"随机抽样"为以"寻找风险点"的抽查原则，建立常规性抽查与专项抽查相结合的方式，根据风险的情况，适时开展专项抽查。

第五，完善相关法规。目前，保健食品、产品和服务上市后的安全性评价还缺少相应的法规。以保健食品为例，2005 年《保健食品注册管理办法（试行）》规定保健食品申请注册前需进行安全性试验，而对于产品上市后的安全性评价则没有规定。笔者建议国家市场监督管理总局统筹制定保健食品、产品和服务上市后的安全性评价法规。

（四）建立检测方法和技术机制

在保健市场监管中，检验检测与稽查执法如"鸟之两翼、车之双轮"，缺一不可，检验检测为监管工作提供强力技术支持。保健市场检验机构要明确功能地位，为当地的行政监管服务好，在具备保健市场常规检验能力和完成监督执法常规性检验检测任务的基础上，实现检验效率和检验能力全面提升，还要加强科研能力建设，向科技要竞争力，积极创建重点实验室，加强科学研究，有针对性地开展补充检验方法的研究，为专项整治做好技术储备，在风险分析和预警、应急处置等方面进行创新性研究和科技攻关，凸显政府检验机构的公益性和权威性。加强检验专业人才队伍建设，树立"人才兴检"理念，要高起点、高层次引进实用型人才，建立科学有效的人才引进培育体系，逐步优化人才队伍结构，多形式、多渠道培养专家型人才，选拔培养学术技术带头人，使更多的高层次人才进入专家库，便于获得更多的前沿信息，拓展工作思路，创新工作方法。宽领域、全方位培养创新型人才，探索科研成果奖励机制，争取多方支持，开展基础性、关键性和公益性技术研发和成果应用，打造有较高学术地位和较大学术影响的专业技术人才队伍。保证监管部门完成大范围、高频次抽检后，能够快速取得产品的检验报告，对违法违规行为进行及时处罚。[1]

第一，加快保健食品和保健产品检验检测体系建设。随着技术标准的不

---

〔1〕 刘华东："我国保健食品监管问题研究"，山东师范大学 2017 年硕士学位论文。

断提高，检验检测技术也应该随之提升。首先，国家应增加财政投入和资金支持，加快检验体系的建设。包括制造先进的仪器设备、培养高水平的检测人员，并通过与高校、检验机构合作等方式研发快检方法和快检设备，提高现场检测的能力。其次，加强检验检测的规范工作。主要是指整合现有机构资源，根据各个地区的实际情况配置检验机构，避免机构的重复建设和资源浪费，并通过制定检验机构认定程序，规范机构的检验检测工作，保证检验水准和检验结果的公正性。充分发挥具有资质的第三方检测机构的作用，提供外包服务或者接受企业出厂检验委托，能有效提高产品的合格率，把好产品质量关，弥补政府和企业检测能力的不足。充分发挥企业和行业协会的作用，由于企业和行业协会对保健食品和保健产品实际情况的认知上有着天然的优势，政府在保健食品和产品标准的制定和监督实施方面鼓励企业和行业协会的参与，将有利于提高标准的科学性和执行效力，同时也可以降低监管成本。[1]

第二，着力形成技术服务支持体系。技术服务支持体系是完善保健市场监管体系的重要条件。要不断完善保健食品和保健产品质量检验、产品成分检测、产品安全性试验、产品生产技术和储运技术服务、技术咨询服务等服务体系，为保健市场监管提供技术支撑，为消费者维护正当权益提供服务保障。要着力提升技术监督服务能力，加大对保健食品和产品质量检验检测公共平台建设的投入力度，不断提升检验检测设施的先进水平，为保健食品和产品生产和经营企业提供质量检测服务，为消费者维权提供有效依据。要发动行业协会、研究机构、高校内的专家，加强对保健食品和产品检验检测方法的研发，为企业和消费者提供简便有效的检验检测方法。鼓励生产企业和研究机构加强对保健食品和产品生产技术的研发，支持行业协会等社会组织开展技术咨询服务，帮助生产企业改进生产技术、提高产品质量，形成一支对保健市场进行科学评价和评审的专家队伍，严格把好保健市场的生产和经营准入许可关。[2]着力改进专家评议制度。要积极组织业内专家及监管工作相关专家对保健食品和产品生产经营的各环节进行评议、评估和评审，进行技术把

〔1〕 卓佳："多元共治理论下我国保健食品安全监管模式的研究"，云南大学 2015 年硕士学位论文。

〔2〕 方建军、方昊骋："推进保健食品市场监管体制改革对策研究"，载《宁波经济（三江论坛）》2014 年第 11 期。

关，保证生产和经营企业与单位有足够的资格和能力开展相关业务。改进专家评议制度，要求相关部门组建高水平的评议专家队伍，挑选有资格、懂业务、有正气、有经验的行业专家组成评议专家库，评审时从库中抽选，以保证不受外界影响。对保健食品和产品的生产准入进行把关评审，制定明确的评审评议标准和程序，对注册申请人的资格、产品配方、生产工艺等进行资格评审。[1]

（五）建立安全网格化监管

2015 年 6 月，国家食品药品监督管理总局出台了《关于对取消和下放行政审批事项加强事中事后监管的意见》，明确提出："推行网格化监管。省级局要组织市、县级局落实网格化监管制度，以监管对象为单位，划分为若干个网格，明确网格化监管的人员和职责，实时采集和监控网格内行政相对人的信息，实行动态监管。"按照该文件要求，各省/市监管部门分别开展了食品药品网格化监管试点工作，探索建立适合本省（市）实际的食品药品监管体系，按照属地管理和分级管理相结合的要求，划分了省、市、县、乡（镇）四级监管网格，对各级网格的职责及相互关系进行了明确细分，责任到人，构成了横向到边、纵向到底、权责一致的监管网络。网格化监管有利于明确监管职责和目标，使监管资源配置下移，确保责任区内市场稳定，充分发挥行业协会自律和全社会参与监督的作用，逐步建立行政执法、市场自管、行业自律和社会监督的综合市场监管机制。今后，在保健市场综合治理中仍然应当继续援用网格化监管办法。

网格化监管可以将管辖区域划分为若干个"格"，相邻的若干"格"联结成"网"，每个"格"设置一名责任人，负责其内的经济户口管理和市场主体经营行为监管。为提高生产、流通领域保健食品、产品和服务监管效能，构建监管网络体系和长效监管机制，落实安全监管责任，强力推进网格化监管模式，利用"人在格中走，事在格中办"的网格化管理体系，落实国务院食品安全属地政府监管责任，建立以社区街道为网格点的保健食品和保健产品安全综合管理体系，以专业化保健类产品监管队伍为主，以安全社会监督员（志愿者）为辅的监管力量，实现保健食品、产品和服务安全共治。一方

〔1〕　方建军、方昊骋："推进保健食品市场监管体制改革对策研究"，载《宁波经济（三江论坛）》2014 年第 11 期。

面，要将政府这个单一监管主体变为非政府组织、公众等参与的多元主体，政府适当放权和分权，吸引广泛的社会力量形成合力。另一方面，要由监管变为治理，构建主动的、多元合作的协同机制。充分依托社会综合治理体系和地方政府城市网格化平台，不仅可以提高发现、排查、报告和快速处置保健食品、产品和服务安全隐患的能力，而且有利于整合优化和指挥调度监管资源，强化网格化信息资源共享。[1]

首先，推进保健食品、产品和服务网格建设标准化。坚持以网格为基层保健食品、产品和服务安全治理主抓手，积极探索"建网、管网、强网、用网"的新举措、新办法，明确全区网格建设的基本原则、基本要求、机构建立、计划编制、网格划分、网格事项、巡查要求、绩效评价、保障支撑等具体要求，全面推进基层网格标准化、体系化建设。有效实现基层保健食品、产品和服务安全网格化巡查、实时化上报、信息化预警，实现"发现上报—调度分流—处置反馈—任务考核—结单管理"五步闭环管理。建立并健全责任考核机制，重点落实考核机制，可以对保健食品、产品和服务安全监管采取多项措施，如日常监督和检查专项考核、考核反馈等，使责任考核机制真正发挥作用。运行机制对于保健食品、产品和服务监管工作具有十分重要的发展意义。简单来说，如果没有一个健全的运行机制来支撑保健食品、产品和服务安全监管工作的开展，那么安全监管工作只是停留在表面，不会发挥实质性作用。所以，健全运行机制是保健食品、产品和服务安全管理工作发展的必然趋势。完善考核体系，促进保健食品、产品和服务安全责任考核机制常态化、机制化发展，加大考核力度，可以将监管人员的责任考核结构与其业绩、薪资、晋升空间相挂钩，这样可以大大提高保健食品、产品和服务安全监管人员的工作积极性。完善考核体系不仅可以使安全监管机制得到丰富和完善，还可以保障监管人员的工作质量以及工作效率。从另一个角度来说，如果考核体系没有得到完善，那么保健食品、产品和服务安全监管人员的责任意识就无法提高，其工作效率和工作质量也就难以得到保障，这会大大制约保健食品、产品和服务安全管理工作的进展，会给广大群众带来巨大

---

〔1〕 王广平、王颖："我国食品药品安全精准监管实施路径研究"，载《中国药事》2019 年第 4 期。

的安全隐患。[1]

其次，完善保健食品、产品和服务网格化监管机制建设。明确统一领导、统一协调，明确资源整合的范围及工作重点。只要是纳入网格化管理的业务模块，都同等重要，确保落实推进，减少各模块的主次之分。落实经费保障，要集中有限的财力，整合网格员的职能和相关部门费用，做到费随事转，保障网格化管理工作的办公经费和网格员工资待遇，不断完善网格员和协管员的工资体系，提升待遇，完善晋升渠道，保持队伍年轻化、知识化、专业化、属地化，不断降低人力资源离职率，维护队伍的稳定性。建立综合协调平台，建立多级联创综合指挥平台。建设集公安、食品、消防、应急、视频监控等多领域与功能于一体的"大平台"和"大联动"中心，不断强化信息化支撑。各业务主管单位要充分融入综合指挥系统，网格化管理系统不是一个独立的系统，要充分利用有关部门的信息。相关部门应认真调研分类，规范新建信息系统的功能定位与层级功能定位，确保逐步消除信息系统数据资源共享的壁垒。[2]

（六）完善投诉举报制度

仅仅由政府主管部门对保健市场进行监督是不够的，还应广泛动员各种社会力量的参与。为此，政府可设立对保健食品、产品和服务生产经营中违法违规投诉举报制度。

首先，建立和完善投诉制度。一是要建立便捷的通道，如网站、电子邮箱、手机短信平台、专用电话号码等；二是对举报的情况及时了解和查处；三是对具名举报者及时回复并通报处理结果；四是适当地奖励或支付举报成本；五是为具名举报者保守秘密。

其次，完善违法违规举报制度。除建立完善举报制度外，还需改变原有保健食品、产品和服务举报投诉相关制度的负面影响，消费者的投诉举报不畅可能会演化成对政府的不满并助长企业对政府正当行为的漠视，为此，政府需进一步完善违法违规举报制度。具体而言：

第一，完善举报投诉反馈渠道。鉴于目前举报投诉通道不顺畅，打电话、

---

〔1〕 张科子："宁波市镇海区食品安全网格化管理研究"，宁波大学2017年硕士学位论文。

〔2〕 陈培榕："浅析食品药品安全网格化监管工作"，载《现代食品》2017年第22期。

发邮件等难以解决消费者投诉举报问题，建议对原有渠道进行改革，加强宣传并增设更多的自有或者是政府委托的第三方的网站、电子邮箱、手机短信平台、专用电话号码等。监管部门集中精力做好投诉举报反馈的管理，加强监督已经授权的有相关经验的第三方机构汇集消费者的投诉举报等方面的工作。

第二，建立保健市场110，加强执法检查。当前举报投诉处理有不了了之的情形，监管部门将自身的职责更多地放在监管主导的角色扮演上。可以建立独立的多部门联合的执法监管机构——"保健市场投诉举报110"，专门处理及时反馈给监管部门，并在规范内适时发布和反馈相关信息，严惩厂商、媒体等违法违规行为。监管部门就可以将更多的时间、人力、物力投入对该机构的执法检查、对投诉举报人适当的奖励或支付举报成本、举报者是否得到保守秘密等方面工作上，以实际行动树立部门形象。

在实践经验上，以下地方市场监管部门在建立健全保健市场消费者投诉举报制度方面的做法值得借鉴和推广：

上海市积极拓宽投诉举报渠道，推出手机 APP。通过开发"啄木鸟"手机 APP，实现了投诉举报"现场定位、实时上传"，方便市民通过手机拍照，将身边食品、保健食品违法线索及时固定并第一时间上传给监管部门[1]。

广东省自开展保健食品非法会议营销专项治理行动和食品、保健食品欺诈和虚假宣传整治以来，省药品监督管理局通过有奖举报形式，专门安排100万元专项经费，用于奖励提供保健食品违法线索的举报人，收到各类会议营销举报线索159条，并对其中已核实的36名举报人发放奖励9800元；将所有举报涉及的企业和产品列为重点监管对象，发文通报各地加大监督检查力度；涉及外省的产品，发函通报相关监管部门，形成打击会议营销的高压态势，进一步规范保健食品市场秩序；在对举报人发放线索举报奖励的基础上，对部分已查实并立案查处的重要举报线索，监管部门依照《食品药品违法行为举报奖励办法》有关规定，对部分举报人根据查办案件的涉案货值，予以发放1000元—5000元不等的案件查办奖励金。为进一步提高公众参与整治的积极性，省药品监督管理局从2018年4月起提高了有奖举报奖励金额，在原奖

---

〔1〕 参见国务院食品安全委员会办公室发布的《全国食品、保健食品欺诈和虚假宣传整治工作简报》（第8期）。

励的基础上，对核查后发现违法行为立案查处给予吊销许可证、罚款等处罚的，根据情况追加 5000 元或 1 万元的奖励。同时呼吁广大市民如果发现身边存在非法会议营销食品、保健食品的违法线索，尽量配合做好文字、声音、视频的证据收集，主动及时向省药品监督管理局举报。佛山市食品药品监管部门统计，2015 年至 2018 年 7 月 31 日，全市食品药品监管系统共发出举报奖励 986 笔，发出奖励金共 58 万多元。其中，单笔最高奖励达 14 万元。佛山市鼓励更多的市民能够积极主动提供违法线索，营造全面打击食品、保健食品欺诈和虚假宣传的态势，进一步净化消费市场〔1〕。

浙江省借力消费维权引入，实行举报奖励兑付，激励更多的消费者保护自身利益，通过微信平台举报，查证属实后直接微信支付奖励，收效良好。

第三，铺网络，完善发现机制〔2〕。针对保健食品会议营销后，消费者投诉无法追及责任方的情况，把监管重点从事后查处转移到早期发现上来，强调先期介入，现场把控，及时发现违规苗头，进而依规查处，将隐患消灭于萌芽状态。首先，建立监管部门与基层一线的信息沟通机制，形成基层监管所与社区、村居保健食品会议营销信息反馈网络。畅通食品安全协管员、镇街驻村居干部、老年协会三线并行的信息渠道，多方位收集保健食品会议营销活动信息。其次，密切关注本地网络民生论坛热点信息和政府的舆情通报，从中梳理线索，发现苗头。最后，在保健食品会议营销主要目标消费群体——老年人晨练集中场所，通过聘请热心公益事业、对保健食品会议营销行为有抵触情绪的人员为兼职信息员，在保健食品经营者中发展举报线人、鼓励行业举报，畅通投诉举报通道，强化社会监督。

河南省市场监督管理局充分发挥"12365""12345"等食品安全举报投诉热线作用，目前共收到投诉举报 1783 起，按时办结 1621 起，营造了良好的社会共治氛围。河南持续加强互联网媒体空间环境治理，加强对全省 27 万家网站巡查监管，清理食品、保健食品欺诈和虚假宣传信息。畅通线上线下投诉举报渠道，督促全省 67 家新闻网站开通举报入口，招募组建了 300 多人的网络举报志愿者队伍。严格落实网络实名制，建立欺诈和虚假宣传有害信息

---

〔1〕　参见国务院食品安全委员会办公室发布的《全国食品、保健食品欺诈和虚假宣传整治工作简报》（第 30、36 期）。

〔2〕　参见国务院食品安全委员会办公室发布的《全国食品、保健食品欺诈和虚假宣传整治工作简报》（第 17 期）。

过滤机制，处置违法违规网站 176 个，有效净化了网络环境[1]。

八、科学素养提升层面：增强社会各界对保健类产品和服务的认知能力

宣传教育是完善保健市场监管体系的重要前提。保健食品、产品和服务自身具有独特的保健及相关知识含量，并有专门的管理制度和管理法规，这些知识、管理制度和管理法规不同程度地涉及政府、企业、社会公众、行业组织、媒体等利益相关者。各利益相关者的不同地位和作用，决定了不同的教育与宣传内容及其形式。

（一）对消费者购买和使用保健类产品进行科普宣传

目前消费者对保健品、保健食品、保健产品等基础概念的认知存在偏差，对保健食品和产品的功效有过高期待。而社会舆论环境中，围绕保健食品和产品的话题也各式各样，尤其是不同专家、媒体的口径不一致，让消费者无所适从。因此，针对消费者的保健食品和产品的科普宣传需要先在科学界形成共识，否则将是无本之木。应当客观全面地展示保健食品和产品相关事实，以利于消费者判断与选择。各级各地市场监管部门应该综合利用媒体、讲座等形式，请专业人士正确宣传保健食品、产品和服务的科学专业知识，令消费者能正确认识保健食品、产品和服务。

主要应进行消费者合法权益保护，健康及保健食品、产品和服务使用购买等方面知识的普及与宣传，提高消费者的自我保护意识。让消费者了解保健食品、产品和服务知识，了解政府对保健市场的监管工作。政府和行业协会应大力加强宣传，让社会公众了解经国家市场监督管理总局批准，有保健食品、产品标识的产品是经过科学论证和试验检验的产品；无保健食品、产品标识的产品不得宣称功效，不得按保健食品、产品进行销售。当前，各级各地市场监管部门在教育与宣传方面可进行以下具体工作：

第一，编写保健食品、产品和服务知识科普读本，发放宣传手册。政府可委托相关技术部门或行业组织编撰保健食品、产品和服务基本法律法规及其购买常识的相关科普书籍，发放宣传手册，为保健食品、产品和服务教育

---

[1] 参见国务院食品安全委员会办公室发布的《全国食品、保健食品欺诈和虚假宣传整治工作简报》（第 8 期）。

与宣传提供基本保障。比如，四川省成都市金堂县把食品安全普法情景剧"会销迷局"搬上舞台，市场和质量监管部门对食品、保健食品虚假宣传典型案例进行改编，通过诙谐幽默的语言、鲜活的内容，直观地向广大群众展示了会销的骗局套路、社会危害以及防范措施，还向广大群众发放了食品安全"双创"购物袋、知识册、书签等宣传资料 1000 余份，提高了消费者的自我保护意识和防范意识。[1]

第二，建立保健食品、产品和服务专门的教育与宣传网站。政府监管部门一方面要建立专门的保健食品、产品和服务教育宣传网站，或者在食品、产品和服务网站中开设专门的保健食品、产品和服务栏目，形成长效、常态化的宣教机制，对保健食品、产品和服务的各种常识和专业知识进行经常性的正确介绍和宣传。同时可开设评论和交流栏目，对市场流行的保健食品、产品和服务开展公开评论。另一方面，政府应扶持行业组织建立专门的教育与宣传网站。政府先期为网站的正常运营提供资金与杂志出版等方面的支持，逐步促使该网站的运营资金转向以信息服务为主，保证网站的运营不接受厂商以及其他利益人的资助，保证其公正客观性，并将相关信息纳入保健食品、产品和服务监管信息体系当中。

第三，建立教育宣传的信息交流与沟通机制。通过部门间以及行业间的会议协商，制定相应的教育与宣传信息交流机制，提高政府、媒体、行业组织的教育与宣传能力。其中尤其需要加强媒体行业教育，扭转当前媒体对保健食品、产品和服务宣传中不科学、不准确、不全面的现象，建立起良好的媒体宣传机制。

第四，组织保健食品、产品和服务知识竞赛。政府可以独立或委托第三方，在报纸、杂志等媒体上组织保健食品、产品和服务知识竞赛，可以刊登与保健食品、产品和服务相关的法律法规，保健食品、产品和服务生产经营和科学、理性消费等方面的知识竞赛试题，推动相关知识的普及。

第五，利用电视、网络影响大的特点进行教育宣传。政府牵头组织，在大众电视频道和主流网站播放指导保健食品、产品和服务科学、理性消费为主要内容的公益电视广告；在相应的分类电视频道和主流网站专门播放保健

---

[1]　参见国务院食品安全委员会办公室发布的《全国食品、保健食品欺诈和虚假宣传整治工作简报》（第 21 期）。

食品、产品和服务知识方面的讲座，培育和推动保健食品、产品和服务的科学、理性消费，培育成熟的消费市场。比如，陕西省药品监督管理局通过陕西广播电视台《秦风热线》栏目，向全省人民宣传了食品、保健食品欺诈和虚假宣传专项整治工作的内容、进展情况、取得的成果和下一步的工作计划，以及食品、保健食品安全知识，对广大消费者做了消费提示，鼓励公众通过12331 热线电话举报食品、保健食品违法行为。[1]

第六，充分利用多种信息渠道，加强对特定人群的宣传教育。通过短信平台免费为手机用户发布相关的保健食品、产品和服务法规、使用购买等方面的常识。还可以通过多种链接形式，引导互联网读者或用户登录有关网站，了解与查询有关保健食品、产品和服务方面的知识和信息。此外，应着力加强对特定人群的宣传教育。老年人、体弱多病者对保健食品需求较大，而这些群体对保健食品常识往往所知不多，容易受不法经营者非法宣传的蛊惑。政府监管部门应组织专家加强对此类人群的宣传教育活动。[2]

第七，抓好基层和对特定人群的宣传教育。要深入街道、乡村等基层开展宣传活动，还要对农民、儿童、老年人等特定人群进行有针对性的重点宣传教育，通过发放宣传手册和科普书籍、张贴宣传画等多方适宜的方式，向基层和对特定人群普及保健食品、产品和服务基本法律法规与消费知识。比如，广东省佛山市建立首个食品药品安全主题公园，广泛宣传如何防范食品、保健食品欺诈和虚假宣传，如何避免保健食品非法宣传陷阱，同时还对《食品安全法》进行解读，对健康生活的饮食方式进行科普宣传，帮助消费者特别是老年消费者解答保健食品消费方面存在的疑问，帮助他们走出误区，在潜移默化中提高消费者的食品安全科普知识知晓率和消费防范意识。主题公园一期建设，共设置 21 个食品安全宣传栏架，共计 38 个版面，让市民在游玩、散步、健身的过程中学到更多的食品安全知识，增强食品安全意识。[3]

第八，构建消费警示公告制度。为保障老年人等消费群体在保健食品、

〔1〕 参见国务院食品安全委员会办公室发布的《全国食品、保健食品欺诈和虚假宣传整治工作简报》（第 24 期）。

〔2〕 方建军、方昊骋："推进保健食品市场监管体制改革对策研究"，载《宁波经济（三江论坛）》2014 年第 11 期。

〔3〕 参见国务院食品安全委员会办公室发布的《全国食品、保健食品欺诈和虚假宣传整治工作简报》（第 18 期）。

产品和服务领域的消费安全，可以由各级市场监管部门和消费者协会联合构建保健食品、产品和服务消费警示公告制度，提示消费者在购买保健食品、产品和享受保健服务时要谨慎辨别、理性消费，为避免不必要的损失，须警示以下几点：①保健食品不是药品，不能代替药品使用。一些具有辅助降压、降脂、降糖功能的保健产品只有降低疾病风险的辅助保健作用，不能代替药品使用，患者须根据情况，慎重选择，以免延误病情，造成严重的后果。②选择保健食品、产品和服务，必须针对自己的身体状况。任何保健食品、产品和服务都有一定的适宜人群，有的还标注不适宜人群，消费者在选择时也必须加以注意。要根据保健食品、产品和服务声称的保健功能，结合自己的身体健康状况，有针对性地选择，尤其是老年体弱者、慢性病患者、儿童及青少年、孕妇等特定人群，在选择保健食品、产品和服务时更要谨慎。③购买保健食品，须认准保健食品标志和批准文号。保健食品正面的包装有批准文号，背面有"本品不能替代药物"的提示。国产保健食品为"卫食健字第×号"或"国字健食第×号"，进口保健食品为"卫进食健字第×号"。而药品的批准文号为"国药准字"，具有治疗作用。如无法辨别，可登录国家药品监督管理局官网"综合查询"栏目查询。④不到无证照的营业场所购买保健食品和保健产品。在选择购物场所时要提高警惕，增强辨识能力，务必到证照齐全的商场或超市购买保健食品和保健产品。不混淆保健食品与药品概念，不要相信某些保健食品宣传中所谓的治疗效果。⑤养成保存证据的习惯。务必索取并妥善保存购买发票、宣传单等凭证，若参加养生俱乐部要注意签订书面协议并约定违约条款，一旦自身权益受到损害，可将发票、协议等作为维权证据。如遇消费纠纷，可首先与经营者交涉，交涉不成的，可找相关部门进行投诉。

（二）对保健市场从业主体的宣传教育和培训

第一，通过社会组织、高校和研究机构对保健市场从业主体宣传和培训。对作为行政相对人的保健市场从业主体，各级各地市场监管部门要充分利用行业协会、中介组织和社会力量，加强行业自律，开展从业人员宣传教育和培训。培训的内容不仅有保健食品、产品和服务相关法律法规、安全标准、产业政策、科技发展等方面的内容，还应进行关于依法开展研制、申报、生产和经营活动，承担社会责任，加强自律等方面的宣传。通过行业协会、研究学会等社会组织和团体与相关高校和研究机构结合，组织保健市场从业人员进行职业技术培训、政策法规学习、产业政策解读、标准体系介绍等，不断提高保健市场从业人员的素质和能力。

第二，通过证照制度对保健市场从业主体进行教育和培训。2017年9月12日，人力资源和社会保障部发文明确健康管理师（指从事个体和群体营养和心理两方面健康的检测、分析、评估以及健康咨询、指导和危险因素干预等工作的专业人员）由卫生计生委职业技能鉴定机构考核发证，其他任何行业协会、学会等均不可变相开展认定。因此，保健市场从业人员可以自愿报名参加健康管理师资格考试，提升自身健康管理专业知识，增强健康管理服务能力。

（三）对从事保健市场监管工作人员的专业培训

对政府市场监管等部门而言，应对前述培训、教育与宣传设立专项支出，由主管部门统筹规划、统一管理、分类实施。对于从事保健类产品和服务市场监管工作人员的培训，应以业务知识培训为主，涉及的内容包括保健食品、产品和服务相关法律法规、安全标准、产业政策、依法行政、遵纪守法以及相关科技发展等，具体应重点结合相关规章、规范性文件开展专业培训以及检验机构相关人员和审评专家培训。通过培训，增强依法行政能力，规范行政执法行为。

此外，对从事保健市场监管工作人员的培训，应开展教育与宣传有效性的测评。建立教育与宣传反馈评价体系，开展"教育与宣传有效性测评"，强化对各项教育与宣传活动的监督，逐步提高监管人员有关保健食品、产品和服务方面的综合知识素质，以促进保健食品、产品和服务监管体系的良好运转。

九、楚河汉界明晰层面：建立健全保健市场行政处罚与刑事处罚衔接机制

（一）厘清行政处罚与刑事处罚的竞合关系

完善保健市场领域行政处罚与刑事处罚衔接机制，首先应当在理念上厘清行政处罚与刑事处罚的责任竞合问题。从形式上而言，行政处罚和刑事处罚是两种不同的法律责任承担，在两种法律责任分离的时候比较容易处理，但是在两种法律责任竞合的时候如何处理二者之间的关系则成为一个棘手的问题。因此，正确理解和掌握行政处罚与刑事处罚的责任竞合处理规则，对行政处罚与刑事处罚衔接具有积极的观念认识价值。

1. 从刑事优先原则走向同步协调原则

我国当前的行政处罚与刑事处罚关系上基本奉行刑事优先原则，该原则是指需要同时对同一违法行为（犯罪行为）予以行政处罚与刑罚制裁时，应当优先追究其刑事责任。在程序上，如果行政机关在处理违法案件过程中发现有需移送涉嫌犯罪的案件，并且在将涉嫌犯罪的案件移送至司法机关处理后，行政机关就不具有管辖权，不能再作出行政处罚。[1]但是就行政处罚与刑事处罚二者关系基础的理论架构而言，刑事优先原则对于行政处罚和刑事处罚的衔接并不具有当然合理性，对于行政犯而言，其刑事违法性的判断必须要以行政违法性存在为前提，[2]如果行政违法都不构成，何来刑事违法？学者们提倡刑事优先原则的一个理由是刑事处罚要严厉于行政处罚，[3]但实际上行政处罚与刑事处罚二者之间并不具有替代关系，而是呈现出互补的结构，刑罚保障公平，行政罚保障效率，[4]行政罚可以弥补刑罚的不足，二者并非"有你无我"的关系。而且刑事优先原则也并没有在我国目前的法律法规及其他规范性文件中有直接规定，国务院发布的《行政执法机关移送涉嫌犯罪案件的规定》规定移送程序，但并非为了优先刑事，而是为了保证双重违法责任的实现。[5]因此，基于对行政责任和刑事责任双重落实的目的，笔者倾向于行政处罚和刑事处罚的同步协调原则。同步协调原则的理论内涵是指："行政机关与司法机关若发现同一违法、犯罪行为的线索，即可立案调查，整个过程中，并无强制先后之分，执法与司法力量互助配合。具体而言，行政执法机关针对涉嫌犯罪行为不停止调查及处罚，可就案件是否涉嫌犯罪、证据的收集、固定等问题向司法机关咨询，司法机关应及时提出

〔1〕　参见顾向一、曹婷："'两法'衔接：从刑事优先原则到同步协调原则"，载《西部法学评论》2018 年第 1 期。

〔2〕　参见孙国祥："行政犯违法性判断的从属性和独立性研究"，载《法学家》2017 年第 1 期。

〔3〕　参见周佑勇、刘艳红："论行政处罚与刑罚处罚的适用衔接"，载《法律科学（西北政法学院学报）》1997 年第 2 期；张智辉："刑法改革的价值取向"，载《中国法学》2002 年第 6 期。

〔4〕　参见田宏杰："行政优于刑事：行刑衔接的机制构建"，载《人民司法》2010 年第 1 期。

〔5〕　参见李东阳："行政执法与刑事司法衔接运行程序的再思考"，载《北京警察学院学报》2013 年第 2 期。

意见；行政执法机关在对涉嫌犯罪的重大案件进行查处时，可以申请公安机关共同行动甚至提前介入，或是邀请检察机关派员参与，及时对犯罪嫌疑人采取强制措施并收集、固定证据，避免证据流失；对于需要采取资格罚的犯罪行为，司法机关可向行政执法机关提出商请，以便行政机关及时作出处罚决定。"〔1〕

2. 行政处罚与刑事处罚责任竞合的具体处理

司法实践中，行政处罚与刑事处罚竞合主要有"先罚后刑"和"先刑后罚"情形。"先罚后刑"是指行政机关给予行为人行政处罚后移送司法机关追究其刑事责任的情形；"先刑后罚"是指行政机关在履职过程中认为违法行为已经构成犯罪而移送司法机关依法追究其刑事责任后，再依据相关行政法律法规追究违法行为人行政责任的情形。〔2〕对于"先罚后刑"情形，可以通过如下原则处理：一是同质罚相折抵，行政拘留与拘役、有期徒刑等刑事处罚相抵，罚款和罚金相抵，《行政处罚法》第 35 条即持此原则："违法行为构成犯罪，人民法院判处拘役或者有期徒刑时，行政机关已经给予当事人行政拘留的，应当依法折抵相应刑期。违法行为构成犯罪，人民法院判处罚金时，行政机关已经给予当事人罚款的，应当折抵相应罚金……"二是不同罚则各自适用，应当分别作出，各自适用，并行不悖，《行政执法机关移送涉嫌犯罪案件的规定》第 11 条、《食品药品行政执法与刑事司法衔接工作办法》第 12 条均如此规定。《行政执法机关移送涉嫌犯罪案件的规定》第 11 条第 1 款、第 2 款规定："行政执法机关对应当向公安机关移送的涉嫌犯罪案件，不得以行政处罚代替移送。行政执法机关向公安机关移送涉嫌犯罪案件前已经作出的警告，责令停产停业，暂扣或者吊销许可证、暂扣或者吊销执照的行政处罚决定，不停止执行。"《食品药品行政执法与刑事司法衔接工作办法》第 12 条规定："食品药品监管部门对于不追究刑事责任的案件，应当依法作出行政处罚或者其他处理。食品药品监管部门向公安机关移送涉嫌犯罪案件前，已经作出的警告、责令停产停业、暂扣或者吊销许可证的行政处罚决定，不停止执行；向公安机关移送涉嫌犯罪案件时，应当附有行政处罚决定书。已经

〔1〕 参见顾向一、曹婷："'两法'衔接：从刑事优先原则到同步协调原则"，载《西部法学评论》2018 年第 1 期。

〔2〕 参见黄小伦、罗关洪："区别情形处理行政处罚与刑事处罚竞合适用"，载《检察日报》2017 年 6 月 26 日，第 3 版。

作出罚款行政处罚的，人民法院在判处罚金时依法折抵。未作出行政处罚决定的，原则上应当在公安机关决定不予立案或者撤销案件、人民检察院作出不起诉决定、人民法院作出无罪判决或者免予刑事处罚后，再决定是否给予行政处罚。"对于"先刑后罚"情形，可以通过如下原则处理：一是以刑事判决为依据。在刑事判决之后需要继续追究行为人行政责任的，行政机关应当以刑事裁判所认定的事实和证据为依据作出行政处罚。二是同质罚不再罚。司法机关已经给予行为人刑罚处罚，行政机关不能再给予和刑罚处罚所具有的性质相近的行政处罚〔1〕。三是特有罚可再处罚。行政机关认为需要依法追究特定行政责任的，在司法机关判处行为人刑罚后也可以再给予其相应的行政处罚。〔2〕

（二）完善衔接立法，实现全国性立法与地方性立法联结

1. 完善保健市场相关行政立法与刑事立法

整合完善保健市场所涵盖的相关法律规定，相关行政法律法规与刑法之间要进一步匹配，为行政处罚和刑事处罚的衔接机制在法律层面上铺平道路。〔3〕一方面，针对近年来保健市场发展日益多样化，保健市场行政立法也要做出回应。在条件成熟的情形下可以由国家市场监督管理总局牵头制定相关部门规章，以提升目前保健市场监管以部门规范性文件为主要依据的模式。目前，国家层面应加快完善保健市场相关标准体系，抓紧制定一些急需的标准，推动保健市场标准与国际标准对接，用严谨的标准为保健市场良好运行提供基础性制度保障。〔4〕依据国家层面的法律法规，地方政府要根据本地保健市场发展的地方实际制定符合地方实际的保健市场具体监管条例、监管办法和监管措施等规范。另一方面，针对保健市场相关犯罪行为的刑法规制也要及时作出调整，笔者虽不主张"乱世用重典"，但应当严密保健市场犯罪的刑事法网。首先要扩大入罪范围，推动掺假造假行为直接进入刑法规制

---

〔1〕　主要是罚金与罚款、限制人身自由的刑罚与行政拘留。

〔2〕　参见黄小伦、罗关洪："区别情形处理行政处罚与刑事处罚竞合适用"，载《检察日报》2017年6月26日，第3版。

〔3〕　参见张韧："食品药品两法衔接机制的存在不足与对策分析"，载《中国卫生产业》2018年第13期。

〔4〕　参见于浩、董军："食品安全治理行刑衔接制度之构建——以近年来北京市T区行政执法与刑事司法衔接工作为蓝本"，载《河南工程学院学报（社会科学版）》2018年第2期。

范围。[1]其次完善罚金刑设计，对保健市场经常涉及的非法经营罪等营利性犯罪采取比例性刑罚处罚方式。最后对相关犯罪增加配置刑事附带处罚措施，特别是剥夺进入同一市场领域资格的刑事附带处罚措施。

2. 完善保健市场行政处罚与刑事处罚衔接立法

要完善和细化保健市场行政处罚与刑事处罚衔接的法律依据，使案件移交的内容、程序、保障、监督等在制度层面上作明确的规范有法可依。首先，在条件允许的情况下通过国务院法规或者部门规章的形式确立可操作性的保健市场行政处罚与刑事处罚机制，提升其法律位阶，整合衔接机制，提升其对执法部门和司法部门的共同约束力。其次，保健市场行政处罚与刑事处罚衔接程序机制本身的衔接，包括案件移送的启动、通报、立案、结果、追责、救济、监督等程序，衔接立法应当保证每一程序之间实现相互衔接，环环相扣。[2]最后，进一步细化保健市场行政处罚与刑事处罚衔接立法的具体内容。目前来说，如下几方面内容最有完善的迫切性：一是拓宽法律约束范围，不仅是其中具体涉及违法犯罪人员的约束，还应对衔接机制涉及的行政执法机关、公安机关、检察机关、法院等的职权和责任在立法中加以明确，理顺其中所涉及全部人、事、物的法律体系，避免出现冲突。[3]二是从违法行为（犯罪行为）的实施行为模式、涉案数额、结果严重程度三个角度明确食品安全案件的移送标准和追诉标准。三是为了解决目前保健市场领域行政执法与刑事司法证据衔接不顺畅的问题，应当制定统一的证据搜集规范，促使相关的行政机关在涉及保健市场的执法活动中依规收集和固定证据。四是完善检验鉴定机制，统一认定标准。保健市场领域的涉罪案件往往都要经过专业机构的检验检测或者有权机构出具鉴定意见，因此，衔接立法中要明确检验、鉴定机制，形成统一认定标准，尽可能减少同案不同判现象的发生。[4]

---

〔1〕 参见于浩、董军："食品安全治理行刑衔接制度之构建——以近年来北京市 T 区行政执法与刑事司法衔接工作为蓝本"，载《河南工程学院学报（社会科学版）》2018 年第 2 期。

〔2〕 参见刘珏："我国食品安全案件'行刑衔接'机制的困境与出路研究"，载《喀什大学学报》2019 年第 1 期。

〔3〕 至于有学者认为应当以检察院为中心来构建衔接机制，笔者认为并不妥当，只要其中相关机构关系理顺，运作顺畅即可，以哪个机构为中心并非衔接机制考量的核心。参见刘珏："我国食品安全案件'行刑衔接'机制的困境与出路研究"，载《喀什大学学报》2019 年第 1 期。

〔4〕 参见杜冰倩："食品药品安全领域'两法'衔接问题研究——以壮阳保健品中违法添加'西地那非'成分案件为例"，载《中国检察官》2018 年第 20 期。

3. 完善保健市场行政处罚与刑事处罚规范指引

在前述立法之外，还可以出台相关保健市场行政处罚与刑事处罚规范指引，通过类型化的方式引导市场监督管理执法机构和相关司法部门在处理该类案件时作为行为参考，促进行政处罚和刑事处罚的衔接，避免出现部门之间的冲突。对于这类规范指引，笔者认为，一方面在条件具备的情况下可以由国家市场监督管理总局和公安部、最高人民检察院、最高人民法院会同制定罪名指引、证据指引和程序指引，该类规范指引对全国相关执法机构和司法机构都具有参考价值。另一方面，也可以由地方监管执法部门和司法部门会同制定，目前这类规范指引较多。例如，四川省成都市人民检察院 2016 年在全国首先选取涉及民生的 50 余个罪名编印了《行政执法与刑事司法衔接罪名指引》，并对相关食品药品监督管理部门进行培训，使得执法部门和司法部门之间对案件在构罪标准、证据收集、移送程序等方面达成了共识。[1]广州市从 2014 年开始陆续制定了《广州市行政执法与刑事司法衔接临界点指引》《广州市行政执法与刑事司法衔接证据指引》《广州市行政执法与刑事司法衔接程序指引》。此外，武汉市人民检察院等也出台了类似的指引。这些指引都可以为其他地方制定类似指引提供有益参考。

（三）优化衔接保障，促进衔接机制专门性与长效性的结合

1. 搭建和优化信息共享交流平台

信息共享是大数据时代应有的特点。[2]自 2005 年行政执法和刑事司法信息交流平台从上海市浦东新区人民检察院发端以来，在国家层面和各地已经出现了很多类似的平台，对协作办案起到了一定作用[3]，但是目前这些信息平台多处于信息共享的功能阶段，缺少基于信息共享的信息交流功能的实现。因此，应当对相关平台功能进行升级，一方面拓展其信息功能，至少应当包括案件线索信息共享、证据共享、技术共享等。另一方面使其实现交流功能，能够使监管部门和公安、司法部门等在平台上基于信息共享的前提就涉及保

---

〔1〕　参见戴佳："侦查监督工作：'两法衔接'机制助推侦监工作再上新台阶"，载《检察日报》2016 年 11 月 4 日，第 1 版。

〔2〕　参见杜冰倩："食品药品安全领域'两法'衔接问题研究——以壮阳保健品中违法添加'西地那非'成分案件为例"，载《中国检察官》2018 年第 20 期。

〔3〕　参见戴佳："侦查监督工作：'两法衔接'机制助推侦监工作再上新台阶"，载《检察日报》2016 年 11 月 4 日，第 1 版。

健市场领域的违法犯罪行为交换意见，充分发挥市场监管执法人员的专业性和公安司法机关的侦查和司法优势，及时发现、精准定性、合理衔接。此外，虽然目前专门针对保健市场领域的行政处罚与刑事处罚信息共享交流平台较少，但是笔者认为并不一定要搭建单独的保健市场领域平台，可以借助现有综合性信息交流平台实现信息共享和交流功能，同时也可节约执法资源。[1]

2. 优化常态性衔接工作机制

在当前相关领域行政处罚与刑事处罚已有的常态性衔接工作机制的基础上，对其工作方式、工作内容、工作效果等进行优化，提升保健领域行政处罚与刑事处罚常态性衔接工作机制的工作效果。各市市场监督管理局和公安、检察等刑事司法部门之间要明确建立行政处罚和刑事处罚衔接联席会议制度、日常联动执法制度等类似的常态性工作机制，切实加强日常工作的沟通协作。鉴于目前的执法和司法体制，比较可行的常态性工作机制仍然是提升联席会议制度的现实化，在信息共享与交流的基础上，定期召开衔接联席会议，使各协作部门之间建立经常性联系，通报当前一段时期内保健领域行政处罚和刑事处罚衔接情况，分析移送案件情况，跟进移送后的案件处置情况[2]，提出下一阶段工作重点，并在此基础上针对当前保健领域行政执法和刑事司法的问题共同签发、执行下发相关规范性文件，为下一阶段衔接工作提供指导。

3. 建立重大疑难案件临时协作机制

基于信息共享交流平台构建重大疑难案件临时协作机制，在基于信息共享发现疑难复杂案件时，市场监管机关可以启动重大疑难案件临时协作机制，与公安、检察等相关部门召开涉刑案件专题研讨，商请公安和司法机关共同就涉刑案件具体案情进行交流，共同进行案件咨询研判、梳理线索、追根溯源、确定查办方向、方式、时间表、责任书等，也可以要求公安机关提前介入指导证据收集或者联合调查取证。这种临时机制可以使公安司法机关得以在第一时间了解重大疑难复杂案件情况，确保证据收集合规合法[3]，提升案

---

[1] 当然如果条件允许，搭建专门的平台也并非不可。

[2] 参见张韧："食品药品两法衔接机制的存在不足与对策分析"，载《中国卫生产业》2018年第13期。

[3] 参见邹俊："食品药品视域下行政执法与刑事司法衔接机制的完善"，载《智库时代》2018年第41期。

件办理质量。有些地方已经专门针对食品药品安全领域建立了类似制度，可以作为完善此类机制的参考，例如，天津市 2016 年发布的《关于办理食品药品领域违法犯罪案件若干问题的意见》中即有规定，北京市东城区也建立有类似的案件办理绿色通道机制。

4. 业务交叉培训机制

诚如有学者指出："行政执法和刑事司法人员的专业素养关系着食品药品'两法衔接'工作能否顺利进行，是行政与司法两部门无缝对接的基本要素。"[1]行政监管部门人员如果不了解刑事司法，就容易在证据收集、固定方面存在合法合规问题。[2]因此，应当对保健领域相关监管执法人员和刑事司法人员进行业务培训，加强专业交叉学习。在具体措施上可以通过互派专业骨干人员，进行跟班学习、跟案学习，也可以采取专题研讨的形式对新型问题、新增行政法规、司法解释等进行共同研讨和培训。例如，北京市东城区市场监督管理局就牵头建立了专门的食品药品专业培训制度。通过交叉培训，市场监管部门和刑事司法部门得以更加了解彼此的工作，从而提升执法和司法能力，实现行政处罚和刑事处罚的衔接。

5. 落实监督问责机制

保健市场领域行政处罚和刑事处罚的衔接机制不仅要约束所针对之违法犯罪人员，还要对衔接双方的机构及其工作人员形成约束，以防止职务类违法犯罪行为的发生。根据前文对司法实践中该类案件所涉罪名的梳理，贿赂犯罪在保健市场领域一直处于高发状态。因此，要确保该制度平稳、健康运行，有必要强化对衔接工作主体的监督问责，从而实现衔接工作的进一步保障。[3]对工作的监督问责机制可以从内部和外部来分析，内部主要来自保健市场监管部门内部的自我监督问责机制，外部主要可以有来自检察机关的监督。目前保健市场行政处罚和刑事处罚衔接模式的监督是以检察机关对移送和立案流程的监督为核心，以检察建议、公益诉讼为手段的法律监督，其他

---

〔1〕　参见邹俊："食品药品视域下行政执法与刑事司法衔接机制的完善"，载《智库时代》2018年第 41 期。

〔2〕　参见于浩、董军："食品安全治理行刑衔接制度之构建——以近年来北京市 T 区行政执法与刑事司法衔接工作为蓝本"，载《河南工程学院学报（社会科学版）》2018 年第 2 期。

〔3〕　参见卫婷、邓勇："食药领域行刑衔接的主要操作模式解读评析及建议"，载《中国药事》2018 年第 6 期。

监督问责手段较为缺乏。而检察机关对移送和立法流程的监督主要表现为事后监督，[1]这种事后监督虽然也能够纠正错误，但由于难以在问题发生前或发生时终止错误，监督成本较高。从预防和成本角度而言，笔者建议通过衔接工作运作的内部建立事前监督预防和事中监督手段，对怠于履职、滥用职权、玩忽职守等造成国家财产损失的责任人员、责任领导等依法追究党纪、政纪责任，以此作为问责手段，将检察监督作为监督问责机制的最后保障环节，从而降低总体监督问责的成本。

第二节　保健食品市场综合治理思路

一、提高保健食品的行业门槛

（一）利用上市许可持有人制度提高准入门槛

目前我国保健食品行业生产及上市采取捆绑制度，只要取得生产许可持有人批件并申请生产许可即可生产流通，在市场监管方面稍显乏力，而上市许可持有人制度能弥补这一缺憾。上市许可持有人制度通常是指拥有产品技术的产品研发机构、科研人员、生产企业等主体，通过提出产品上市许可申请并获得产品上市许可批件，对产品质量在其整个生命周期内承担主要责任的制度。在该制度下，上市许可持有人和生产许可持有人可以是同一主体，也可以是两个相互独立的主体。根据自身状况，上市许可持有人可以自行生产，也可以委托其他生产企业进行生产。如果委托生产，上市许可持有人依法对产品的安全性、有效性和质量可控性负全责，生产企业则依照委托生产合同的规定就产品质量对上市许可持有人负责。以下是上市许可持有人制度在保健食品市场上可发挥的优势：

第一，有助于保健食品的研发和创新。通过保健食品上市许可和生产许可分离的管理模式有助于研发者获得和集中资金、技术和人力进行持续研究和研发新产品；有助于明确和强化研发者在保健食品研发、生产、流通和使用的整个周期中承担相应的法律责任，促使其不断改进和完善技术，保障保

---

〔1〕　参见卫婷、邓勇：“食药领域行刑衔接的主要操作模式解读评析及建议”，载《中国药事》2018 年第 6 期。

健食品安全，提高保健食品质量；有助于成为上市许可持有人的研发者通过技术转让、委托生产或其他合作形式生产保健食品，提高现有生产设备利用率，促进保健食品产业的专业化分工，真正实现产学研紧密结合的机制，从而改变我国保健食品研发投入不足和研发乏力的被动局面。

第二，有助于保健食品行业的资源优化配置。部分生产企业把"生产批准文号"作为资本，追求短期经济利益，忽视保健食品安全，低层次重复，低水平发展，表面看市场"繁荣"，而实际上存在设备重复或空置浪费的混乱状况，通过上市许可持有人制度将进一步优化保健食品产业的资源配置，有利于保健食品研发和生产企业的优胜劣汰、结构调整和升级换代，迫使市场履行清道夫职责。

第三，有助于提高保健食品的功能学评价。对于当下保健食品大多缺乏功能评价，只是根据其所含的活性成分推测的生理功能，是否确有效果，没有有力的科学根据。要取得上市许可持有人批件，必须进行严格的卫生学检验、稳定性试验、安全性毒理学评价，以及动物等效性试验和人体临床试验功能学评价，还要明确具备该调节功能具体成分的化学结构与含量等详细信息，这将大大提高我国的保健食品质量安全。

第四，有助于弥补生产许可持有人制度的缺陷。上市许可持有人制度是集生产上市为一体的，对申请人的资质门槛要求较高，质量控制也较为严格，但并不意味着程序将增加，导致申请较为烦琐，恰恰相反，相对现行严进宽出的生产许可持有人制度，上市许可持有人制度将在部分审批途径中简化流程，提高实效，宽进严出，切实提高产品质量。对已经审批过的相同功能成分的产品，国内外已经证实确有功效的，仅进行简单对照试验后实行备案制，避免重复审批造成资源浪费。审批制度将更加透明，申请人通过研判审批的技术标准，充分准备申请材料，避免政策认知不清走弯路，以及存在争议性问题时无答辩申诉的机会而遭退审，造成企业损失。

第五，有利于提升保健食品的市场行政监管效能。当前保健食品市场混乱，良莠不齐，不良保健食品企业受利益驱使，进行虚假、夸大宣传，冒充药品或者引导暗示消费者认为其产品具有治疗疾病的作用，误导病患。还有部分企业在生产时违法增加添加剂和违禁药品，将药品做成保健食品进行疗效宣传。由于审批和监管脱节，问题日益凸显。上市许可持有人制度能够使保健食品监管机构集中精力和资源建立与上市许可持有人进行沟通交流的稳定有效机制，对"上市许可申请"进行全过程监管并落实其主要责任。能够以"上市许可持有人"为主要环节，并通过其在保健食品整个生命周期的全程参与和监管，形成"政府主导、多元参与"的保健食品监管新模式。

第六，有助于厘清各主体间的法律责任，保障消费者权益。上市许可持有人制度将有助于厘清和落实保健食品生命周期中所有参与方的法律责任，强化研发者、生产者和其他参与者的产品质量、安全责任意识，有利于在发生保健食品安全事件时明确各主体相应的法律责任。在消费者权益受到损害时，不再因各主体间的推诿、责任不明，导致消费者维权时限成本的增加，更加有效地保障消费者的健康权益。[1]

（二）借鉴欧盟经验构建完整的食品营养保健功能声称体系

世界各成熟市场的主管部门对于食品的声称都建立了分级管理体系，与国际食品法典委员会标准中所划分的类别大致相仿。同时，对于传统医学的功能声称应用于食品或是补充剂产品，多国也将其纳入相关法规体系。但是我国食品声称管理体系尚处于零散状态，缺乏统一的尺度，造成市场上各类食品声称混乱。例如，既有法律法规允许的保健食品的功能声称，也有"中医养生保健""药食同源"等概念，多重途径使得非保健食品的产品也在尝试宣传保健功能。此外，通过跨境电商等渠道进口的产品，由于原产国的法规许可，食品标签或是其他宣传材料上也可能带有超越我国保健食品功能的健康声称。对此，可以借鉴欧盟经验，正视各类食品"健康效应"的客观存在和声称需求，尽快构建完整的食品营养保健声称体系，从科学角度出发，分类分级，梳理各类食品声称的范围和条件，为事中、事后监管提供统一标准依据。

（三）提高保健食品销售从业人员的素养

政府正确引导保健食品相关企业建立良好的信誉是保障从业人员形成良好职业道德的前提。通过淘汰保健品销售行业不合格企业的销售人员，让企业认识到一线销售人员的整体素质的高低直接影响企业的长远发展。政府部门应制定明确的规范性文件来引导保健食品销售行业建立良好的职业道德体

---

[1] 常龙刚、刘学波、张璐："提高保健食品的市场准入审批制度"，载《中国市场》2018年第25期。

系。除此之外，还应建立保健食品销售人员上岗考核制度，考核内容包括保健食品的概念、功能及其适用人群，保健食品通常的保健作用和可用于保健食品的物种，相关部门对经营保健食品的从业人员要求等。

二、立法执法支持中药类保健食品产业发展

（一）职能部门加大对保健食品生产的监管

食品安全各职能部门应继续加大保健食品生产企业日常检查工作力度，重点对生产减肥类、辅助降血糖类和缓解疲劳类保健食品的企业进行全面监督检查，将违禁物品列入日常检查的重点，督促企业抓好产品质量安全，从源头上遏制不合格产品流向市场。加强流通领域中保健食品监督抽检，加大行政处罚力度，起到威慑违法者的作用。加强企业自律，建立诚信机制，充分发挥行业协会督促企业守法生产经营的作用。针对生产企业不断更新使用违禁药物的特点，检测机构应加强技术储备，建立、完善相关检测方法，以目标药物为基础，建立相关违禁药物的分析特性数据库，用于违禁药物的筛选。[1]

（二）完善法规中关于中医药原料的规定，支持中药类保健食品产业发展

目前我国保健食品注册与备案配套的技术法规还不完善。对于改变工艺的实质等同，建议引入变更管理指导原则，明确实质等同的范围，进行分类分级管理，明确不同类别的判定依据。针对保健食品注册周期长的问题，建议将更多国内外应用较为成熟、成分单一、功能明确、安全资料成熟的原料，更多中草药原料，尤其是药食同源的原料纳入保健食品原料备案目录，快速支持市场的需求。

中药保健品作为保健食品的重要组成部分，得益于我国传统的中医理念，在我国有着明显的发展优势。中医药有"药食同源"，民间有"药补不如食补"的说法，国家卫生健康委员会发布的《既是食品又是药品的物品名单》为中药保健食品的安全和保健功效提供了一定的依据。随着我国老龄人口增多，居民收入和消费水平也逐步提升，对保健养生的需求逐渐增大，我国中

---

〔1〕　孙鑫贵、李春雨、赵榕："保健食品违法添加药物状况及管理对策"，载《首都公共卫生》2010 年第 4 期。

药保健品行业存在发展的基础和必要性。

近几年，国家出台了许多政策支持中药类保健食品的发展。其中《"健康中国 2030"规划纲要》是由中共中央、国务院印发的纲领性文件，为整个大健康产业的发展提供了政策指导。《中医药发展战略规划纲要（2016—2030年）》《中医药发展"十三五"规划》《中医药"一带一路"发展规划（2016—2020 年）》《"十三五"健康老龄化规划重点任务分工》包含了中药类保健食品产业的具体发展内容。其中《"十三五"健康老龄化规划重点任务分工》明确提出：大力提升药品、医疗器械、康复辅助器具、保健用品、保健食品、老年健身产品等研发制造技术水平，扩大健康服务相关产业规模。

目前，中药大健康产业尚处于发展初期，缺乏对中药大健康产业链的统一规划和相应的政策支持。中药类保健食品依赖于中药材，目前中药材行业存在准入门槛低、中药市场比较混乱（以次充好、以假冒真、资源破坏严重等）的情况，中药的原料是否为道地药材、是否为最佳时节种植和采摘得不到有效保障，加上中药的成分非常复杂、技术力量薄弱，缺乏有效、安全的研究数据，导致消费者认可度不高。但是随着中药现代化进程的推进，中药科研平台和研究水平得到提升，也推动了中药产业的发展。

建议从以下方面支持中药原料类保健食品的发展：①坚持政府引导和扶持，发挥市场活力，发挥各级政府在政策制定、制度保障、实施监管和规划制定等方面的职责，建立并完善符合中药大健康产业发展需求的体制机制，研究解决发展中存在的体制机制障碍，健全中药大健康产业发展政策保障体系。②规范中药材的生产经营秩序，加强中药材基础研究和创新能力，对野生和种植基地进行深入研究，积累基础研究数据。加强中药的源头种植基地的管理，启动示范基地和品牌工程。加大扶持政策，将中药饮片生产纳入规范化生产的轨道，提高行业集中度，规范中药材种（养）殖和中药材交易领域。③完善中药材标准体系，提升中药材的质量和功效作用。目前中药材的标准未形成一套自己特色的体系，应提升中药材的标准研究，理顺国家标准、地方标准的地位，提升中药的质量水平，让其保健功效得到公众的认可。④建设中药大健康产业的监管体系。积极利用现代科技手段，加强行业自律和社会监督。充分发挥行业协会、学会在组织协调、行业咨询、标准制定、监测研究、人才培养和第三方评价等方面的重要作用，维护行业信誉，保障发展。⑤启动"提质增效"工程。实施"提质增效"工程，强化科技支撑，系统提高中药大健康产品质量和产业效益，实现开发与保护的协调统一。加强布局和引导，建设国家和区域中药大健康产业示范基地，一方面有利于整合优势资源，使产业做大做强，另一方面可以发挥示范作用，产生辐射带动效应，促进共同进步，培育知名品牌和企业。

中药组成的保健食品在研发为商品的过程中，应当符合中医药理论，研发单位在组方时应当遵循中医配伍的方剂学理论。与此同时，保健食品配方也应当以现代药理学和营养保健为依据。只有这样，保健食品的保健功能才会增强，其安全性风险也会降低。此外，以中药为原料的保健食品的生产通常采用传统的制备工艺，一般而言，其工艺多为水提取的制备工艺，有时为了获得脂溶性的有效组分，也采用醇提的方法，但不采用食品加工中所禁用的有机溶媒，以防止有机溶媒残留物可能引起的安全性问题。同时，为了安全性起见，不主张采用细菌发酵的方法加工中药原料。[1]

三、优化保健食品标签、宣传和广告的监管

保健食品的标签标识是消费者在选购产品时了解其产品信息的主要渠道，这要求保健食品包装上的内容介绍能够真实地反映保健食品的质量信息，不能以虚假信息误导消费者购买。前文已提到我国保健食品的标签和说明书管理主要依据《保健食品标识规定》，但制定该规定的主要依据是1995年的《食品卫生法》和1996年的《保健食品管理办法》。随着2015年《食品安全法》的修订，保健食品作为特殊食品管理的地位和保健食品的定义得以明确。1995年《食品卫生法》已然失效，但《保健食品标识规定》仍然沿用至今。我国保健食品审批、注册制度发生过多次变更。对于目前市场上销售的保健食品标签与批准文件规定不一致的情形，监管执法部门需要进行甄别，属于历史原因造成的，需要通过再注册或者复审加以纠正；属于保健食品市场主体违法违规行为的，监管执法部门可责令保健食品生产经营者加以整改，并追究其法律责任。

目前，我国关于规范保健食品标签的法规、规范性文件以及公告、征求意见、解答等文件分别来自全国人大常委会、国家卫生健康委员会、国家市场监督管理总局等。机构改革等问题造成了保健食品标签相关法律法规的多

---

〔1〕　叶祖光、侯红平："保健食品和传统的中医药"，载《中国现代中药》2015年第12期。

头管理，从而导致了相关法规之间缺乏协调性和系统性。另外，其中一些文件已废止、一些状态未知，执法基层工作者对于相关规定的尺度理解也不尽相同。随着保健食品市场的发展，有些标签已经超出了《保健食品标识规定》的解释范围，目前的《保健食品标识规定》对于产品标签和说明书的规定也过于简略，需要进一步修订或出台专项法规。

食品假冒保健食品夸大宣传一直是"保健""保健食品"行业的管理痛点。加大处罚力度，保护消费者以及维护市场公平势在必行。而要实现有效且公平地执法，必须有明确的判罚标准和统一的执法尺度。例如，目前仅"蓝帽子"保健食品的广告实行事前审批，而其他涉及对人体健康效应声称的产品，如食品、保健用品、服务等的广告，既没有相关规定，也不存在事前审批，其过度宣传误导消费者的案例频次和总量远远超出保健食品，建议制定食品、保健品广告管理办法，明确支持宣传的科学证据，以便于统一非法广告的界定尺度。同时，对通过跨境电商进口国外各类"膳食补充剂""保健食品""健康食品"等情况，均应满足国内统一的广告宣传尺度。

在严格执法的同时，也需要给予"广告"宣传以艺术发挥的空间。"广告"不同于"说明书"，其本身就具有"艺术"的性质，以事实为基础，采用多种表现手法甚至一定程度上的艺术夸张，吸引消费者关注，是广告本身存在的意义。应以真实、公平、科学为根本的原则，认可基于事实的艺术发挥，严惩社会危害严重，虚假、夸大宣传，如宣传"替代药物""治疗疾病"等表述。

随着互联网的普及，网上购物和电话购物盛行，跨境电商兴起。由于保健食品广告的审查、发布和查处涉及不同的政府部门，保健食品的广告审查存在很大的挑战，线上商品成为保健食品广告的监管盲区，给正规经营的生产企业造成了很大的冲击，法规应该对于线上线下保健食品广告审查作出同样的法规要求，明确和更新法规，使其适合新形势下线上线下的审查和追踪。同时应该加大对于线上违法案件的通报，净化线上的商业竞争环境。

四、借鉴澳大利亚经验落实"备案"与"注册"双轨制

伪造、非法盗用保健食品批准文号违反了我国保健食品的管理制度，也从源头上扰乱了保健食品的市场秩序，是情节比较严重的违法行为。食品药品监管部门应对此类违法行为进行有针对性的严厉打击，以整顿和规范保健

食品的生产经营秩序。同时，应对这些客观情况加以深入研究，力求在保健食品准入制度改革上有所突破。探究假冒批准文号产生的根源，与保健食品的产品准入管理模式也不无关联。之前，我国保健食品准入管理实行的是审批制，保健食品申请程序多、门槛高，有些企业就选择了"套号、冒号"的所谓"捷径"。

　　保健食品自 1996 年发展至今已超过 20 年，经过多年的摸索、论证以及参考各国管理经验，我国确定了保健食品备案和注册双轨制。相比以往，双轨制更加科学、更具有包容性，以规范和疏导为原则，更大程度上让各类保健食品有合法上市的通道。同时也鼓励企业加大研发投入和科技创新，提高产品含金量，更好地提高行业科技水平、惠及消费者。

　　实际实施时，笔者建议更准确地定位两者的作用，真正发挥双轨制的优势。让"备案"成为保健食品合规上市的基本门槛，避免重复审批，释放政府资源，也给予企业上新产品的快速通道，防止部分企业因急于追求利润和效益，不愿依照法定程序申请许可获得批准文号。同时，将"注册"定位为留给企业与行业提升及创新发展的通路，鼓励企业开发更多的新功能、新原料，更深入积累研究，扩大功能声称广度，拓展功能声称深度。还可以下放备案权限，一些城市可以将保健食品备案下放到市级监管部门进行，参照非特殊化妆品备案的程序，减少省级监管部门的工作量。

　　建议加快保健食品审评审批信息化建设。现有保健食品审评系统于 2017 年 8 月上线，但系统中只能体现上线后提交产品的信息，旧的申报系统中的所有信息均无法查询。建议尽快将新旧信息合并，完善电子通用技术文档系统，逐步实现各类注册申请提交和审评审批的电子化，建立上市保健食品的品种档案。

五、健全保健食品标签管理体制和法律制度

（一）完善产品食用信息和标签信息传递属性

　　在保健食品标签的食用信息上，仅说明食用剂量和方法是不够的，例如，在不同类别的膳食补充推荐剂量中营养素含量的多少，以及对于正常人和特殊人群这类营养素每日摄入量的多少，这些标准均应在产品标签中列出，让消费者有所参照。此外，若食用过量将会导致反作用效果的产品须标明食用过量警告。

在完善产品食用信息这一方面可以借鉴加拿大和日本两国的管理要求。加拿大在对保健食品管理中规定的标签信息包括生产商、进口商名称和地址、产品名称、产品号、批号和推荐使用条件以及建议储存条件对剂型、服用方法、推荐剂量、保质期以及提醒性宣称、警告、副作用和可能的不良反应进行标注。日本的特定保健用食品，除标注健康声明外，不得有任何误导消费者的信息，标签上还必须包括每日推荐摄入量、营养信息食用方法及注意事项、过量服用警告等。另外，标签作为为消费传递信息的渠道，还应多普及正常和均衡饮食的重要性相关表述，比如"饮食生活以主食、主菜及副菜为基础，保持膳食平衡"。建议在标签上明确标示产品的退换条件、客服电话等内容，提升消费者对产品的信任度。对于产品质量的保证，可以设置反映产品质量的"质量标志"，比如韩国使用的 MP 标志，将批号作为必须标示项目或者增加产品相关的追溯码，使产品可以溯源。针对警示语，建议参考美国的标识方式，在警示语外设置黑框，起到醒目地提醒消费者的作用。

（二）完善保健功能声称的分类

我国保健食品功能声称的发展也经历了一系列的变化，1996 年卫生部《保健食品功能学评价程序和检验方法》规定了保健食品可申报的功能有免疫调节、延缓衰老、改善记忆、促进生长发育等 12 项，1997 年又增加了调节血糖、改善胃肠道功能等 12 项，2000 年将改善性功能和抑制肿瘤类保健食品取消，功能变为 22 种，2003 年又对功能名称进行了规范和调整，并取消了抗突变功能，受理功能调整为 27 项，2005 年发布的《保健食品注册管理办法（试行）》允许保健食品申报新功能，随后几年国家食品药品监督管理局都曾发布调整保健食品功能的征求意见稿，但并未正式发布。按照 2015 年修订的《食品安全法》允许保健食品声称的保健功能目录，由国务院食品药品监督管理部门会同国务院卫生行政部门、国家中医药管理部门制定、调整并公布。2016 年 12 月 13 日，国家食品药品监督管理总局发布了《关于保健食品功能声称管理的意见（征求意见稿）》和《缓解视疲劳、增强免疫力、抗氧化等 3 个保健功能的名称及释义（征求意见稿）》，但至今并未正式发布新的保健食品功能目录，目前仍受理的是 27 项功能。

参照日本的管理方式，对于营养素功能食品标注相对简单，相关部门确定有 20 种营养素的功能声称，其中每种营养素的声称均有规范化的固定说明。例如：锌是维持味觉正常的必需营养素；锌是有助于维持皮肤黏膜健康的营养素；锌是通过参与蛋白质和核酸代谢帮助维持健康的营养素。我国的营养素补充剂产品无法标示这些客观存在的内容。

对于特定保健用食品（类似于我国的注册类保健食品），日本将其功能声称分为 17 类。目前日本所有的健康声称涉及 8 大类生理状态人群，而这 8 大类健康声称产品涉及的功能因子主要有寡糖、乳酸菌等十多种。基本的标注为：本品含有某种成分、有某种功效、适合于某种生理状态。

功能性标示食品中可定量、定性而且作用机理明确的功能因子都可以标示，但不包括营养功能食品、特定保健食品、酒精饮料，也排除可造成饱和脂肪酸、胆固醇、钠、糖等的过量摄取的食品。在功能声称上可以标示维持健康、增进健康等一切特定保健用食品不允许标示的功效。

我国也可明确保健食品功能因子信息，再通过所含有的功能因子明确保健功能的种类，使用该种类功能的专业词汇，规范各保健食品说明书用语，完善产品健康效益说明的真实属性。另外，在标签上可以增加对产品功能性的科学表述或描述，使消费者更加清楚地认识到其功能因子发挥的作用。

（三）加强上市后监管，公开标签和说明书材料

日常生活中，产品标签、说明书与批件中说明书内容不一致的情况时常出现。擅自变更标签和说明书的行为具有重大的安全隐患，这要求有关部门进一步加强对保健食品市场的日常监管，重点加强对产品标签、说明书的规范性检查，加大此类违规行为的处罚力度，提高违法成本。

对此，可以建立完善的保健食品相关企业及人员违法数据库或档案管理系统，实现全国联网，并实时更新，通过网上公示对大众公开，以备生产者、经营者、监督者和消费者查阅。同时监管部门对保健食品的管理不能仅限于注册和申报环节，上市之后更应该加强监管力度。例如，相关部门应当将注册时标签和说明书作为批准证书的附件发布，并向大众消费者进行公布，从而防止企业随意变更，缺乏真实性。

还应注重对消费者的教育和意识培养，加大宣传力度。其中宣传的重点应包含保健食品的特征、标签标识、说明书和广告、功能、真伪辨别与投诉途径等，提高公众对保健食品的认知度，形成正确的健康观和成熟的消费心

理。只有让消费者从根本上理解保健产品的定义、标签标识要求等信息，对虚假和夸大的信息有基本判断，才能杜绝企业利用侥幸心理篡改标签标识欺诈消费者的行为。

六、严惩针对品牌保健食品的制假售假和职业打假行为

监管部门应严厉惩戒制假售假、欺诈销售、传销等行为，甚至有必要追究涉事者刑事责任。具体而言，势必严格落实保健品研发、生产、广告审查制度，未经审查批准的，严格禁止从事有关活动。此外，政府还应加强保健食品安全监督管理的组织领导，严格责任追究，可以实行保健食品安全管理首长责任制和定期巡视检查制度。完善保健食品企业作为安全第一责任人制度，加强保健食品企业诚信体系建设，从源头上监管保健品制假售假行为。鼓励社会力量积极参与保健品市场监督。通过群众路线、群众举报、警民配合，将保健品制假售假行为中的违法犯罪者绳之以法。品牌保健食品企业也要加强自身的知识产权保护意识和维权意识，针对制假售假行为要积极维权、举报，联合执法力量对此现象进行打击。

与此同时，建议规范食品领域的职业打假行为，研究限制职业打假行为的方案，取消惩罚性赔偿条款，先要求整改，拒不整改的再进行处罚。同时，鼓励关注食品本身的质量问题和食品安全问题，加大对食品安全问题真正举报人的保护和奖励。

七、构建和创新网售保健食品综合监管框架

应建立行业、第三方机构、监管部门的交流机制，提供基层监管人员与行业交流的便利途径，加强各方的交流互动，互相学习。基层监管人员多参与到公众的法规交流活动中，立法部门多到基层宣导解读立法背景，使基层执法人员更好地了解法规的初衷和执行方法。应多与企业交流，到先进企业中学习，了解企业使用的先进技术、信息化管理方式、实际生产遇到的多样化情况，共同探讨实施和解决方案，共同规范保健食品行业发展。推进监管方式的升级迭代，简政放权，支持企业的创新升级，对于企业的智能制造、设备升级换代导致的工艺变更应明确指导原则、下放审批权限。

目前相较于电商进口的保健食品和其他普通食品在广告、宣传方面的监

管，对国内保健食品的监管要严格许多。由于消费者对国内保健食品的固有认识，加上电商、海外购宣传环境较为宽松，普通食品的广告宣传在创新方面具有更大的自由度从而吸引消费者，使国内保健食品市场受到了一定的冲击。监管部门可以考虑对国内保健食品的广告宣传尺度的监管能够与同类产品保持一致，给予企业一定范围的自由创新，让企业有更好的营商环境，也可以让消费者更深入地了解国内保健食品，提升对国内保健食品的购买信心。

2013 年《浙江省规范保健食品化妆品网络销售行为指导意见》（以下简称《浙江网销指导意见》）是我国较早也较为典型的对网售保健食品市场综合监管进行规定的法律规范，比《网络食品安全违法行为查处办法》出台得还要早，有一定的借鉴意义。2013 年《浙江网销指导意见》从地方规范的角度出发，将规定尽量地细节化，能够将其作为一线执法细则的制定参考。

第一，执法模式的改变。中国目前的执法模式主要是强制性和威慑性手段。在今后的执法过程中，有必要考虑应用遵从式执法模型，进行回应性规制，以及利用行业特点完成规制。[1]在执法模型理论中，一般会将其概括为威慑模型和遵从模型。在遵从模型下又分为说服模型与持续模型。说服模型对于管理者的容忍度要求非常高，管理者一般会耐心地教育或者劝说违法者，使他们能够心悦诚服地遵守法律。而另一种持续模型则与之相反，虽然也要求有一定的容忍度，但是仅限于一段时间内。[2]研究者一般认为，美国是偏向威慑模型的，英国则偏向遵从模型，实际上，两国的两种模式是混合存在的，具体看哪种模式的收益比例较大，就采取哪种模式。[3]这对我国执法模式的改进提出了新的思路：我们应当如何设置执法模型，从而充分发挥两种模型的优势，实现有效的社会治理效果？

2013 年《浙江网销指导意见》中对提供网络交易平台服务的经营者（以下简称"平台经营者"）和直接从事网上产品销售的网络保健食品化妆品经营者（包括网上商城和网店，以下简称"网络产品经营者"）的规范，更多使用回应性规制的方法。一方面，对相关的规制对象所提出的指导意见，是

---

〔1〕　参见杨炳霖：《回应性管制——以安全生产为例的管制法和社会学研究》，知识产权出版社 2012 年版，第 38 页。

〔2〕　参见高秦伟："论食品安全规制和最佳威慑的实现"，载《行政法学研究》2016 年第 6 期。

〔3〕　See Clifford Rechtschaffen, "Promoting Pragmatic Risk Regulation: Is Enforcement Discretion the Answer?", *University Kansas Law Review*, Vol. 52, 2004, p. 1330.

没有设置相关的违反规范之后的后果的，这就证明这一指导意见并不是以一种强制性的姿态来规范平台经营者和网络产品经营者。另一方面，在设置平台经营者管理规范的过程中，更多地考虑到了行业特点，由平台经营者完成了一部分的自律工作。值得借鉴的是，在对平台经营者义务设置的过程中，没有强人所难。总而言之，在后续的执法细则制定中，应当考虑以回应型执法为主，并充分考虑到行业特点，将平台自律与政府规制进行有效的结合。

第二，具体措施的设置。①对平台责任相关内容的明确。其一，平台责任中外部强制参与的程度。2013 年《浙江网销指导意见》中对平台提出的意见以指导性和鼓励性意见居多，对具体施行过程中的干预并不多，给予了企业一定自我规制的可能性。其二，平台责任中对能力与成本的考虑。以平台经营者管理规范部分第 12 条为例：积极主动配合监管部门对有关投诉举报的调查处罚工作，在技术可实现范围内，提供与调查处罚工作相关产品的后台数据这条充分考虑到了平台的能力，没有作过分的要求，有利于法律框架的良好执行。其三，平台责任中对于权限的考虑。2013 年《浙江网销指导意见》中对于平台权限的规定相对合理。平台经营者管理规范部分第 4 条、第 7 条、第 11 条中，对于明显违反法律规定的行为，采取的是直接下架的措施。对于并非专业人员可以判断的行为则是采取上报的方式，由专业人员进行判断，避免了平台权限过大但执法能力不足而出现的误伤。这一灵活的规范方式值得借鉴。其四，对于标准的考虑。2013 年《浙江网销指导意见》中没有相关的免责规定，这是需要继续完善的。免责规定的出现，对于平台经营者更进一步落实自己的责任、减少对网络产品经营者的误伤、创造更为良好的交易环境，有着非常重要的意义。相反，"宁可错杀不可漏网"的态度只能导致矫枉过正，破坏经济活力。加强保健食品网络营销第三方交易平台的监管可以从以下几个方面入手：一是网络食品交易第三方平台提供者应当建立入网管理制度，对入网食品经营者进行实名登记，建立入网食品生产经营者档案，记录其相关信息。通过加强对入网食品生产经营者档案和信息等管理措施，保持和确认交易信息。二是网络食品交易第三方平台审查入网食品经营者的许可证。三是网络食品交易第三方平台提供者发现入网食品经营者有违法行为的，应当及时制止并立即报告所在地县级人民政府食品药品监督管理部门。发现严重违法行为的，应当立即停止提供网络交易平台服务。四是网络食品交易第三方平台提供者应当对平台上信息的真实性、可靠性与安全性负责。五是网络食品交易第三方平台应当记录、保存食品交易信息。六是保护消费者权益。按照法律要求，食品生产者是第一责任人，但由于网络消费者不知道生产经营主体，这个首要责任人应该是网络食品交易第三方平台提供者。消费者通过网络食品交易第三方平台购买保健品合法权益受到损害的，可以向入网的食品经营者或者食品生产者要求赔偿。如果网络食品交易第三方平台不能提供生产经营者具体信息的，由网络食品交易第三方平台赔偿。网络食品交易第三方平台赔偿后，有权向入网食品经营者或者生产者追偿。网络食品交易第三方平台提供者对消费者做出有利承诺的，应当履行承诺。
②社会共治理论的应用。社会共治理论讲究的一点就是除充分发挥作为监管者的政府部门的积极性之外，还应实现多主体参与的治理。之前笔者强调了第三方平台对规制的参与。除此之外，社会组织、普通公民等都应当被纳入参与主体之中。现行法律规范中对社会组织和普通公民的参与已经有了相应条款的设置，但是目前很多地区并没有做到全面落实。在北京、上海、广州、深圳等大型城市中，社会组织和普通公民的参与比较积极，这与公众对违法性的认识较高是离不开的。这就引出了另一个结论：实现社会共治理论，需要对外部环境进行一定的改造。外部环境，包括公众对法律价值的接受度、对违法行为的认知、惩罚的广度与深度、威慑的可适用性等内容。[1]总而言之，外部环境对威慑的实现有着非常大的影响。在网售保健食品安全规制和执法的过程中，惩罚是其核心内容，是否严厉、确定、公开、明确等都会对其产生影响。几个因素之间的统合考验着管理者的智慧。2013年《浙江网销指导意见》中明确要求建立消费纠纷和解和消费维权自律制度，加强自身有关法律法规的学习和培训，掌握和了解监管部门的政策导向和具体措施。组织重点大型网络产品经营者定期进行学习培训，督促引导广大中小网络产品经营者了解掌握相关规定。这些内容都体现了对社会共治和对外部环境提升的重视，但是还远远不够，需要进一步调动外部环境的有利因素，加大宣传，扩大参与，实现社会共治。部门和地区间的协调信用体系、监管数据系统的使用需要实现资源共享和监管互认，需要做顶层设计，统一数据标准，探索建立集合各种监管信息的云平台；加强互联网时代下的社会共治，建立健全互联网销售平台的准入与监管制度；加快形成全覆盖的媒体监督体系，达到

---

[1]　高秦伟："论食品安全规制和最佳威慑的实现"，载《行政法学研究》2016年第6期。

全媒体动态监督；建立健全有效的"社会声誉机制"，提高声誉损失感知度；从单一行政管控向多元、综合的公共服务转变。③对网络保健食品经营者的规范。其一，要纠正一个观念：对网络保健食品经营者的规范仅依靠平台的力量。要知道不是全部网上商城和网店都是借助第三方平台经营的，而是这个网上商城或者网店本身就是一个经营平台，但是与其余第三方平台仅提供架构不同，他们还参与经营，因而要更多地进行约束。其二，要做到"线上线下相一致"。对于保健食品的市场综合监管，不能因为其在线上销售就疏于监管，而是应该双管齐下，线上线下相一致。虽然线上的查处难度更大，但是也不能忽略。

加强对网络营销保健食品生产经营过程的监管。在网络平台销售保健食品的生产经营者，必须具有实体店经营资格。具有资格的保健食品生产经营者开展网络销售的，应当在网站和网页上标示法律规定的证明材料。除此之外，还应当依法公示产品注册证书或者备案凭证，持有广告审查批准文号的还应当公示广告审查批准文号，并链接至国家市场监督管理部门网站对应的数据查询页面。另外，还应当显著标明"本品不能代替药物"。行政执法应加强保健食品在网络营销中的检验检查，一是加强对非实体店经营单位检查，全面了解经营现状，重点检查网络营销中经营单位的资质、经营范围、对保健品的功能声称、标签标识、广告宣传等内容。对于涉外网站，转请互联网信息管理部门核实处理。涉及进口产品的，通报出入海关相关部门调查处理。二是加强市场监督管理部门对网络经营食品的抽样检验，及时将不合格情况通知入网食品生产经营者，并采取相应措施，以控制食品安全风险。三是加强对网络营销行为的监管，根据《网络食品安全违法行为查处办法》，明确和落实监管主体责任。

加强线上线下一体化监管。严格落实网络实名制管理要求，强化ICP备案、域名和地址等互联网基础资源管理；查处互联网领域的虚假宣传、虚假广告、网上销售假冒伪劣产品等违法行为；加强对互联网网站、APP、公众号等自媒体发布虚假信息的清理，依法处置违法违规网站、APP、公众号等；各地应加强对辖区内电子商务平台的规范指导。

完善建立健全电子商务诚信体系。保健食品监管要实现从传统监管时代向互联网时代转型，监管部门需要从过去单纯管主体、管行为、管产品，转变为更多地管信息、管信用，其中信用监管是关键。要建立集成网上经营行为违法记录、消费者评价投诉等多方面信息的信息记录库，既要审查责任和主体责任，有针对性地设置信用数据搜集重点，提高监管的针对性、有效性，又要将信用监管落实到人，防止个人利用重复注册的方式从事违法经营活动。

推进实施智慧监管。在互联网时代，保健食品监管面对海量的监管数据，靠人工根本无法满足监管需求，必须靠人工智能，要开发大数据平台，将保健食品线上线下信息整合起来，实现分析、预警功能，相关的信息主要包括注册备案信息、广告审批、生产商信息、日常抽检检查信息、网上商户信息、消费者投诉信息和不良反应信息等，通过一系列算法，实现违法行为的快速识别和预警，加大培养数据分析人才，建立一支职业化的电子监管队伍。

加快保健食品审评审批信息化建设。现有保健食品审评系统为 2017 年 8 月上线，但系统中只能体现上线后提交产品的信息，旧的申报系统所有信息均无法查询。建议尽快将新旧信息合并，完善电子通用技术文档系统，逐步实现各类注册申请的电子提交和审评审批。建立上市保健食品的品种档案。

八、全面同等精细治理跨境电商销售保健食品行为

（一）探索涉外管理新途径

首先，要探索"全球行政法"的相关路径。虽然我国行政执法领域对于跨国私人规制这种软法规范的了解和研究并不充分，难以在短时间内将其转化为有效的监管措施，但是"全球行政法"和跨国私人规制、国际私法之间的融合和发展都是不能被忽视的。要考虑充分发挥软法的规制功能，激活相关的自我规制的可能性，不再过分依靠强制性和威慑性的手段。其次，要学习海关关于关税的相关监管方式，实现对我国境内有实体存在的保健食品跨境电商平台的监管。海关对于跨境商业存在的监管具有相当丰富的经验，能够给予市场监督管理部门以经验支持。最后，在行政执法过程中落实同等对待原则，将跨境电商平台上的国外保健品品牌与国产保健品品牌一视同仁，尤其是在广告相关监管中同等对待。不能给予国外品牌以事实上的超规格待遇。《广告法》《食品安全法》以及《网络食品安全违法行为查处办法》中都已经对保健食品广告进行了十分严苛的规定，不仅国内品牌需要遵守，国外品牌也要遵守。

（二）对粗放式立法进行改造，限制自由裁量权

首先，要对《广告法》中相关"一刀切"和要求过高的法条内容进行修改。要尊重事物的客观发展规律，作出顺应事物发展的规范。对治疗疾病功能宣传的限制是有充分依据的，但是对预防疾病功能的禁止表述和宣传，有待于进一步探讨。尤其是对于作用机理的表述，不允许涉及治疗相关名词，将会严重阻滞保健食品的广告宣传。其次，对于相关法律规范中过于粗放导致自由裁量权失控的条文要进行细化，或者出台相应的实施细则，以控制自由裁量权，实现对行政相对人的平等对待。最后，通过监管手段升级带动实现精细化监管。其一，利用行业特点对网络平台经营者进行回应性规制。其二，合理利用平台进行商务监管。一是执法模式的改变。2013 年《浙江网销指导意见》是我国较早也较为典型的对网售保健食品市场综合监管进行规定的法律规范，对一线执法细则的制定有很强的借鉴意义。在今后的执法过程中，有必要考虑应用遵从式执法模型，利用行业特点完成回应性规制。[1] 遵从式执法模型对我国执法模式的改进提出了新的思路：充分发挥遵从式执法模型下两种方式的优势，实现有效的社会治理。2013 年《浙江网销指导意见》中对于平台经营者和网络产品经营者的规范，更多的是使用了回应性规制的方法。二是平台责任的合理利用。在电子商务监管中，有效利用平台实现监管是必然的选择。对数据掌握最好的就是平台，平台既是被监管的对象，实现有效的平台内部自我规制，又有可能成为监管部门的助手，对非自营部分进行有效的监管。如何合理地利用平台责任，同时不给企业增加不合理负担，避免为了合规目的只重视形式上合规而轻视企业本身具有积极性的内部制度的构建。

（三）加强对跨境保健品销售电子商务平台的监督

应建立多部门联合监管机制，提升电商执法实效；进一步推进政策的相互衔接，强化执行力度，推进电子商务立法；完善工商登记、电子合同法律制度，明确电商平台及电商的法律责任；加强互联网数据的安全监管，规范商业信息披露；建设电商监管平台及数据库，建立组织机构代码、个人身份

---

〔1〕 杨炳霖：《回应性管制——以安全生产为例的管制法和社会学研究》，知识产权出版社 2012 年版，第 38 页。

证的电商实名制认证；强化电商产品质量监管，从源头根除假冒伪劣产品；完善电子商务产品质量监管机制，对电商及产品实施"风险监测、网上抽查、源头追溯、属地查处、信用管理"的全过程监管，定期公布产品质量监管结果；引导社会多方参与监督，形成诚信交易生态；建设电子商务公共服务平台和评价监督体系，实现电商资质、交易、质量、信用、监管等信息和消费者维权信息的交换共享。[1]

九、建立健全保健食品科技支撑体系

科学技术是对保健食品实施安全性监管的基础，对保健食品安全性监管的关键环节离不开科学技术的支撑。保健食品安全性监管科技支撑体系主要包括：技术审评科技支撑、技术评价科技支撑、技术检测科技支撑、技术监督机构等。

第一，技术审评和技术评价科技支撑的重点。技术审评和技术评价科技支撑的重点，应是满足保健食品许可工作的要求，保证许可工作的科学性，提供保健食品安全监管的技术手段。技术审评和技术评价科技所支撑的具体项目包括：保健食品安全性标准的制定；保健食品安全性毒理学评价程序和检验方法；保健食品功效成分以及安全性指标检验方法；保健食品功能学评价和检验方法；对《中国居民膳食营养素参考摄入量》中规定的营养素参考摄入量和上限数值在申报中要求进行的调整；上市后的再评价；等等。

此外，在解决现有问题的同时，技术审评和技术评价科技支撑还要面向可能的未来。当前，世界上保健食品的研发呈现出两个重要发展趋势：一是趋向天然，二是趋向以植物为主。从功效而言，一是补充人体必需的营养素，二是机体调理性产品。从技术审评和技术评价来看，一是评价保健食品健康声称的生物学标记及其有效性；二是保健食品及其组分的安全性；三是保健食品组分的健康效应以及作用机制；四是开发新的活性物质。所有这些方面的研究与评价，都需要科学技术的支撑。

在中国传统养生理论指导下开发和生产的保健食品，是我国保健食品的竞争优势，但如何有针对性地、科学地对这类产品实施技术审评和技术评价，

---

〔1〕　邓勇、罗凯伦："加大保健食品监管力度 统一尺度提上日程"，载《医药经济报》2019年8月19日，第2版。

如何建立和完善中国传统保健食品审评标准、中国传统保健食品评价标准、中国传统保健食品检验检测标准、古汉方保健食品审评标准、古汉方保健食品评价标准、古汉方保健食品检验检测标准等体系，为这类品种的审评、评价乃至检验检测提供科技支撑，是我们所面临的现实且亟待解决的一个重要问题。

第二，技术检测科技支撑。技术检测科技支撑应满足保健食品监管所需的检验检测能力，满足相关工作所需的检验检测技术要求，保证监管的实施。为此，应尽快建立国家保健食品检验检测中心和若干个重点实验室，覆盖保健食品的全部检验检测内容，全面提升保健食品许可检验、监督检验、安全监测和应急检验的能力，使之成为承担整个体系的协调管理、技术指导、课题研究以及组织开展相关标准的制定、修订等工作，具备保健食品安全事件技术应对能力的保健食品权威的检验检测机构。这一检验检测中心可设置在国家药品监督管理局的食品药品检定研究院内。

此外，还可在国家保健食品检验检测中心指导下，设置若干个区域检测中心或实验室，开展有重点和特点的检验检测工作及专项研究。

第三，不断提高技术监督机构的综合能力。通过制定《保健食品试验注册检验机构资格认定管理办法》《检验管理小法》等规章制度，规范技术监督机构。通过进一步加大对技术监督机构的投入，合理有效地配置技术监督机构的人员、设备、资金，提高技术监督机构的科技支撑能力，提高技术监督机构的综合能力，保证监管应具备的科技人才和装备，保证必需的技术手段，解决好工作中遇到的技术问题。

保健食品监管的主要管理部门可会同发展改革、财政、科技等相关部门，根据监管工作的需要，分别制定近期、中期、远期的"保健食品监管科技支撑计划"，由国家市场监督管理总局牵头，构建强有力的科技支撑体系。

十、构建保健食品质量风险排查机制

笔者通过对企业相关人员、专家、监管人员的深访以及对文献的二次分析，对保健食品质量风险进行了全过程、全要素排查，目前共列举风险点 60 个，排查工作已被立项为"日常监测项目"，特制定以下保健食品治理风险排查表，供今后各级各地市场监管部门对保健食品治理风险开展日常监测。

保健食品治理风险排查表

监管环节	风险点	主要问题	实　例	来源
研制、准入	检验方法	缺少理论体系、检验技术平台	①蜂胶产品中是否掺有树胶，缺乏分析理论，也没有相应的检验方法；②中药提取物因为形态变化后，改变原来的自然形状，没有理论和方法能检测出其提取前源于哪种原料。	访谈/文献
	安全评价方法	判别标准失当，检验项目不全	茶叶、人参等大宗原料按照进口国标准检测时因重金属超标或者某些项目不达标限制了出口，而按国内标准检测却为合格产品。	访谈/文献
	产品应用技术	缺少对可能存在未知风险的必要监测	从辐照灭菌应用历史来看，开始使用时有效控制了保健食品微生物指标，但是经过一段时间后认为辐照灭菌可能存在放射性同位素污染保健食品的潜在隐患，认为是不安全的，于是减少使用，或者限制使用，以至于禁止使用。可能存在隐患的技术还包括：使用纳米、转基因等技术处理保健食品原料。	访谈/文献
	标准（国家、行业）	部分原料缺失国家标准和行业标准	目前国家仅发布了人参提取物等九种保健食品原料的技术要求，还有大量的保健食品常用原料没有相应的国家标准及行业标准。	访谈/文献
		现有的保健食品标准更新不及时	《保健（功能）食品通用标准》目前使用的仍是 1997 年的版本。	
	技术规范	短缺、不健全、更新不及时	人参是卫法监发〔2002〕51 号文件中可用于保健食品的物品名单中的一种原料，但是研究表明人参根和茎均含有有毒成分，主要的有毒成分是人参萜（Panacen）、人参奎能甙（Panaquillon）、人参甙（Panaxin）、人参皂甙元（Danax Sapogenol），在应用时缺少控制风险的技术指标，目前相关部门已经开始控制服用量，但是还没有关注其本身的毒性。	访谈/文献

监管环节	风险点	主要问题	实　例	来源
	长期食用的安全性	研究不充分，缺少对存在未知风险的必要监测	长期服用含蒽醌类化合物的物质，如决明子等，会引起胃肠不适，严重的可能导致胃肠出血、呼吸困难、心悸和流体损耗。	文献
	产品内源性毒性	研究不充分，缺少对存在未知风险的监测体系	何首乌具有蒽醌类毒性物质，如大黄素（Emodin）、大黄酚（Chrysophanol）、大黄素甲醚（Physcion）、大黄酸（Rhein）等。	文献
	产品外源性毒性	农残、重金属、抗生素超标	蜂胶使用金属网纱收集，导致铅超标；因为农残等超标，国外限制进口中国生产的蜂蜜等物品。	访谈/文献
	企业标准	低水平化，检测项目不全面	企业制定企业标准考虑的是节省检测成本和减少产品不合格概率，所以尽量减少检测项目，增人检测限值范围，使得企业标准要求执行的"型式检验"变成了"形式检验"。	访谈/文献
	生产工艺	稳定性、可靠性不足	益生菌的包囊技术和保护性培养基对提高益生菌产品的稳定性的技术发展依然处于探索阶段。	访谈/文献
	送检样品	造假，不能反映产品真实情况	①从其他企业购买注册检验样品，同一批次产品替代三批产品；②自己无GMP生产冒充其他有GMP企业生产。	访谈/文献
	检验报告	造假，没有评价意义	①试验室通过篡改数据，使产品的试验结果合格；②不做试验，直接出具"合格"试验报告。	访谈
	注册检验	造假，不能反映真实情况	注册检验与试验结果不一致时，申报单位为了通过审批，伪造注册检验报告。	访谈

续表

监管环节	风险点	主要问题	实 例	来源
	申报材料	不真实	企业编造实验数据和资料，伪造实验图谱，伪造资质文件。	访谈/文献
	现场审核	不真实	企业提供的审核现场与实际生产场所不一致。生产原始数据造假。	访谈
	技术审评	不可靠	①专家审评自由裁量权过大，意见不统一时，采取投票解决方式；②通过不正当手段使存在严重问题的产品通过审评，获得批准文号。	访谈
	补充材料	不真实	伪造补充材料。	访谈
	行政审批	出错	两个不同批文编号的产品使用同一名称。	访谈
	批件制证	出错	《食品卫生法》已经废止，而发放的批件仍在引用该法律。	访谈
	功能表述	误导消费	中草药类保健食品报批的功效成分为增强免疫力，但是该种产品对某一类人群可能并没有增强免疫力的作用，而销售却以审批的功能进行宣传，导致消费者误买误吃。	访谈
原辅料	植源性原辅料相关标准	研究不足，标准不完善，甚至缺少标准	①黄芪提取物的检测指标有的用多糖，有的用黄芪甲苷，且没有行业标准；②蛹虫草经过多代培植具有较强毒性，但现行标准未涉及。	访谈/文献
	动物源性原辅料相关标准	研究不够，使得现有国标已无法正确辨别原料的真假	媒体报道现在市面上难有真正的蜂蜜，造假的手段非常高，基本都是用麦芽糖类的糖浆勾兑的，而且各类指标可以做到符合国标要求。	访谈/文献

监管环节	风险点	主要问题	实 例	来源
	合成原辅料相关标准	缺少研究，标准缺失	对2010年版药典中收录的增塑剂，即邻苯二甲酸酯类物质中的邻苯二甲酸二乙酯，2011年7月25日国家食品药品监督管理局出台了《关于含邻苯二甲酸酯类保健食品有关辅料替代事宜的通知》规定不允许继续使用。	访谈/文献
	矿物质类原辅料相关标准	研究不够，标准不完善	目前使用的某些矿物质类原辅料并没有国家标准，也不在卫法监发［2002］51号文件列举的名单中，如某些保健食品中使用的活性炭。	访谈
	原辅料质量	缺乏有效控制方法	以粗多糖作为鉴别依据的原料。由于粗多糖的检测值差异很大，往往不能以此项指标来确定产品的质量。	访谈
	包材相关标准	缺少针对保健食品包材的要求，没有这方面的标准	目前保健食品包材要么用药用包材，要么用食品用包材，而且大部分为塑料制品。	访谈
	检验人员的技能	检验人员缺乏应有的检验知识与经验	针对植物性原料，检验人员不能辨别真假。	访谈/文献
	检验条件	不健全，有效监管不到位	企业没有强检项目相应的检验设备。	访谈
	原料质量检验方法	不健全，有效监管不到位	企业不具备强检项目要求的检验方法。	访谈
	资质管理	不规范	注册时要求提供生产资质，而众多厂家没有，于是借用或造假。	访谈/文献
	监管	缺失	中药材、植物提取物等原料生产既无生产许可，更无质量监督。	访谈

监管环节	风险点	主要问题	实　例	来源
生产过程	许可事项和标签标识	证件虚假，信息错误	①实际企业名称、法定代表人、许可范围、注册地、生产地、许可期限等与保健食品生产许可证批准的不一致； ②保健食品批准证书与实际不一致、批件过期等； ③标签标识内容与保健食品批准证书核准的内容不一致，不符合《保健食品标识规定》，标签标识使用不符合规定； ④厂房、设施设备擅自改建或扩建，与审批不一致。	访谈/文献
	人员	人员流动性大，培训不到位，健康档案不齐全	①没有生产负责人和质量负责人任命书或劳动用工合同，人员资质不符合要求； ②对新录用人员没有及时进行上岗培训； ③从业人员没有有效的健康体检证明。	访谈/文献
	原料	存储不当，记录不准确，不完善	①原料库储存环境不符合要求，没有分区、分类摆放，没有标识，账、物、卡不一致； ②没有原料购进记录和供应商档案； ③原料出入库记录不完整和不真实； ④原料的品种、来源、规格、质量与批准的配方及产品企业标准不一致； ⑤企业采购时，质量监管人员对原料供应商的资质不审核、不索要，或者流于形式。	访谈/文献
	生产过程	工艺规程不够准确完善	关键工序的质量和卫生控制点、物料平衡的计算方法不成熟。	访谈
		批生产记录没有可追溯性	记录不完整，数据不正确，结果不准确，随意涂改现象严重。	访谈/文献

监管环节	风险点	主要问题	实 例	来源
		水处理系统没有按规定管理	水处理系统没有达到工艺规程要求，运行不正常，记录不完善。	访谈/文献
		清场记录执行不到位	清场记录不完整，没有合格标识。	访谈/文献
		生产操作人员的卫生不达标	生产操作人员未按规定执行更衣、洗手、除尘等卫生环节。	访谈/文献
		空气净化系统不稳定	空气净化系统运行不正常，没有记录。	访谈/文献
		关键设备未验证	灭菌设备未按要求进行设备验证与定期维护。	访谈
		不依方生产	实际生产时改变配方种类或配方量，以及经过审批的工艺参数等。	访谈
		生产过程不严谨导致的质量风险	未按照保健食品 GMP 的要求组织生产。	访谈
		缺乏原料前处理管理	原料前处理不符合要求，没有标识及记录。	访谈/文献
	成品储存	成品库不符合要求	成品未按要求离地离墙放置，成品库容量与生产能力不适应，未按要求记录成品库温湿度等。	访谈
		成品出入库记录不属实	未按"先进先出"原则执行，记录的信息不齐全。	访谈/文献
		非常温下保存的保健食品贮存和运输时的温度不可控	蜂王浆贮存和设备不符合企业标准规定。	访谈/文献

续表

监管环节	风险点	主要问题	实 例	来源
		品质管理机构不能正常运行	品质管理机构无效，与实际情况不相符。	访谈/文献
		质量管理人员职责不清晰	质量检验、质量控制人员不清楚自己的岗位职责。	访谈/文献
		关键控制点文件不完善	加工过程的品质管理上，没有质量、卫生关键控制点计划（工艺文件）。	访谈/文献
	品质管理	检验室标准不达标	检验室没有符合要求的微生物和理化检验室及相应的仪器设备；仪器设备是否与所生产产品种类相适应，没有相应的检验能力。	访谈/文献
		仪器和计量器具的检定（校准）不及时	没有按计划对仪器和计量器具进行检定（校准），尤其是国家要求强检的设备与仪器。	访谈/文献
		成品检验不及时	成品出厂检验和型式检验不及时，未按企业标准执行。	访谈/文献
		留样不规范	留样记录不完善；没有按品种、批号分类存放，标识不明确；留样数量不符合标准要求。	访谈/文献
		质量控制流于形式	未按企业标准要求进行出厂检验，甚至不做出厂检验直接上市销售。	
		生产环境检测不按规定执行	没有按操作规程的要求定期对生产环境进行检测，伪造检测记录或检测报告。	访谈/文献
	委托生产	责任不明确	原料采购及检验的实施主体不明确，受托企业有可能对原料成分进行添加、替换等非法操作。	访谈/文献

监管环节	风险点	主要问题	实　例	来源
		原料委托加工	保健食品配方中的植物提取物委托加工不规范或监管不力。	
		过程记录文件不完善	无批生产指令台账及批记录文件。	访谈/文献
流通、声称	运输标准	违规操作，缺乏监管	储藏、加工、运输、销售温度对蜂王浆质量有影响，尤其对蜂王浆中活性物质有影响。	访谈/文献
	运输过程	缺乏人员及机构监督	运输过程的卫生条件缺乏具体的要求，可能造成污染。	访谈
	销售场地	有效监管不到位，销售人员缺乏道德及从业素质	在商品市场和菜市场中，入场经营者销售保健食品忽视特殊商品的经营许可等市场准入问题。目前盛行的"会议营销"的场地遍布宾馆、餐厅等。	访谈/文献
	广告监管	监管责任分散，没有统一部门管理	广告审批、监测归国家药品监督管理局，处罚归工商部门，工商部门是否治理到位无法监控，其结果是国家药品监督管理局没有积极性。	访谈/文献
	广告内容	表述混乱，缺乏监管	保健食品的说明折页或报纸广告中，存在严重夸大、虚假宣传保健功能，或描述、暗示保健食品具有治疗疾病的作用的现象。	访谈/文献
	其他途径	缺乏监督	通过条幅、传单、夹页、宣传册、网站、微博、会议等形式宣传产品功能。	访谈
	促销行为	诱导不合理消费	销售人员不以消费者需求为目的来推销产品。	访谈

监管环节	风险点	主要问题	实　例	来源
消费	认知程度	对保健食品认知混乱	吃中草药保健食品的同时吃西药，产生配伍禁忌。甘草及其制剂与阿司匹林配伍，会造成消化道疾病加重，因阿司匹林对胃黏膜有刺激性，而甘草中含有糖皮质激素，可使分泌物增多，又会减少胃黏膜分泌，降低胃肠道的抵抗力，从而诱发或加重胃、十二指肠溃疡。	访谈/文献
	消费行为	凭主观判断，不科学	盲目相信广告，购买宣称有治疗作用的保健食品，放弃正规治疗，贻误了治疗时机，危及生命。如服用辅助降血压保健食品，减量或停药造成血压失控。	访谈/文献
非法生产	违法添加	以提高功效为目的	①辅助降血糖产品中添加国外实验室"药效好、副反应强烈"的中间体；②氨基葡萄糖酸盐中加入止痛成分"二甲基砜"；③具有辅助降血脂作用的红曲类产品加入"洛伐他汀"；④灵芝孢子油中加入"齐墩果酸"提高三萜检测值。	访谈
	假冒、伪劣行为	冒用他人名义，滥用不合格原料及非食用原料	用熟制过的各种动物皮革下脚料、皮碎屑制取明胶，还使用河水、井水制胶。	访谈
其他	法律	不及时补充	2005年《保健食品注册管理办法（试行）》依据的食品卫生法已经废止。	访谈
	规章	不完善	①新功能的申报没有细则，具体操作十分困难，导致企业放弃创新；②与药物组方相同或接近的产品仍可申报保健食品，比如瑞海牌睛津口服液；③对无有效期的保健食品批文无延续和退出的规定。	访谈

监管 环节	风险点	主要 问题	实　例	来源
	监管体制	不 完 善， 分段管理 造成权利 争夺和责 任推诿	目前保健食品相关标准制定归国家卫生 健康委员会，准入、生产、经营监管归 国家药品监督管理局，广告由市场监督 管理部门管理，流通管理不明确。	访谈/ 文献
	监管制度	不 完 善， 重审批轻 过程，监 管重心偏 移	生产产品的参数与审批不同，"未依方生 产"现象普遍且严重。	访谈/ 文献
	监管组织	不完善	地方监管职能交接未完成，编制配备 不足。	访谈
	监管人员	培训不足、 执法腐败	某些一线执法人员对保健食品行业不了 解，执法中存在收受非法所得现象。	访谈
	风险管理系统	无	没有保健食品风险管理系统，研究正处 于起步阶段。	访谈
	媒体宣传	不公正，不 客观，不科 学	蒙牛、伊利"陷害门"事件、"妖魔化" 鱼油。	访谈
	对监管的第三 方监督	缺少机构 及法规	监管人员到企业抽查，其中的过程是否 按规范操作，没有一个判定的标准。	访谈
	某些技术的 滥用	违法	保健食品原料及产品滥用辐照灭菌现象 严重，可能残存辐射危害。	访谈
	问题产品符 合相关标准 规范	法规失当、 机制缺陷	以粗多糖为功效成分的保健食品，审批 合格后，生产时却不能按批准的标准来 检验或者鉴定其功效。	访谈

第三节　保健产品市场综合治理思路

一、进一步出台有关法律法规

首先，要建立完善国家标准。通过建立全国统一的保健产品技术、生产、检测的国家标准，使保健产品的研究开发和生产做到有章可循，从源头杜绝随意生产和假冒伪劣，保证保健产品质量符合工业产品生产要求。

其次，要加大惩处力度。我国对虚假宣传保健产品行为的惩罚一直较轻，进一步放任了保健产品市场违法行为，要将更多的违法违规行为纳入失信联合惩戒范围，限制其进入相关行业，或者参与有关招投标活动等，提高保健产品企业违法成本。

再其次，要继续完善保健产品的抽验制度及检验机制。严格对可能存在质量问题的保健产品及时进行监督抽验，充分发挥检验检测在保健产品监督管理中的技术支撑作用。

最后，探索建立保健产品无理由退货制度。通过立法形式，明确对 60 周岁以上老年人通过会议营销、集中授课、健康讲座、专家义诊、免费检查、免费体验、奖励免费或低价旅游等形式购买的保健产品，可在一定期限内无理由退货，最大限度保障老年人的合法权益。

二、积极转变政府职能，加强政府监管

首先，要积极转变监管思维，切实履行监管职能。一是要坚持"谁审批、谁监管，谁主管、谁监管"的原则，明确各部门职责分工，加强保健产品产业统一归口管理，彻底克服目前政出多门、审批文号混乱的弊端。二是要积极转变监管思维，改变过去"重审批，轻监管"的思维，避免对保健产品"只审批，不监管"的现象，切实加强保健产品事中事后监管。三是要不断强化部门间沟通协调，加强部门协同监管，避免各自为政的思维，通过对保健产品开展"双随机、一公开"部门联合执法，加强部门监管信息互联共享，实现一体化运作，多角度、全方位对保健产品市场进行治理。

其次，要不断创新监管方式，有效提升监管效能。一是根据保健市场监管需要，运用"双随机、一公开"等监督检查方式，通过定期召开整治工作

会议、制定专项整治方案等形式，重点检查经营主体是否证照齐全，是否存在无证经营及超范围经营的情形；检查企业经营地址是否存在异常；检查产品标签标识、宣传材料和用于经营的电子设备是否有虚假宣称保健功能、疾病预防或治疗功能等违法行为；检查销售保健产品的单位在经营过程中是否通过下乡推销、会议营销、体验营销等方式进行虚假、夸大宣传，欺骗、欺诈消费者。开展网络销售保健产品专项搜索，重点对线上销售保健产品的经营主体信息公开、亮标亮照以及对相关违法行为开展专项搜索，全面梳理排查，切实维护我国保健产品消费秩序。二是要加强信用监管，通过信息化手段，对未按时公示年报信息、即时信息等企业，依法依规列入企业经营异常名录或严重违法失信企业名单管理。对履行备案登记逾期不整改、擅自停止兑付、"跑路"、失联或引发群体性事件，造成不良影响的违规企业实行"黑名单"制度，从市场准入、登记办理等方面对其进行约束，并对外披露黑名单信息，对违法失信企业实施联合惩戒，使企业"一处失信，处处受限"。三是要运用"互联网+"和大数据分析手段，建立保健产品生产经营企业不良记录预警系统和危险性评估系统，构建企业商业关系谱系图，加强风险分析研判和分类监管，重点加大对老年保健产品、休闲旅游等领域虚假宣传、消费欺诈的整治力度，及时发现违法违规行为，清除消费陷阱。四是创新保健产品广告监管方式，加强广告监管平台和互联网广告监测平台建设，健全广告监测制度体系。实施保健产品广告信用评价制度，建立违法广告预警机制，完善广告市场主体失信惩戒机制。

最后，要重点加大会销监督检查力度，严厉查处违法经营行为。一是与有条件开展会销的场所对接，要求不得接待可能涉嫌中老年人及病弱群体聚集的会议营销。同时督促引导为保健产品经营者提供集中式体验、宣传、销售活动场地的提供者，认真核查经营者名称、地址和有效联系方式等信息，并向查询情况的消费者提供真实信息，让虚假宣传失去发展的土壤。二是实行保健产品销售人员的资格准入制度和培训制度，培训合格人员方可从事有关经营活动。制定保健品销售人员行为规范性文件，使执法人员在监管过程中有所依托，销售人员在经营过程中有所敬畏。三是建立生产企业连坐制度，由生产企业负责监管后续会议营销、直销相关活动，发生违法行为时，既要追究经营者责任，也连带追究生产企业责任，使生产企业主动规范下游经营企业行为。四是实行会议活动实查，对通过商务会议开展经营活动的行为进行预先审核，尤其是对商品推介会、新产品体验会、业务培训会等会议活动，可安排执法人员进入会议活动现场，全程实查会议活动情况，预防或制止违法经营活动。五是实行市场促管巡查，将宾馆、直销场所等纳入重点巡查对象，以巡促管。六是实行风险治理联查，积极联合辖区公安、社会共治等部门，集中对火车站、专业市场等重要场所开展治理联查活动，开展协同共治。

三、以行业协会促行业自律

首先，要支持行业协会自身建设，建立健全保健产品行业标准。行业标准应确保能够有效维护消费者和保健产品企业的合法权益，对规范行业起到有力的保障作用，也为政府有关部门执法提供依据。其次，要充分发挥行业协会自律作用，协助政府引导企业规范发展。通过国家政策支持和行业协会的引导，促进保健产品产业走以技术创新、管理创新、挖掘资源潜力为核心的内涵式发展道路，引导企业提高经营管理水平，规范市场经营行为。特别是对新设立的保健产品企业，有关行业协会可在其创业之初就进行前期介入和指导，积极开展人员培训、学术交流、资质鉴定等工作，告知产权人禁止或限制经营的业态，避免其在日后"误入歧途"。最后，还要积极引导行业协会发挥平台优势，帮助企业不断壮大。充分利用中国进出口商品交易会等宣传和服务平台，促进中国保健产品产业的发展壮大和进出口的平衡发展。比如，中国的按摩椅、按摩器具等中小型产品，具有价格优势且功能可靠，与国外同类产品水平相当，在国际市场上具有竞争优势，同时，国际保健产品市场和贸易的快速发展也为中国保健产品产业发展带来了无限商机。因此，相关行业组织应该多组织保健产品的外贸出口交流会，以展示中国产业发展水平，同时在扩大相关产品出口、吸引国外新产品、新技术，以及保持外贸基本平衡等方面发挥作用，帮助保健产品企业做大做强。[1]

四、以企业规范经营引导企业自治

首先，政府要给保健产品一个准确的定位，引导保健产品企业进行规模经济发展，提高保健产品企业质量和市场竞争能力。特别是要强化龙头企业

---

〔1〕 张悦："利用交易新平台 促进行业健康发展"，载《国际商报》2007 年 4 月 14 日，第 C11版。

的产业标准，为行业协会制定统一的标准提供参照，以龙头企业为引领促使保健产品行业形成合力，共同迎接挑战。[1]其次，鼓励保健产品生产企业加大科技投入，利用科技的优势抬高门槛、武装自己，以中国传统的保健文化宝库为地基，铸造出具有民族特色的驰名品牌，避免低水平劣质产品的重复。此外，要认真督促企业严格落实出厂检验制度，提高产品抽检力度，对出厂产品做到批批检验，定期或在生产条件发生变化时做验证式检验，严格控制产品质量，确保产品质量。最后，要引导企业重视自身信用建设，重塑诚信形象，积极开展信用修复，主动抵制和打击欺骗消费者的违法行为，才能赢得消费者信任，使其恢复消费信心。

五、带动社会力量参与监督

首先，政府要引导社会中的保健文化在合法合规的道路上发展，做好有关产品宣传及舆论的监督工作，提高消费者的判断能力，帮助其正确认识保健产品。梳理正确的消费观念，使保健产品可以得到客观公正的评价。其次，积极通过开展"五进"活动等形式，全方位深入群众宣传保健产品有关知识和有关法律法规，帮助群众自觉抵制伪劣保健产品，提高识别虚假广告的能力和维权意识。最后，还要引导新闻媒体、社会力量等积极配合监管部门的工作，帮忙开展宣传教育工作，鼓励群众主动担任志愿者参与暗访工作，增强监督力量，形成共建、共治、共享的全社会共同参与的局面。

第四节 保健服务市场综合治理思路

针对前文对保健服务市场发展现状和所存在问题的分析阐述，笔者认为，今后保健服务市场综合治理应重点从以下八个方面着手。

一、完善保健服务产业法律法规体系

立法机关要积极制定和修订有关保健服务的法律法规。目前有关保健服务的规定多为规范性文件，缺乏相应的法律依据与法律保障，因此需制定高位阶、具有可操作性和指导性的法律法规，用法律手段保障保健服务规范化、

---

[1] 王辉："保健用品有批无管亟待治理"，载《首都医药》2010年第6期。

标准化发展。这需要立法机关的积极作为，在充分考虑行业有机衔接和整合运作的基础上修订或补充相应的法律法规，为国家标准和政策文件的制定提供相应的法律基础。

相关政府部门要积极出台配套的保健服务规范标准。国家市场监督管理总局的成立是一个良好的契机，在相关立法的基础之上，根据国家相应政策法规文件的精神，要加强卫生、工商、人社、质监等部门的沟通与协调，必要时可以建立定期的联席会议制度，就保健服务产业情况进行及时、充分的沟通，共同研究制定针对性强的监管对策及对应的法律配套措施。一方面可以制定科学、长期的规范标准体系制定规划，避免不同部门不同时期政策法规不配套及冲突的问题；另一方面可以明确各个监管主体的职责，增强政策标准的执行力度。

要发挥保健协会在政策法律体系建立中的作用。中国保健协会是 2003 年经卫生部、民政部审核并报国务院批准由中国保健科技学会更名而来的，由中国健康产业内具有代表性的大中型企业为核心组织的行业管理机构，在法律规范、产品研发、市场管理、行业自律及标准化建设等各个方面为中国的健康产业提供全方位的服务，成为代表行业公信力的权威机构。由于其自身属性，保健协会对于保健市场服务的真实情况及相关发展需求有着更为直接的了解。保健协会可以充当政府的智囊和助手，成为管理部门与企业沟通的桥梁，通过对行业进行调研，统计、收集、分析行业中的各种信息，为政府制定政策提供有效的参考。

二、制定宽严适中的准入审批政策

保健服务内容广泛，各机构主体性质不一，可以分类管理，具体情况具体分析。哈佛大学管理学教授克莱顿·克里斯坦森的《创新者的处方：颠覆式创新如何改变医疗》一书提供了医疗监管改革的一种新思路：对于保健技术要求高的服务可以加强人员资格准入和机构资格准入；对于技术含量不高的服务，监管的重点是服务流程规范，在准入方面可以适当放松。我国在 2012 年 1 月确定了北京市东城区等 21 个中医养生保健服务机构准入试点地区，各地积极展开监管实践，也为政府细化行业准入机制提供了借鉴。例如，海南省海口市将中医养生保健服务机构分为三级，级别越高，承担服务项目越多，一级机构提供两种及以上服务项目，二级机构提供三种及以上服务项目，三级机构提供四种及以上服务项目。也就是说，可以按照保健服务机构的服务覆盖范围和承担功能任务进行分类后，制定宽严适中的人员、场所、卫生等准入标准。此外，还可以借鉴国内外的成功经验，如日本的准入体制，由保健协会和政府有关部门共同完成保健服务领域的市场准入，严格审核审批。

三、建立全方位人才培养体系

保健服务产业是一个较为特殊的产业，其技术人才特别是高端技术人才的培养，必须立足于充分发挥各方面的积极性，逐步形成以企业为主体、以行业协会为纽带、以统筹整合包括中医药教育培训在内的各类资源为基础，政府推动与社会支持相结合的高端技术人才培养体系。具体而言，一是鼓励企业、行业组织积极开展岗位培训。针对保健服务业的技术业务骨干与管理人员，进行中医药相关思想及理论、"治未病"理念及其内涵、保健服务知识与技能以及服务基本要求等方面的培训，使相关人员掌握比较全面系统的知识和技能。二是鼓励现有的大中专及高职院校，特别是高等中医药院校开设相关保健服务专业课程，培养保健服务高端技能人才。三是结合中国考试体系，参照执业医师资格考试系统，打造系统的保健服务统一资格考试休系。

中医养生保健的从业人员应定期接受相关机构的检查监督，政府一方面应当推动行业协会、学会有序承接中医药健康服务水平评价类职业资格认定具体工作，建立适应中医药健康服务发展的职业技能鉴定体系，利用行业协会设定从业人员资格认证及违规情形惩戒，联合中医专家和技术人才定期持续对从业人员进行资格认定和再培训。以培训为契机，提高行业中的短板机构，提升从业人员的综合素质。另一方面，应依托现有中医药教育资源，加强中医药健康服务教育培训，建设中医药职业技能培训鉴定体系。同时，中高等中医药院校应积极响应国家政策，可针对现有的社会保健人员积极开办中医养生保健教育，教授中医养生保健知识和中医养生保健操作手法。针对在校学生进行中医养生保健的职业教育，培养出一批批中医保健行业的实用型人才。此外，中医养生机构可与中医医院、高等中医药院校进行合作，共同培育专业实用的保健人员。

四、强化保健服务机构宣传监督

面对养生保健行业市场部分社会办机构超范围经营现象，除应制定完善的准入审批政策，明确部门监管职责、加强监管外，政府还可以培育一批正面典型的养生保健服务企业或连锁机构，遴选出一部分优秀的机构及从业人员，通过这些优秀模范的示范作用来引导其他机构规范经营活动，提升服务水平，减少超范围经营的现象。

面对现实中存在的夸大、虚假宣传问题，结合我国现有经验可从以下几个方面进行思考：一是对广告宣传，可以建立保健服务机构广告备案制，保健服务机构发布的广告应该向主管部门备案，由主管部门定期抽查是否存在虚假宣传情形；二是制定会销、展销、直销等销售渠道规范，对会销、展销、直销的时间、场所、宣传内容等通过正负面清单进行规范化；三是实施违法行为举报奖励制度，通过设立举报箱、网上举报站、奖励举报人等方法，激发人民群众对保健服务违法行为进行投诉举报的工作积极性，使违法乱纪、虚假宣传行为无藏身之所；四是提高违法违规宣传的法律责任，现实中对保健服务夸大、虚假宣传情况，往往是施以少量罚款不了了之，由于取证困难和违法犯罪行为的隐蔽性，更是极难上升到刑事责任，考虑到保健服务事关公众的生命健康，需要提高其夸大、虚假宣传的法律责任。

五、明确卫生监督主体及监管权责

超范围经营、"非保健服务机构"行为不端等问题的出现，其中一部分原因来自多头兼顾的弊端，对一些"灰色领域"缺乏有效监控。面对这种情况，需要制定高位阶、具有可操作性和指导性的法律法规，将保健行为与医疗行为区分开来，明确卫生行政部门对养生保健行为的管理主导职能、监管方式及相应惩处权限。卫生行政部门应与国家中医药管理局加强合作，扭转养生保健机构滥用中医"诊疗"手段的现状。各地卫生行政主管部门和中医药主管部门可根据本地具体情况，制定相关规范性文件，对行业准入与退出机制、政府监管主体、行业自律与第三方权威认证、从业人员标准与培训等方面进行规范。比如，北京市《东城区中医药养生机构行业标准（试行）》明确了行业规范如经营场地面积、设施设备、从业人员资质、服务项目等，使基层

执法有了更为明确的参照标准。政府支持质量竞争、品牌竞争等方式形成行业标杆和行业标准，优胜劣汰，统一质量标准有利于养生保健行业的发展。[1]

六、创新保健服务市场监管方式

(一) 实施拉网式排查

各级各地市场监管部门应当严格落实属地监管责任制，以直销企业、"保健"类店铺、旅游景区、养老机构等区域场所为监管重点，实施全面排查，实现对"保健"类服务的生产、销售环节检查全覆盖。梳理建立"保健"类服务经营主体台账，实行"一户一档"，并根据经营项目、信用记录、处罚情况等对"保健"类服务经营主体实行分级管理，加强动态监管。比如，自2019年1月16日开始，北京市中医管理局启动中医养生保健服务乱象专项整治工作，在全市范围内严厉查处非法开展的中医诊疗活动，着重清理以"中医"名义开展的宣传行为，截止到2019年4月12日，全市共查处非法行医案件40件，罚没款60.8万元，专项整治工作持续到2019年6月底。

(二) 实施约谈和告诫制度督促企业落实主体责任

一是约谈涉事公司。在"权健"事件爆发后，各级各地市场监督管理局立即对保健类服务经营主体进行了约谈，要求其切实加强经销商管理，积极配合相关调查工作。二是约谈直销企业。随着整治工作的不断深入，各级各地市场监督管理局及商务局应不定期对总部在管辖所在地的直销企业、在管辖所在地注册的直销企业及在管辖所在地的分支机构以集中约谈、谈话提示等多种方式进行行政指导，提示企业严格依法合规经营，自觉维护市场秩序，妥善处理消费者投诉纠纷。三是约谈第三方平台。各级各地市场监督管理局及公安局应当联合对保健类服务经营主体及大型网络第三方平台开展一次集体告诫，包括要求企业落实实名制管理制度、履行经营主体审查责任、建立保健类服务风险警示制度、严控保健类服务广告宣传、全面落实电商平台产品可追溯等。

---

〔1〕 嵇怡："中医养生保健服务机构监管问题研究"，载《中国卫生政策研究》2017年第7期。

（三）多部门协同联动形成综合治理合力

自"百日行动"开展以来，各级各地市场监管部门、卫生行政监管部门和公安部门相互配合，齐抓共管，逐步形成了横向协同、上下联动的运行模式，有力推进了整治工作。

各级卫生健康委员会应严格中医医疗机构广告审批，采用短信教育、窗口宣讲等方式引导医疗机构依法发布中医医疗广告，提高中医医疗机构的医疗服务意识和法制意识。各级文化和旅游部门应制定本部门的具体工作方案，结合严厉打击非法"一日游"专项行动和春节旅游市场秩序治理维护的相关工作，对旅游企业是否存在非法兜售保健类服务的行为进行相关检查，对暗访中发现的涉嫌未经许可经营保健类服务业务、兜售保健品的行为，应及时向公安机关提出协查建议。在诸如"百日行动"的特殊时期，商务部门可以考虑暂停办理直销相关审批、备案事项，动员部分已申报企业撤销直销申报，对直销企业及其分支机构有虚假宣传、超直销产品范围经营、在未批准区域开展直销业务等违法违规行为的，撤销所涉直销产品备案。各级民政部门可结合自身职能，将保护老年人合法权益作为保健类服务市场整治重点，对各养老机构和养老服务驿站进行逐个摸排，深入社区开展关注老年人的活动，关怀照顾老年群体免受不法分子的欺骗。

（四）构建"回头看"长效监管机制

"运动式执法"机制的最大弊端是其时效性，严打时行业一片清净，似乎已经完全清理干净，但等严打风头过去之后，保健服务机构违法违规乱象又"死灰复燃"，严打的最终目的难以实现，甚至锻炼了某些非法机构躲避执法的"能力"。因此，要彻底、长期、有效地治理好保健服务市场，不仅需要做好强化监督、严厉打击等工作，还需要"回头看"，即事后不定期回访。前期进行整治过程中要做好详细记录，针对存在问题的机构建立"灰名单"，"灰名单"上有名的机构将成为"回头看"工作重点监督对象，如若发现违法行为，将依法依规进行查处；如若在多次回访中发现其认真改正，表现良好则可以将其从"灰名单"中移除，从而实现鼓励企业自身积极改正错误，避免进一步发生违法违规行为的效果。

七、引导社会资本发展中医养生保健服务

由于大多数中医院没有精力发展"治未病"科这一冷门科室，而且医院在开展"治未病"的统计上很难区分是来看"未病"还是来看"已病"的，导致了大多数"治未病"科室挂着"治未病"的牌子，实际干的是治已病的工作。因此国家应将"治未病"重心放在基层和社会机构，在政策层面上鼓励社会资本开设养生治未病机构，政府要积极落实相关的配套措施。实际上我国社会资本举办的养生保健机构已初具规模，甚至有的省份已做得很好。政府只需加以引导、培训、宣传，既不会动用国家医保资金，也不会增加国家医疗负担，还有利于真正意义上区分治未病与治已病，便于管理。同时，面对中医养生保健服务技术与服务产品总体不够丰富的问题，政府可以通过专业中医的指导来提升中医养生保健机构服务的专业性，规范、丰富其技术，培养专业性、创新性人才，以此来促进养生保健市场的健康发展。

八、促进中医养生保健服务产业化

应用现有的中医养生保健服务资源，以"未病先防""既病防变"为中医养生机构的理念，开展中医体质辨识、健康调养咨询和传统中医疗法服务，初步形成中医特色鲜明、技术类型多样、服务形式规范的中医养生保健服务体系。政府应加大扶持力度，鼓励现有养生机构增加中医类特色养生服务项目，扶持一些发展前景较好的企业，扩大其产业链，鼓励他们做大做强，使其在行业发展中起到模范作用。完善产业的融资投资，可通过建设中医药金融服务平台来筹备资金，通过融资扩大中医养生保健服务体系的发展规模；在相关政策上支持鼓励更多的社会人士开办更全面、更规范的中医养生保健机构。

在综合治理中促进保健产业发展

第七章

第一节 "百日行动"及其效果

近年来伴随健康产业发展，保健市场发展势头迅猛，成为八大健康产业中增长速度最快的产业。但是量上的增加并非质上的提升，保健产业依然乱象丛生。近年来"权健"等事件的曝光，暴露出保健市场存在的虚假宣传、非法传销、消费欺诈、制假售假等一系列问题，严重侵害了消费者合法权益，扰乱了市场秩序。社会舆论反映强烈，人民群众迫切要求整治市场乱象。

2019年1月8日，国家市场监督管理总局等13部委参与的联合部署整治"保健"市场乱象百日行动电视电话会议在京召开，宣布将在全国范围内加大对"保健"市场重点行业、重点领域、重点行为的事中事后监管力度，依法严厉打击虚假宣传、虚假广告、制售假冒伪劣产品等扰乱市场秩序、欺诈消费者的各类违法行为。本次"百日行动"2019年4月18日结束，历时100天。

时任国家市场监督管理总局局长张茅强调，要加强案件查办，曝光一批重大典型案例，形成有力震慑；强化完善食品药品市场监管，推动食品安全源头治理，综合运用现场检查、监督抽验、监测评价等手段，排查化解风险；做好组织协调，履行好联络各方、汇集信息等职责；加强督导检查，对工作扎实、成效显著的地方予以表扬激励，对工作开展不力的予以通报、督促整改；建立健全长效监管机制，促进相关行业持续健康发展。

截至2019年4月28日，在整治"保健"市场乱象百日行动中，全国共立案21 152件，案值130.02亿元，结案9505件，罚没款6.64亿元，受理消费者投诉举报4.4万次，为消费者挽回经济损失1.23亿元。国家市场监督管理总局有关负责人介绍，整治"保健"市场乱象百日行动是由国家市场监督管理总局等13部门联合部署开展的，针对六个重点行业及领域、四类重点场所及区域和十类重点违法行为，在全国范围内开展的执法专项行动。

据福州新闻网报道，2019 年 1 月 8 日至 4 月 18 日期间，全国共出动执法人员 274.1 万人次，对重点行业、重点领域、重点商品进行监督检查，其中检查社区、公园、广场等人员密集场所 28.2 万个，检查宾馆、酒店等重点场所 38.3 万个，检查"保健"类店铺 73.1 万个，检查旅游景区、农村场镇、农村集市等重点区域 21.9 万个。开展行政指导、行政约谈 6.4 万次，开展宣传活动 19.1 万次，开展协作执法 4.2 万次，清理虚假信息 9.7 万条，整改网站、APP、公众号 1428 个，关闭网站、APP、公众号 3877 个，撤销所涉直销产品备案 49 个，吊销食品经营许可证 54 户，吊销营业执照 90 户，捣毁制假售假窝点 465 个。"百日行动"开展以来，国家市场监督管理总局先后 5 次曝光了 100 个典型案例。"百日行动"对养老服务领域进行了排查整治，严禁借养老服务名义或利用养老服务场所进行"保健"产品虚假宣传、违规销售等扰乱市场秩序的行为，进一步规范了养老机构和社区养老服务设施运营管理。深入组织开展了对直销行业清理整顿等相关工作，净化了行业市场环境。全力规范广告播出秩序，规范中医养生保健服务。

国家市场监督管理总局有关负责人表示，要持续整治"保健"市场乱象，认真开展"回头看"工作，适时组织抽查，或通过委托第三方机构对部分重点地区暗查暗访，确保行动成果有效保持；持续对重点区域和场所、重点行业和领域保持严密监控和监管执法，重点开展跨部门、跨区域重大案件的统一部署和联合查办。

"百日行动"可谓是保健市场近年来规模最大、影响最深的一次整顿行动，取得的成绩也是喜人的。一是对老年人保健服务方面进行了规范，通过严厉打击借养老服务名义或利用养老服务场所进行"保健"产品虚假宣传、违规销售等扰乱市场秩序的行为，进一步规范了养老机构和社区养老服务设施运营管理；二是对于非法直销问题进行清理，深入组织开展了对直销行业清理整顿等相关工作，净化了行业市场环境；三是进一步加大了典型案例的曝光力度，用科学、正面的引导，加强了群众对虚假宣传等违法行为的自我保护和维权意识；四是激发了行业自律意识，多家保健品企业都对旗下营销人员的言行规范和约束进行自查自纠，促使其守法守规，不触碰法律底线。

第二节　保健市场遭受较大冲击

一、营业额断崖式缩减

"百日行动"严抓严打，企业不定时就要迎接执法抽检，正常的经营计划被打乱，部分企业甚至不得不暂停部分活动来应对审查。笔者通过实地调研发现，部分企业的工厂在行动期间已经停工或者半停工，整个行业都处于一种萧条的状态。伴随着越来越多的违法犯罪行为被查出，行业整体声誉下降，消费者对于保健产品和服务失去了信心，需求不足，企业的产品和服务自然就无法售出，各类保健企业的营业额均受到本次行动的严重影响。

以然健环球（中国）日用品有限公司为例，该公司 2019 年第一季度财报显示，第一季度总收入为 1930 万美元，较 2018 年第一季度下降了 63%。据悉，然健环球（中国）日用品有限公司该季度业绩大幅下滑主要是受大中华区市场业绩下降的影响，为响应"百日行动"，然健环球（中国）日用品有限公司暂停会员活动，以支持政府铲除假冒伪劣产品和欺诈的行为。业绩短期内下滑可以接受，但是在整顿过程中，对于行业的亮点，政府也应该给予表扬，公开、公平地对待整个行业。

二、行业声誉大幅受损

截至 2019 年 3 月 10 日，"百日行动"共立案 6535 件，案值 77.9 亿元，罚没金额 2.68 亿元，数值是惊人的，给民众的认知造成了深刻的影响。然而在日常监管中，真正有合法资质的保健食品一般是没有质量问题的，质量出问题的往往是没有证书的假冒伪劣产品，或者是普通食品夸大宣传、冒充保健品。在国人热衷于保健、养生的氛围中，大部分食品、用品借用"保健"去营销、宣传都很有市场，而某些违规产品被查之后，行业声誉受损的后果却要整个保健行业去承担。因此，无论是行业本身存在的一些违法违规行为，还是其他非保健行业借由保健名义而为的非法行为最终都要由整个行业承担后果。在这种情况下，保健行业声誉日益受损，民众对于保健行业的信心也大受打击。

三、国外保健类产品倒灌，国内资本外流

在国内声称有保健功能类食品安全事件频发的背景下，国民的"崇洋媚外"心理愈发严重，直接后果就是保健食品进口激增，国内资本大量外流。目前我国对于进口保健食品的抽检，往往由海关完成，其最大的弊端在于海关抽检内容的局限性和缺乏专业性，进口保健食品以食品名义进入我国，因此，在抽检的过程中往往也仅是以一般性的食品安全标准项目为抽检内容，如大肠菌群、一般食品添加剂、化学残留等，对于该保健食品的功能成分是否具有实际效果，是否属于虚假宣传、夸大功效则不予抽检，也无能力抽检。在此监管乏力之下，外来保健食品的门槛较低，导致跨境电商购买国外营养保健食品（膳食补充剂）已经成为主流消费方式，且成长速度极快。国内行业从业者和投资者信心也受到打击，纷纷转向海外品牌，大量资本外流。这与"中国制造"的国策相悖，将导致产业升级无法进行。

四、恶意索赔事件激增

消费者、恶意索赔人利用行业的阶段性危机，为实现其非法牟利的目的，频繁通过恶意投诉、过度维权、敲诈勒索等手段，严重影响保健企业的正常经营秩序，损害企业的合法权益。从业人员更是不堪其扰，致使保健行业人才加速流失。此外，一些无良媒体编造保健企业违法的事实借以夺取公众眼球或者借机威胁企业谋取非法利益，一方面进一步加速了保健行业的声誉下滑，另一方面给企业带来了不必要的成本负担。

特别是在食品领域，职业打假行为泛滥，而且已经形成了职业化、专业化、商业化、集团化组织，职业索赔人以消费者的名义，滥用法律法规维权索赔，增加了行政和司法部门的运行成本，极大地浪费了社会公共资源。同时生产企业和销售平台也浪费了大量的成本去应对职业索赔人。

第三节　保健市场需在规范中促进产业发展

自"百日行动"以来，保健市场发生了重大变化。一方面，大量不规范的保健类企业和行为得到了惩处，各种违法违规产品销售得到了有效遏制，

是对保健市场的一次严格整顿，为保健市场的发展提供了健康有序的环境。但另一方面，这种运动式的治理手段，在某种程度上也带来了一些负面影响，很多规范的保健企业和行为都受到了波及，而且在整个舆论环境下，保健市场被污名化，使得消费者对保健市场失去了信心。可以说，整个保健市场遭受了巨大的打击，特别是很多合法合规的知名保健类企业也遭受了重大的伤害。

不可忽视的是，消费者对保健类产品的需求越来越大。自 20 世纪 90 年代以来，人民生活水平提高，消费方式改变，保健产业发展有了契机，全球健康消费逐步攀升，对保健品的需求十分旺盛。同时，多层次的社会需要为保健品提供了可以长期发展的空间。据统计，2010—2013 年，保健品行业增长率呈不断加速趋势，2013 年达到 49.89%。但随后两年，行业产成品增速有所下降，到 2015 年，行业产成品增速出现负增长。但在市场需求方面，保健品行业始终保持稳定快速增长。2006—2015 年，我国营养保健品行业销售收入由 159.06 亿元增加至 1932.2 亿元，年均增长率达 34.53%。而现阶段中国在保健品方面的消费支出仍低于发达国家。在欧美国家平均消费中，保健品的消费占总支出的 25% 以上，中国仅为 0.07%。中国人均保健品消费大约 31元，是美国的 1/7，日本的 1/12。随着 2016 年 10 月《"健康中国 2030"规划纲要》的出台以及"十三五"期间食品药品政策革新，"大健康"这一老概念被赋予了新内涵，由大健康产品转变为"大健康产业""大健康理念""大健康格局"，保健品也被推向高潮。由此可见，中国营养保健品有巨大的发展空间。[1]

因此，当前消费者需要的是一个健康的保健市场，而不是一个被过度打击或者污名化的市场。近些年来，有很多专家呼吁要在规范中促进保健市场的发展，一方面要对违法行为进行严厉打击，但同时也不能忽视推动保健市场的发展。比如，中国营养保健食品协会会长边振甲在 2018 年中国保健食品大会上就表示，政策制度不断完善、科学技术不断发展、健康需求持续增加、市场营销逐渐成熟、行业自律不断规范、舆论监督不断强化等多方发力推动了保健食品产业强劲增长。从发展中规范，在规范中发展，是产业成熟的必

---

〔1〕"保健品行业发展呈四大趋势"，载 https://www.sohu.com/a/207012977_171082，最后访问日期：2021 年 9 月 14 日。

经之路，中国保健食品将迈入发展的新征程。中国营养保健食品协会副会长刘学聪在接受媒体采访时也曾表示，保健食品将在严格规范中谋求发展。可见，很多专家学者都看到保健市场不仅需要规范，也需要发展。因此，通过综合治理促进保健市场健康发展才是保健市场治理的应有之义。

一、保健市场在综合治理中促进产业发展应坚持的基本原则

（一）坚持依法依规合理监管原则

党的十九大报告指出：建设法治政府，推进依法行政，要严格规范公正文明执法。也就是说，政府不仅要按照职权履行行政管理职能，而且要公正文明执法，恪守行政合法性和合理性原则，对各类市场主体一视同仁，依法依规实施公平公正监管，平等保护各类市场主体合法权益。要运用法治思维和法治方式履行市场监管职责，全面实施清单管理制度，通过权力清单明确法无授权不可为，通过责任清单明确法定职责必须为，通过负面清单明确法无禁止即可为，没有法律依据不能随意检查，规范政府部门自由裁量权，推进市场监管的制度化、规范化、法治化。

纵观本次"百日行动"，国家各级政府在面对保健市场乱象时，由各部委牵头下发通知，各地方积极执行，对违法犯罪行为进行查处。这是政府履职表现，也是宪法和法律赋予我国市场监管部门权力的表现。然而，本次行动也牵连了大量的合法合规保健类企业，给保健市场带来了不小的冲击，就难免有行政过度干预市场之嫌。之所以出现履行职权与冲击市场之间的矛盾，主要是因为行政行为在合理性原则的实践方面做得不到位。

行政合理性原则是在行政合法性原则的基础上，对行政机关更高层次的要求，不仅要求行政行为形式上要合法，还要求实质上也要合法，主要包括比例原则和平等对待两个方面。调研中企业纷纷表示，在"百日行动"中，行政机关除正常的执法监管以外，增加了额外的检查抽检次数，暂停了许多本应受理的审批备案手续，一些机构正常广告宣传行为也受到限制……种种迹象表明行动的一些负面手段以及措施超过了必要限度，给保健市场正常运行带来了一些负面影响和利益损害，不符合行政比例原则的要求。平等对待方面主要表现在市场监管部门对国内外保健产品有不同的对待方式。国内的保健食品方面除严格的准入制度以外，政策法规方面对保健功能、效用评价和广告宣传都有着严格的标准，效用评价几乎在向药品审核标准靠近，广告宣传甚至以烟草标准来要求。而国外保健食品（膳食补充剂）却仅由海关进行抽检，仅以一般性的食品安全标准作为抽检内容，保健功能是否有实际效果、是否存在虚假宣传均不属于检验的内容。这种对国内外保健食品的区别对待有违平等对待原则，对于国内保健类企业而言有不公平之嫌。

（二）坚持规范与发展并重原则

规范和发展是保健产业持续推进前述矛盾运动的两个不同方面。规范更强调形式，要求主体合格，商品服务规范、规模数量合理，从而使市场井然有序科学地发展；发展更强调内容，讲究市场的主体多元化、商品服务多样化、规模数量扩大化，从而能够满足民众对于健康的不同需求。规范的基本要求和特征是保健服务产业运行机制和监管机制的不断完善和成熟，其基本标志是保健产业市场规则的法制化和监督管理的有效性；发展的基本表现则是现有的市场能够与全体人民对于健康保障的需求相适应，既不匮乏也不过剩，符合市场发展的根本运行规律。规范与发展二者相互依存、互为前提。规范是必要保障，没有规范就没有健康持续的发展；发展是规范的目的，没有发展，规范就失去了意义。

现实中保健市场的情况是，许多方面的规范不健全，保健市场发展受到了限制。而目前市场监管部门在治理过程中又难免存在过度干预的情况，过度规范影响了保健市场的正常发展。因此，保健市场要想取得持续健康的发展，市场监管部门在行使职权时就应当处理好规范和发展的关系。

现行法律出于保障行政职能的实施的考量，不得不授予行政主体广泛的行政裁量权。现实中行政主体享有广泛的行政裁量权是一个不争的事实，这也是行政过度干预现象存在的主要原因，当行政裁量权被不合理使用，行政过度干预也就产生了。从正义原则的要求和保障人权的目标考虑，即使是法律赋予的行政自由裁量权，也不可肆意妄为，而应当符合合理性的要求。正如《中共中央关于全面推进依法治国若干重大问题的决定》的规定："建立健全行政裁量权基准制度，细化、量化行政裁量标准，规范裁量范围、种类、幅度。"

比例原则就是为评价和控制行政裁量权而生，可由适当性、必要性、衡量性原则构成。适当性原则要求行政行为的做出要适合目的的实现。比如，近期部分省份市场监管部门为了打击无证生产经营保健食品的行为要求有正规生产资质的保健食品也一同下架，是不符合行政行为的目的的。必要性原则要求行政行为不能超越其实现目的的必要限度，即当在给予非法企业罚款处罚即可达到制裁和防止其违法的效果时，则不可施以"责令停产停业"等影响过大的行政措施。衡量性原则要求行政干预措施所造成的损害应轻于达成行政目的所获得的利益。比如，因保健市场违法违规行为频频发生，就"因噎废食"停止所有保健类产品审批，禁止新的合法合规产品进入市场，这就不符合衡量性原则。

另外，行政主体在履行职责行使裁量权时必须遵守平等原则。长期以来，行政主体在治理保健市场方面主要以"重审批、轻监管"的理念为主，造成了保健市场的审批环节把控很严，在监管方面却缺少相应的规范，从而导致了对不同主体的区别对待。一方面，合法主体守法成本高。对于在政府部门登记注册的正规保健类企业，除复杂的审批程序外，国家还通过常规检查、飞行检查等进行严格质量把关。对拥有国家批文的保健食品，从功能审批、加工制造到广告宣传也都有严格的规范。另一方面，不法分子违法成本低。市场上出现过一些声称有保健甚至治疗功能的灯、鞋垫等产品，由于其不属于保健食品，没有法规可用以监管这些特殊功能产品。这些商品的生产经营往往容易出现虚假宣传、夸大宣传等违规现象，但由于法律法规未涉及，基层监管部门更倾向于"不去碰"。此外，国外保健食品的检查仅以一般食品标准进行，电商渠道销售的保健食品由于手段的隐蔽性也经常处于市场监管部门的监管盲区，特别是普通食品是否允许宣传养生保健功效、哪些功效属于正常的营养教育、哪些属于打擦边球、哪些是违规，27 种功能声称（27 种功能声称列入保健食品管理）之外的保健功效，是否列入保健食品管理、是否合法，目前由于法律法规缺失和不健全，企业之间、消费者、政府监管部门之间都有分歧，没有相应的处罚依据，普通食品宣传功能成了监管的盲区，这直接导致普通食品违规、虚假宣传屡禁不止。而消费者、媒体眼中"广义的保健食品（只要对健康有益的产品）和狭义的保健食品（补充维生素、矿物质以及 27 种特定功能声称）"监管部门的长期管理错位，造成监管部门越打击"狭义的保健食品"，越将生产保健食品的合法企业或有意愿守法的企业推向不守法，甚至不再生产保健食品而转入生产普通食品，那整个食品行业普遍虚假宣传的问题将长期无法解决，社会质疑声仍会强烈，这将导致事倍功半的局面，是社会公众所不愿意看到的。种种因素共同导致行政监管对于合法保健类从业主体进行严格限制，而对于非法从业主体却监管不能的矛盾现象，有违公平对待原则。因此，市场监管部门在综合治理时应当注重平等对待市场主体，一方面尽快制定相应的特殊保健产品法律规范，将其纳入监管体系中，另一方面出台有效措施，鼓励合法保健市场主体的创新发展。

（三）克服"一刀切"监管思维的原则

各级各地市场监管部门在对保健市场进行整治和规范的过程中，不能简单"一刀切"，需要区分对消费者健康有改善作用和保护效果的保健类产品。建议针对消费者所关注的保健类产品的安全性和有效性，建立规范的鉴定方法、评定标准，特别是要规范保健食品原料目录的筛选制定、企业标准、标签标识等。对违规、不合格保健食品加大处罚力度，建立负面清单制度，切实保障消费者权益。保健品行业良莠不齐，一些企业为牟取暴利，把产品吹得神乎其神，甚至打着直销旗号，干着传销勾当。因此，在加强市场监管、清除害群之马的同时，还要加大政策支持力度，促使我国保健品行业健康发展。

以"会销"为例，目前监管部门对于"会销"几乎就是采取"一刀切"手段，这其实并不利于保健市场的长效发展。对于保健行业而言，会议营销是一种主要的产品零售业态，也是一种销售渠道，其与直销、药店、电商、商超及专卖店等渠道并列存在，但由于缺乏管理规范，其成为问题最多的销售渠道。"会议营销"具有时间、地点、信息真实性、售后服务等要素不确定的特征，而且门槛低、从业者众多，竞争异常激烈，为了生存的需要，从业者不断降低经营底线，同时又有诈骗团伙浑水摸鱼。最近几年"会议营销"欺诈行为比例增大，消费者投诉增多，引发舆论和行政机关越来越严厉的曝光和打击。作为销售渠道之一，"会议营销"只是一种经营模式，本身并未被法律禁止，企业有权力自主选择，这个尴尬局面需要尽快化解。市场监管部门应尽快研究出台相关规定，明确其定义，划清范围和制定行为准则，然后依法对"会议营销"实施严格的监管，启动良币驱逐劣币的市场机制，切实保护老年人的身心健康和财产安全，促进"规范会销"和保健食品行业健康发展。因此，在接下来的保健市场综合治理过程中，要克服这种"一刀切"的监管思维，从具体和微观层面出发，分析保健市场问题产生的具体原因，进行整治，对症下药，规范各种市场行为，真正实现保健市场的良性治理。

（四）坚持有的放矢精准治理原则

现在社会舆论焦点中，基本把保健品当成"骗子"的代名词，甚至有人直接说保健品都是骗人的。这让保健品的从业人员何去何从？市场上销售的保健品，不少是老专家付出一辈子心血研究的成果，这些保健品是通过资料的准备、提交，获得了国家相关部门的审批，然后历经筹集资金、建厂、生产、培训、销售一整串流程，现在却被一概认为是"骗人的"。据了解，全国市场监管部门正在大规模排查保健品虚假宣传，目前，共计排查 4000 多条消息，发现所涉产品大多是假冒保健食品的普通食品。很多食品都涉及虚假宣传，普通食品的欺诈和虚假宣传问题依然严重，尤其是以保健品的概念欺诈宣传。从 2017 年以来的食品和保健食品欺诈、虚假宣传来看，90% 的案子都是非保健食品的欺诈、虚假宣传。不可否认的是，保健食品安全保持了稳定向好的形势，2016 年监督抽检总体样品合格率为 98.1%，比 2015 年、2014 年分别升高 1.6 个百分点和 4.2 个百分点。国产保健食品已经整体跨过质量关，产品检验合格率明显高于其他工业类产品。在保健品行业，保健食品只占其中一个很小的份额，而且由于市场监管部门对保健食品的重视，花了大力气进行监管和整治，目前在保健食品领域的违规现象其实是相对较小的。根据国家市场监督管理总局公布的 2019 年第二季度全国食品安全监督抽检情况，全国市场监管系统共完成并公布 635 151 批次食品（含保健食品和食品添加剂）样品监督抽检结果，检验项目全部合格的有 619 591 批次，不合格的有 15 560 批次，总体不合格率为 2.4%，对保健食品抽查 4458 批次，不格率为 0.9%，从数据上看，保健食品的抽检不合格率远低于平均水平。

因此，在监管上过于关注保健食品，而缺乏对保健品领域其他产品的监管，也在一定程度上造成了保健产品监管的空白。目前在保健产品领域，大量不规范产品集中于保健食品之外的其他商品以及声称有保健效果的非保健类食品，而保健食品本身相对来说是比较规范的。但是大家的注意力却集中在保健食品，这不仅影响了保健食品产业的发展，更重要的是对保健市场的监管产生了方向错误的影响，大量监管资源集中在问题不大的保健食品领域，而其他问题更大的领域却出现了某种程度上的监管真空。因此，后续各级各地市场监管部门的工作重心应该有所调整，加大对普通食品或产品宣传具有保健功能的打击力度，一方面既可以净化保健市场，另一方面也能够推动正规保健食品、产品和服务企业的健康发展。

二、保健市场在综合治理中促进产业发展的具体举措

笔者通过文献研究、域外保健市场治理考察和经验借鉴，结合课题调研访谈实际情况，认为今后市场监管部门在保健市场综合治理中应秉持"在规范中促发展"的原则，实施八项举措。

（一）建立统一的食品营养保健功能宣称体系

应当正视食品的健康功效，建立统一的食品营养保健功能宣称体系，规范各类声称的合法界限和条件。从学术上和管理上大方承认和认可食品的各类健康效果。世界各成熟市场的主管部门对食品的声称都建立了分级管理体系，与国际食品法典委员会标准中所划分的类别大致相仿。同时，对传统医学的功能声称应用于食品或是补充剂产品，多国也将其纳入相关法规体系。我国食品管理体系一直处于零散状态，尚缺乏统一的尺度，造成市场上各类食品声称混乱。例如，既有法律法规允许的保健食品的功能声称，也有"中医养生保健""药食同源"等概念，多重途径使得非保健食品的产品也在尝试宣传保健功能。此外，通过跨境电商等渠道进口的产品，由于原产国的法规许可，食品标签或是其他宣传材料上也可能带有超越我国保健食品功能的健康声称。因此，建议正视各类食品"健康效应"的客观存在和声称需求，尽快构建完整的食品营养保健声称体系，从科学角度出发，分类分级，梳理各类食品声称的范围和条件，为事中、事后监管提供统一标准依据。

（二）制定食品和保健品广告管理办法

制定食品和保健品广告管理办法，统一"广告"宣传的尺度，允许广告的艺术发挥，但夸大宣传普通食品和假冒保健食品夸大宣传，一直是"保健""保健食品"行业的管理痛点。加大处罚力度，保护消费者以及维护市场公平势在必行。而要实现有效且公平的执法，必须有明确的判罚标准和统一执法尺度。例如，目前仅"蓝帽子"保健食品的广告实行事前审批，而其他涉及对人体健康效应声称的产品，如食品、保健用品、服务等的广告，既没有相关规定，也不存在事前审批，其过度宣传误导消费者的案例频次和总量远远超过"保健食品",建议制定食品、保健品广告管理办法,明确各程度宣传对应何种级别科学证据,以便于统一非法广告的界定尺度。同时,对于通过跨境电商进口国外各类"膳食补充剂""保健食品""健康食品"等,均应满足国内统一的广告宣传尺度,以免使消费者产生混淆。对广告宣传,严格执法的同时,需要给予其艺术发挥的空间。如前文所述,"广告"不同于"说明书",其本身就具有"艺术"的性质,以事实为基础,采用多种表现手法甚至一定程度上的艺术夸张,吸引消费者关注,是广告本身存在的意义。应以真实、公平、科学为根本原则,认可基于事实的艺术发挥,严惩社会危害严重的虚假/夸大宣传,如宣传替代药物、治疗疾病等。

（三）统一国产和进口保健食品监管标准

自 2009 年《食品安全法》颁布实施以来,国家对食品安全的重视程度不断加强,但还存在对国产保健食品和进口保健食品的宣传监管不统一,对进口保健品的宣传监管存在阶段性和力度性的不足。对此,笔者建议:

第一,补充相关立法。把具有保健功能的进口膳食补充剂纳入监管,与国产保健品统一标准。《国家食品药品监管总局关于保健食品备案管理有关事项的通告》指出:"一、自 2017 年 5 月 1 日起,对使用列入《保健食品原料目录（一）》的原料生产和进口保健食品的,国内生产企业和境外生产厂商应当按照《保健食品注册与备案管理办法》及相关规定进行备案。国内生产企业在所在地省级食品药品监督管理部门备案;境外生产厂商在食品药品监督管理总局备案。"[1]根据《食品安全法》第 76 条的规定,首次进口的保健食品中属于补充维生素、矿物质等营养物质的,应当报国务院食品安全监督管理部门备案。然而,海外代购保健食品实际上是国外的膳食补充剂,进入国内市场并没有按照保健食品进行审批,也没有经过任何医学上的临床试验。对此,应将进口膳食补充剂纳入保健食品管理。应完善相关立法,即使用片剂、胶囊、口服液、冲剂、丸剂等形态需定量食用且有每日食用限量的产品,不纳入食品生产许可范围;对声称保健功能的前述产品,须获得保健食品批准文号方可生产和销售;禁止生产、经营和进口未获保健食品批准文号的前述产品。

---

〔1〕 李波等:"中国食品安全检查员监管制度构建探索",载《食品科学》2019 年第 15 期。

第二，加强进口保健食品广告申请检查。海关部门应提高审查标准。膳食补充剂在美国并不受 FDA 监管，而进口到中国亦不受中国市场监督管理部门的保健食品法规监管，因为它们大多数是以食品分类通过海关入驻中国的，无法得到正规监管。"食品"入驻中国，门槛较低。进口膳食补充剂作为食品进入中国，须经过海关核查。海关检查，从源头抓起，能更好地监管进口保健食品，可加强海关对进口保健食品广告申请的检查。监管应当是全方位的监管，不仅是对进口保健品的产品质量的监管，检测其有效成分、是否添加禁止添加的物质等，还要对其广告，主要是产品外包装进行严格审查，避免出现虚假宣传。这主要是因为，进口膳食补充剂进入国内市场后，不法商家可能利用消费者特别是老年消费者不懂外文的实际情况私自粘贴中文翻译标签，诱导和欺骗消费者。

第三，增强对电子商务平台的监督。进口保健品主要是线上销售，应加大对电商平台的监管。应设立多部门联合监管机制，提升电商执法实效；进一步推进政策的相互衔接，强化执行力度，推进电子商务立法；完善工商登记、电子合同法律制度，明确电商平台及电商的法律责任；加强互联网数据的安全监管，规范商业信息披露；建设电商监管平台及数据库，建立组织机构代码、个人身份证的电商实名制认证；强化电商产品质量监管，从源头根除假冒伪劣行为；完善电子商务产品质量监管机制，对电商及产品实施"风险监测、网上抽查、源头追溯、属地查处、信用管理"的全过程监管，定期公布产品质量监管结果；引导社会多方参与监督，形成诚信交易生态；建设电子商务公共服务平台和评价监督体系，实现电商资质、交易、质量、信用、监管等信息和消费者维权信息的交换共享。

第四，实施"去污名化"政策。对国产保健品去污名化应当由行政机关自身做起。在进行执法的时候，应当注重对该产业的整体影响力，是否应当公开全面整治有待商榷，特别是舆论的影响力不容忽视。国家行政机关对国产保健品行业的百日整治活动，极有可能被网络媒体渲染出一种"国产保健品不靠谱"的观念，使消费者对国产保健类产品失去信心，从而使整个国产保健品行业被污名化。因此，不仅公民个人要树立对国产保健品的信心，增强对企业的信心，并且还要在消费国产保健品和进口保健品的过程中发挥消费者的监督作用，对于恶意诋毁、恶意竞争的保健品企业和经营者要联合相关机关予以严格处罚，实现保健品市场的规范化。作为企业自身，要不断接受消费者监督，严把质量关，特别是在产品说明书和产品包装上要严格遵守《保健食品管理办法》等法律法规规章，不断改进技术，提高社会责任感，从而获得消费者的信赖。

（四）准确定位落实"备案"与"注册"双轨制

通过实施"双轨制"，既让各类"保健食品"有适宜的准入通道，合规上市，也留给了企业提升及创新发展的空间。保健食品自 1996 年发展至今已超过 20 年，经过多年的摸索、论证以及参考各国管理的经验，我国确定了保健食品备案和注册双轨制。双轨制更加科学，更具有包容性，以规范和疏导为原则，更大程度让各类"保健食品"有合法上市的机会。同时也鼓励了企业加大研发投入和科技创新，提高产品含金量，更好地提高行业科技水平，惠及消费者。实际实施时，建议更准确地定位两者的作用，真正发挥双轨制的优势，让"备案"成为"保健食品"合规上市的基本门槛，避免重复审批，释放政府资源，也给予企业上新产品以快速的通道。同时，将"注册"定位为留给企业与行业提升及创新发展的通路，鼓励企业开发更多的新功能、新原料，更深入积累研究，扩充功能声称广度和深度。

（五）实行动态分级管理，促进企业自律

今后可以考虑以信用管理体系为基础，实行动态分级管理，促进企业自律，提高监管效率。保健行业自律无疑会给保健行业的良性发展带来巨大收益，不但能为整个产业奠定良好的声誉基础，而且可大大减轻主管部门的管理成本和压力。对我国保健食品行业，笔者认为可以在引入信用体系分级分类管理的同时，充分发挥各地方政府职能部门以及行业协会的作用。以信用体系为基础，对行业内各种相关企业如生产、经营、科研、服务甚至媒体等实行信用积分，全面记录其诚信经营的信用状况，据此实行动态分级管理。对优等企业，监督检查、市场抽样频率降低，产品审批优先，甚至税收和贷款均可以有所倾斜。这样可将有限的监管资源落到真正需要监管的企业上，从而节省大量政府和社会资源，提高政府监管效率，让诚信经营的企业在更宽松的环境下发展，促进市场自律规范的同时，形成行业良性的优胜劣汰。

（六）保健食品审批进一步落实"简政放权"

建议充分发挥省、市、区监管部门的作用，减少国家市场监督管理总局层面审批保健食品的压力。目前，所有注册制保健食品审批、变更、延续注册等都需要在国家市场监督管理总局办理，一方面，由于数量巨大，大量的产品批文堆积，另一方面，由于对产品的事中、事后监管是在省、市、区局进行，他们更了解企业的生产经营情况。因此，建议结合实际情况，赋予省、市、区级监管部门更多的权责。

建议开通绿色通道，加快审批进度。自 2016 年 7 月后，国家对注册类产品的审批基本处于停滞状态，企业一些新产品审核申请是 2011 年提交上去的，而到目前仍然处于审评中，没有新产品获批，企业无新品上市，制约了行业的经济发展。另外一些批文已经到期的产品，虽然延续注册申请已经提交，但新效期的批文迟迟不能下发，导致企业频频在市场上受到监管部门的质疑。这种行政审批上的滞后已经严重影响到企业的日常经营。

应建立完善注册申请人与审评机构的沟通交流机制，实现问题实时沟通，加快审批进度。保健食品应当按照注册的生产工艺等技术要求组织生产，而一个新的保健食品从开发到批件下发至少需要 5 年时间，现代工艺发展迅速，工艺设备日益精进，因先进设备带来的工艺升级，本质是为提升产品质量或者提高生产效率，应鼓励和支持。建议因新技术和新设备的引入导致工艺的变化以及产品名称、申请人的名称及地址的变更下放至省级监管部门负责，一方面响应国家简政放权的号召，另一方面可以大大提高工作的时效性。

（七）多举措完善和规范保健类产品直销机制

第一，完善直销法规。颁布于 2005 年的《禁止传销条例》与《直销管理条例》这两部法规，奠定了我国直销行业的法律框架，明确了行业规则，为中国直销行业的健康发展起到了重要的基础性作用。《直销管理条例》在实施初期，因条例设置符合当时的社会发展形势及行业状况，加上各级监管部门的有效执法，直销行业获得了较为健康稳步的成长，行业规模和销售总额不断提升，直销企业运作愈发规范，公众对直销的认知和认可度也得到了显著的提升。但是《禁止传销条例》颁布迄今已有十余年时间，《直销管理条例》自 2017 年进行过一次修订至今也已有较长时间，在这期间，我国社会的建设、经济的发展、政府的治理方法等，都在向非常积极的方向前进，特别是近年来的变化尤为显著，同时，中国市场经济的成熟度、民众的消费需求和消费习惯以及中国直销行业也已发生了很多的变化。在互联网经济和移动电商的迅速发展、高度普及下，包括直销行业在内的众多固有经济模式都受到了较为迅猛的冲击。不可否认的是，这种冲击本是市场经济体制下的合理市场竞争现象，也是促进经济发展、产业升级的动力之一。但对中国直销行业而言，比上述外部冲击更为严峻的挑战来自制度上的制约。由于现行直销法规的立法背景是为了履行我国加入WTO时的承诺，将直销视为政治问题和社会问题，出于限制直销行业发展的角度而制定的法规，《直销管理条例》对本应该属于直销企业自主决定的诸多经营环节，如产品类别、代工权力、经营区域、人员招募、计酬模式、业务培训等，均予以了严格限制。这导致中国直销行业的发展受到明显的制约，也使直销在与传统零售等营销模式的竞争中处于劣势地位，而面临互联网经济和移动电商的冲击时，直销的劣势地位更加显而易见。在如此被动和复杂的市场环境下，中国直销行业为了求生存，不得不衍生出部分"法无禁止即可为"的经营管理行为，这些行为也在很大程度上增加了监管部门的监管难度和监管风险。因"权健"事件引发的一系列行业问题，一方面暴露出行业自身在发展中存在的矛盾，另一方面也显现出制度的陈旧与脱节使监管者与被监管者同时面临更大的外部风险。这也进一步引发了各界对直销法规改革方向的思考，因此应将直销监管回归到法律与商业的管理层面，而非以政治因素看待；应重新梳理直销行业的监管底线，哪些环节应采取更严的监管、哪些环节可以让市场发挥更主动的调节作用、如何让行业发展和监管面临最低的外部风险，是当前应当思考的问题。因此，修订直销法规的必要性和迫切性在此阶段更加凸显。

第二，对直销产品种类采取"负面清单"管理。现行直销法规将直销企业可以销售的产品局限于化妆品、保洁用品、保健食品、保健器材、小型厨具、家用电器六个品类。在当前市场热点快速切换、竞争激烈的时代背景下，这样的规定大大束缚了直销企业的手脚，使直销行业在以市场为基础的竞争中处于不公平的竞争劣势地位。同时，这样的规定一方面限制了企业和行业的创新能力和发展空间，另一方面导致直销行业产品同质化现象严重，加剧了行业内恶性竞争的局面。还有很重要的一点，就是这也聚积了某一类产品背后的风险，容易引发系统性的行业危机。笔者建议，对直销产品种类采取"负面清单"管理，规定哪些产品不得通过直销销售，如明令禁止或限制自由销售的产品（如处方药）、家畜和新鲜农产品、大宗商品（如棉花、大米和金属）以及难以确定价值的产品（如宝石、贵金属和金融服务）等，即只要不在负面清单上的产品都可由直销渠道进行销售推广。这将给消费者更多产品选择，增加企业和市场的活力，同时减少政府机构的监管负担。

第三，放宽委托加工限制。现行直销法规同时限制直销企业只能销售企业自己生产的产品（包括母公司或控股公司）。然而，在经济全球化、供应链全球化的趋势下，绝大部分企业的产品制成往往必须依赖或部分依赖委托加工，这已是长久以来全球商业环境的现实，符合经济规律的资源优化配置，也为产品创新奠定了更深厚的基础。在中国制造业产能普遍过剩的背景下，现行直销法规不允许直销企业充分利用社会现有产能采用委托加工的规定，也与政府大力去产能、提升效能的做法背道而驰。笔者建议，在继续要求自主制造的同时，应该允许直销企业拥有委托加工权力，能够从第三方公司采购某些产品。建议允许采购最高达到公司年度营业额 50% 的成品，这将丰富直销产品的多样性，促进中国本土企业发展，增加直销员的事业机会。

第四，加强对直销销售渠道的监管。部分保健食品直销企业通过举办健康讲座、会议、体验等方式销售产品，其中体验销售是目前比较火爆的一种模式。直销企业的申请门槛较高，故均属于行业内的大型企业，其会销、展销等行为也相对规范，部分企业已经拥有自己的教育和体验场所、组织流程和服务体系，一旦发生质量问题也能很好地加以解决。因此，会销、展销作为一种经营方式，如果不违反现行的法律法规、不进行虚假宣传、未对消费者造成伤害，可在有效监管的前提下允许企业采用，并引导其健康发展。而对于质量有问题的产品，重点应从生产源头进行查处。严厉惩处行业中存在的无直销牌照企业通过直销销售产品，以及有直销牌照但销售未在直销产品类别中的产品的情况。

第五，采用信用体系对直销企业展开定期审查。自 2019 年 1 月 8 日多部门联合整治"保健"市场乱象百日行动启动以来，通过两个多月的集中整治，对"保健"市场乱象已经形成全面打击的高压态势，取得了良好的成效。主管部门应形成长效的监管机制以维护市场的有序发展，政府应继续对所有直销企业展开定期审查，确保企业和直销从业人员合法合规运营。笔者建议，可以考虑将直销企业定位成一种特定的"公众企业"，这样就可以把直销企业视为类似于上市公司的公众公司进行特别的严格监管，并纳入更加频繁深入、与新时代发展相匹配的日常监督机制及监管手段，如采用大数据、区块链、云服务等先进数据手段获取直销企业经营信息并纳入信用监管体系，安排相关行政部门定期走访排查，要求直销企业定期备案，等等。这将有效地配合我国信用体系建设，并能更好地保护消费者和公众的利益。对于投诉较多、信用较差的企业，政府主管部门可以及时介入，通过约谈、劝诫等手段，促使其回归到合法经营的道路上或使之彻底被市场抛弃。

第六，开放多层次直销和团队计酬。以团队业绩为基础的计酬方式和多层次计酬方式是市场经济中的普遍做法，也是一种非常有效的激励机制。目前，全世界大多数国家和地区都允许包括多层次计酬在内的直销，只有中国及缅甸除外。2013 年 11 月，最高人民法院、最高人民检察院、公安部联合印发《关于办理组织领导传销活动刑事案件适用法律若干问题的意见》，该司法解释首次明确规定"以销售商品为目的、以销售业绩为计酬依据的单纯的'团队计酬'式传销活动，不作为犯罪处理"，更是在司法领域将"多层次销售"和"传销"进行了区分。现行法规应与该司法解释协调一致。笔者建议主管部门能够从计酬模式这个直销行业的核心驱动力入手，取消对直销企业销售产品的"多层次直销"的限定和取消对直销企业给予直销员的"团队计酬"的限制。尽管这个过程的改革力度和复杂程度都非常高，但是也只有从核心入手，才能让直销回归直销模式的本源，能让直销牌照具备应有的价值，也能够彻底消除经销商等一系列主管部门和直销企业都不希望出现的监管难点和管理风险点，能使政府的监管和企业的运营都更加简化。这样将提高获牌直销企业计酬方式的透明度，方便政府监管企业销售计划，由此确保对待消费者的公正性。

第七，提升直销员报酬总额占产品销售收入的比例。《直销管理条例》对直销员可以获得的报酬类型及数额加以限制，规定直销员报酬总额不得超过其所售产品收入的 30%。这一限制违背了以市场为基础的经济实践，也使直销行业陷入被歧视和不平等待遇的境地。笔者建议，政府可以考虑修改直销员报酬金额的比例要求，将直销员报酬总额占产品销售收入的比例限制在不高于 40% 的范围内。这样的报酬幅度一方面能够让政府继续对行业的收益进行把控，另一方面也能够有效激发直销企业和销售队伍的积极性，使直销的事业机会更有吸引力，既利于行业的发展与进步，也能够使直销为缓解就业压力贡献更大力量。

第八，重新确立服务网点的设立标准和功能。现行直销法规要求直销企业在开展经营的城市中的每一个城区设立固定的服务网点，承担消费者咨询和服务的职能。在立法初期"线上销售"业态还不常见的情况下，服务网点的广泛设立有着保障消费者获得售后服务的现实意义。但是在互联网经济、电子商务高度发达的今天，服务网点广泛存在的意义正在减小。以安利（中国）日用品有限公司为例，安利（中国）日用品有限公司和营销队伍的作业形态也在向数字化、轻量化发展，目前其线上业绩占比达到 85%，移动端购货达 76%，网购一天送达率高达 89%，而年均退货率均不足 0.1%，并且这些退货大多数都是通过线上方式处理，加之与京东物流开展合作，遍布各地的自营体验店等线下实体都承担了绝大部分售后服务和物流的职能。因此固定地址的服务网点所承担的作用都在减小并向线上转移，该公司现有的 2500 多个固定地址的服务网点则大大增加了企业运营的负担。但该公司仍然认同直销企业在其运营所在地设立服务网点的必要性。因此，笔者建议，直销企业在其运营的每一个地级市建立至少一个服务网点，并重新定义服务网点的功能，比如提供标准化的服务、培训营销人员、解答消费者疑问、接受投诉、维修产品以及退货等。

第九，提升直销企业对其销售队伍的教育培训职责。建立健全定期随访或神秘顾客制度，加强对直销店、经销商、授权加盟店和直销员的管理。直销过程受销售人员专业素质和职业道德影响大，通过培训考试等多种手段提升直销人员队伍的职业素质，直销企业做好销售人员的引导，提升直销道德。笔者建议主管部门出台更加严格的规定，要求所有直销企业定期为其销售队伍提供有关法律法规、合同义务、营业守则及市场销售等相关的教育培训，以确保营销人员以诚信、透明的方式推广产品及事业机会。直销企业如果未能尽责为其销售队伍提供相关培训和教育，应当规定该直销企业将为其销售队伍发生的一切违法违规行为承担连带责任。这样的规定在其他国家已有诸多实践，比如韩国的直销法令《上门推销法》就已吸纳了此项规定。

（八）加强营养保健科普宣传，提高从业人员法律法规意识

养生保健，科学营养维护健康，是需要一定的基础知识支撑的。虽然我国消费者科学营养保健意识很高，但相应专业素质仍有待提高，政府在执法保护消费者的同时，更应帮助消费者提高科学选择保健产品的基本知识，不断提高公众营养素养，培养消费者逐步具备自己甄别和判断营养保健领域"好坏真伪"的能力。对于营养保健从业人员，包括售货员、网络客服人员、

直销员等，均应定期接受专业的法律法规培训，提高守法意识。

　　总而言之，国家市场监督管理总局应坚持底线思维，立足解决保健市场发展中存在的各种问题，提高综合治理能力，既要保护保健类企业的经营积极性，又要坚守法律法规和严控系统性风险的底线，切实防范保健行业风险，保障保健产业健康发展。

结　语　　Conclusion

通过实地调研的收获和学术理论研究相结合，对保健食品市场、保健产品市场和保健服务市场进行研究，最终得出六点结论。

一、理清保健市场领域的有关概念和理论架构

本书结合现有有关法律规定明晰了保健市场的有关概念，认为目前我国保健市场大致可划分为保健食品、保健产品和保健服务三个大的领域。保健食品是指声称具有保健功能的食品或者以补充维生素、矿物质等营养物质为目的，适宜于特定人群食用，具有调节机体功能，不以治疗疾病为目的，并且对人体不产生任何急性、亚急性或慢性危害的食品。保健产品是指经过加工、制作，用于销售，被使用和消费的、声称具有保健功效的任何东西。保健服务是指不以实物形式而以提供劳动的形式满足他人预防疾病、改善体质、增进健康等保健需要的活动。但这些只是学理上的一般概念界定，不具有法律效力。为使保健市场的监管更加具有针对性，做到依法行政，应该在法律层面明确保健市场领域的有关概念，特别是"保健产品"的概念、"保健服务"与"医疗服务"的界限等。

保健市场的规范发展需要综合治理。本书结合社会治安领域的综合治理和有关监管的传统理论，创造性地构建了保健市场的综合治理理论。社会综合治理所形成的经验理论概括起来，即"党委领导、政府负责、社会协同、公众参与、法治保障"，党委领导是中心，政府负责是关键，社会协同是依托，公众参与是基础，法治保障是根本。其在保健市场领域的运用要强调四点：治理主体的多元性、治理手段的多样性、治理对象的广泛性、治理机制的长效性。此外，本书还提出了坚持保障人民生命健康原则、坚持创新治理原则、坚持规范与发展并重原则三个保健市场综合治理的基本原则，具有强

烈的中国特色，仅供有关部门在日后的工作中参考。

二、保健市场的监管法律取得进步，但仍需完善

本书按照保健食品、保健产品和保健服务的类别，对三个保健市场细分领域的监管政策、监管体制做了梳理，发现：保健食品市场和保健服务市场的监管政策和法律相对完善，在监管的历程中取得了一定的进步。但是面对当今复杂的社会现状，保健食品和保健产品市场的监管政策和法律仍旧具有一定的滞后性，需要不断与时俱进。保健产品市场领域的监管政策和法律缺失，取而代之的是因法律缺失而产生的一系列问题，亟须立法加以规范。

此外，因保健市场的监管手段不仅涉及行政领域，违法行为严重的还会涉及刑事责任，故本书对我国保健市场涉及行刑衔接的有关规范进行了梳理，分析了其中存在的问题，并结合实践经验，归纳了日后立法及实践需要解决的难点问题，供有关部门在日后的工作中参考。

三、新时代背景下保健市场呈现出诸多新问题

通过实地调研和文献研究，笔者梳理出保健市场现存的问题，具体如下：

保健食品市场存在的问题：保健食品行业准入门槛较低，保健食品生产过程中存在非法添加非食用物质的现象，一些企业伪造、非法盗用保健食品批准文号，虚假宣传普通食品具有保健和治疗作用，保健食品标签管理体制和法律制度仍不健全，针对品牌保健食品的制假售假行为猖獗；网络销售保健食品、跨境销售保健食品的电商在迅速发展的同时，也暴露出许多问题，如网售保健食品监管架构不畅通、保健食品跨境电商监管机制欠健全等，需要新型的监管手段进行治理。

保健产品市场存在的问题：保健产品市场中，大量产品不符合质量标准要求，产品质量和卫生安全无法保证；违法广告宣传泛滥，传销活动扰乱市场秩序，给消费者带来较大的人身安全和财产安全隐患；审批文号管理混乱，保健产品产业标准体系建设落后，监管手段过于单一，难以应对复杂多变的实际问题。

保健服务市场存在的问题：与保健服务有关的政策法律体系不健全，从事保健服务的准入门槛较低、从业人员专业素质不高；一些保健服务机构超

范围经营，存在夸大、虚假宣传现象；"非保健服务主体"行为不端，对接受服务的消费者造成人身威胁；保健服务监管机制未建立健全，无法应对前述问题。中医养生保健服务技术与服务产品总体不够丰富，提供方式混乱，产业化程度较低。

四、保健市场乱象产生具有四大类共同原因

虽然保健食品市场、保健产品市场和保健服务市场产生的问题各异，但是究其原因，则存在的共性原因远远多于某一领域的个性原因，均与政策法律规范不健全，行业标准缺失，监管理念、监管体制、监管模式、法律责任、生产经营者和消费者的价值认知等因素密切相关。具体而言：

第一，法律法规标准等制度欠健全。依据现有的法律，保健市场的内涵外延及保健产品、保健服务的定义模糊，有关国家标准缺乏，造成监管定性困难，依据不足。加之法律惩处机制不完善、社会信用体系建设不健全，造成监管效果大打折扣。

第二，市场监管理念落后，监管体制欠科学。传统"重审批、轻监管"的监管思维导致事中事后监管不足，难以从根本上减少实践中的各种问题。行政主导的监管体制难以适应新型保健市场监管的需要，长期以来的多头管理体制造成监管混乱、监管成效差。

第三，市场实际监管面临多维多重新挑战。目前正处于机构改革时期，各部门面临业务配合与融合的困难，"双随机、一公开"的监管方式还处于不断完善阶段，效果还未全部发挥。对保健产品和服务市场的整治力度依旧不够，传统的线下监管难以适应监管新情况，基层执法检查力量和检验检测能力较为薄弱。

第四，社会共治力量相对疲软。部分市场主体缺乏诚信经营意识，保健行业协会尚未充分发挥自律作用，民众对保健市场缺乏正确认知，造成社会共同治理的艰难。

上述这些原因从主体视角总结起来主要有三个方面：一是行政监管主体的原因，二是企业主体的原因，三是消费主体的原因，而这种多重原因的存在，也预示着对其监管需要综合治理，而无法采取单一的治理方式。

五、国外保健市场的监管经验具有一定的借鉴意义

本书梳理了欧盟、美国、日本、澳大利亚以及韩国保健市场的监管情况。虽然不同国家对保健市场的界定有所差别，但是也面临一定的共性问题，国外的监管经验也可供有关部门参考。例如，欧盟的营养与健康声称制度、美国的保健行业自律制度以及强化违法成本等制度与经验、日本的类型化监管策略、澳大利亚的海外监管合作机制、韩国的保健产品功能识别制度等。值得注意的是，由于我国的现实国情与其他国家有较大差异，任何经验都不能直接照搬照抄，借鉴其他国家经验的过程中需要进行本土化。

六、保健市场综合治理需要共性治理与类型化治理

各级各地市场监管部门应坚持"政府领导、部门联动、行业自律、公众参与、社会监督、综合治理"的工作原则，对保健市场乱象进行综合治理。笔者通过文献研究和调研访谈，采取"提取公因式"法，总结提炼了保健市场综合治理的共性思路，并针对保健食品、保健产品和保健服务三大主要保健市场领域提出了类型化治理思路。

保健市场综合治理的共性思路：一是转变治理理念，实现保健市场治理从政府单一监管走向综合治理；二是法律和标准建立健全层面，要确保保健市场综合治理有法、有标可依；三是监管主体优化层面，要不断提升保健市场监管主体的监管能力；四是社会共治机制构建层面，提高保健市场综合治理效率；五是监管客体厘清层面，实现对保健市场从业主体精准治理；六是监管过程优化层面，构建"回头看"保健市场长效监管机制；七是监管手段与技术革新层面，提升保健市场综合治理能力；八是科学素养提升层面，增强社会各界对保健类产品和服务的认知能力，实施"去污名化"政策，树立民众对国产保健类产品的信心；九是进一步加强保健市场信用监管体系建设，构建以信息归集共享为基础，以信息公示为手段，以信用监管为核心的监管制度，实行动态分级管理和信用积分机制，让失信主体"一处违法，处处受限"，提高违法犯罪成本；十是"楚河汉界"明晰层面，建立健全保健市场行政处罚与刑事处罚衔接机制。

保健食品市场综合治理的主要思路：一是完善保健食品行政立法，健全

保健食品标签管理体制和相关法律法规，构建完整的食品营养保健功能声称体系，落实"简政放权"，优化保健食品准入、标签、宣传和广告等监管政策，确保保健食品执法有据；二是健全"备案"与"注册"双轨制，借鉴药品上市许可持有人制度，科学合理设置保健食品准入门槛，统一国产和进口保健食品监管标准；三是建立和完善中国传统保健食品审评、评价和检验检测标准，古汉方保健食品审评、评价和检验检测标准，为其提供科技支撑；四是发展大数据信息监管技术，建立保健食品公共信用信息管理系统、保健食品监管和服务数据仓库、保健食品信息追溯系统；五是构建和创新网售保健食品综合监管框架，全面同等精细治理跨境电商销售保健食品的行为，实施"风险监测、网上抽查、源头追溯、属地查处、信用管理"的全过程监管，定期公布跨境电商保健产品质量监管结果；六是建立保健食品监管部门、企业和第三方机构之间的常态定期交流机制，提供基层一线监管执法人员与保健食品行业从业人员的便捷交流渠道，实现监管主体之间的信息对称和有效沟通；七是联合严惩针对品牌保健食品的制假售假和职业打假行为，构建保健食品质量风险全过程与全要素排查机制，全面落实"四个最严"监管要求；八是引导保健食品销售行业建立销售人员上岗考核制度和职业道德体系，提升保健食品销售人员的专业素质；九是对消费者购买和使用保健食品进行客观、理性、专业的科普宣传，提升消费者保健食品使用的科学素养；十是对从事保健食品一线监管执法的工作人员进行常态化定期专业教育培训，实施教育培训有效性测评，增强其依法行政能力，规范行政执法行为。

保健产品市场综合治理的主要思路：一是制定全国统一、专门规范保健产品的法律法规，明确保健产品的文号审批、执法主体、管理范围、管理方式和法律责任等；二是建立全国统一的保健产品技术、生产、检测国家标准，支持行业协会自身建设，建立健全保健产品行业标准，使保健产品的研究开发和生产做到有章可循；三是重点对线上销售保健产品的经营主体信息公开、亮标亮照以及对相关违法行为开展专项搜索，全面梳理排查，对保健产品开展"双随机、一公开"部门联合执法，加强部门监管信息互联共享，实现一体化运作；四是运用"互联网+"和大数据分析手段，建立保健产品生产经营企业不良记录预警系统和危险性评估系统，构建企业商业关系谱系图，加强风险分析研判和分类监管，重点加大对老年保健产品领域虚假宣传、消费欺诈的整治力度；五是重点加大保健产品会销监督检查力度，实行会销全程实时巡查机制，继续完善保健产品抽验制度及检验机制，探索建立保健产品无理由退货制度；六是建立保健产品生产企业连坐制度，由生产企业负责监管后续会议营销、直销相关活动，发生违法行为时，既要追究经营者责任，也要连带追究生产企业责任，让生产企业主动规范下游经营企业行为。

保健服务市场综合治理的主要思路：一是完善保健服务产业法律法规体系，相关政府部门协同出台保健服务规范标准，制定宽严适中的准入审批政策；二是各地卫生行政主管部门和中医药主管部门根据本地具体情况，制定相关规范性文件，对保健服务行业准入与退出机制、政府监管主体、行业自律、第三方权威认证、从业人员标准与培训等方面进行规范；三是政府推动行业协会、学会有序承接中医药健康服务水平评价类职业资格认定具体工作，建立适应中医药健康服务发展的职业技能鉴定体系，利用行业协会设定从业人员资格认证及违规情形惩戒；四是创新保健服务市场监管方式，即实施拉网式排查机制、约谈告诫机制、不定期回访机制和动态调整"灰名单"机制等；五是开展"五进"（进农村、进社区、进学校、进企业、进景区）活动，深入群众宣传保健服务科普知识，提高民众识别能力和维权意识。

最后，笔者认为，保健市场综合治理应该坚持"规范与发展并重"的治理理念。保健市场的良性发展需要综合治理，同时，综合治理也是为了更好地促进行业发展。各级各地市场监管部门应让保健市场在科学合理、合法合规的框架内积极发挥其主动创造性和强劲生产力，更好地践行"健康中国"伟大战略。

在本书的研究过程中，本项目团队成员们竭尽所能，开展文献检索分析、外文资料翻译和课题调研访谈，但受制于现有知识、能力、资料和研究时间（仅六个月的研究周期）等方面的多重限制，本书的研究不足之处在所难免，还请方家不吝赐教和包容谅解，后续笔者将继续对保健市场综合治理课题开展深入研究，竭力为国家市场监督管理总局对保健市场综合治理献计献策！